LES RELATIONS
DURABLES

DU MÊME AUTEUR
CHEZ ODILE JACOB

Maigrir, c'est dans la tête, 1997.
Folie @ trois, 1999 (roman).
Maigrir, c'est fou !, 2000.
Maigrir sans régime (avec Jean-Philippe Zermati), 2002.
Dictature des régimes : attention !, (avec Jean-Philippe Zermati), 2006.

GÉRARD APFELDORFER

LES RELATIONS DURABLES

AMOUREUSES, AMICALES ET PROFESSIONNELLES

© ODILE JACOB, 2004, JUIN 2006
15, RUE SOUFFLOT, 75005 PARIS

www.odilejacob.fr

ISBN 2-7381-1758-9
ISSN : 1621-0654

Le Code de la propriété intellectuelle n'autorisant, aux termes de l'article L.122-5, 2° et 3° a, d'une part, que les « copies ou reproductions strictement réservées à l'usage privé du copiste et non destinées à une utilisation collective » et, d'autre part, que les analyses et les courtes citations dans un but d'exemple et d'illustration, « toute représentation ou reproduction intégrale ou partielle faite sans le consentement de l'auteur ou de ses ayants droit ou ayants cause est illicite » (art. L. 122-4). Cette représentation ou reproduction, par quelque procédé que ce soit, constituerait donc une contrefaçon sanctionnée par les articles L. 335-2 et suivants du Code de la propriété intellectuelle.

À Colette,
à Raphaël,
à Coralie.

Introduction

Des idées fausses à propos des relations humaines peuvent gâcher une vie. Ou, sans aller jusque-là, gâcher la vie. Et quelquefois, il suffit de changer de perspective pour que les relations qu'on entretient avec ses semblables s'en trouvent considérablement améliorées[1]. Des idées fausses ? Disons plutôt des croyances inadaptées, pas très rationnelles, sur lesquelles on s'appuie pour tenter de mener à bien les relations qu'on entretient avec ses semblables.

Il n'y a pas forcément à chercher dans les profondeurs de la psyché : ces présupposés sur les relations humaines, on ne les pas forgés tout seul dans son coin, on en aurait été bien incapable. Non, on en a hérité, et ils font partie intégrante de la culture. Ces croyances erronées, ancrées au plus profond de soi, suffisent à engendrer des fiascos relationnels : par exemple, beaucoup croient que plus on témoigne de l'intérêt aux autres, et plus ils nous en témoignent en retour. La vérité oblige à dire que c'est l'exact contraire qui se passe : plus on se met en quatre, et plus ils se détournent de nous. Plus on court après les autres et plus ils s'enfuient à toutes jambes.

Nombreux sont aussi ceux qui croient que plus on donne, et plus on obtient de reconnaissance. Non seulement il n'en est rien, mais arrive un moment où, au lieu d'être remercié pour sa générosité, on nous bat froid et on nous évite. Certains, pourtant, se donnent de la peine. Ils font preuve de gentillesse et de serviabilité, alors pourquoi ne les aime-t-on pas ? Ou plutôt, on les apprécie, mais en tant qu'amis de seconde catégorie. Ils ne suscitent aucune passion, aucun enthousiasme. On les aime bien, voilà tout. Quant à l'amour... Plus ils se montrent sympathiques et moins ils éveillent de passion. Il doit sans doute y avoir une erreur de commise quelque part. Mais nous reviendrons plus loin sur ce qui apparaît à beaucoup comme d'incompréhensibles paradoxes.

La passion, le désir ? Eux aussi semblent paradoxaux. Pour le dire avec les mots d'aujourd'hui, comment les gérer ? Faut-il les rechercher, ou doit-on au contraire s'en méfier ? Doit-on se laisser gouverner par ses passions, doit-on succomber à ses désirs ? Comment susciter le désir chez autrui, comment l'entretenir ? Et le Grand Amour, dans tout cela ?

Le désir implique une séduction, qui n'est pas innocente, souvent la cause de bien des déboires des couples en formation ou en survie artificielle. Quelles histoires ne se raconte-t-on pas à ce sujet : séduire est bien, mais séduire est mal. Séduire est nécessaire, ordinaire, mais immoral. Les processus de séduction constituent sans doute un grand impensé de nos sociétés. Et notre cécité vis-à-vis de leurs mécanismes les rend d'autant plus agissants.

Quant à l'amour, ce n'est guère mieux : nous baignons dedans, et il est mis à toutes les sauces. Comment se sortir de ce sirop dans lequel on finit par se noyer ? Les croyances élaborées au cours des siècles sur la façon dont doivent se dérouler les relations amoureuses intoxiquent et tuent bien des couples.

Sans compter que, pendant qu'on se raconte des histoires à propos de passion et d'amour, on oublie ce qui, avec la séduction, constitue l'essentiel des relations humaines : les relations empathiques, qui permettent de comprendre les sentiments de l'autre, de concevoir le monde comme il le conçoit. Comment fait-on pour passer à côté de cela ?

Il n'y a donc pas de quoi pavoiser : les idées concernant la liberté individuelle, l'indépendance, les croyances sur ce qu'il est légitime de demander, sur ce qu'on est en droit d'attendre des uns et des autres aboutissent parfois à des déchirements d'une violence inouïe. Comment en est-on arrivé là et surtout, comment en sortir ?

En tant que psychiatre et psychothérapeute clinicien, je vois tous les jours des personnes empêtrées dans des stratégies relationnelles qui les conduisent à l'échec. Mais aussi, en tant que citoyen, en lisant mon journal, en regardant autour de moi, je vois les mêmes erreurs relationnelles commises par les uns et les autres, qui ne vont pas chez le psy pour autant. Je vois un monde dans lequel les gens ne se comprennent pas et ne s'aiment pas, dans lequel tout le monde fait preuve d'une maladresse relationnelle hallucinante, parfois avec les meilleures intentions du monde. Cette maladresse produit des effets à tous les niveaux : individuel, tout d'abord, puisque l'isolement et la solitude sont caractéristiques des grandes métropoles. Dans la cité et dans le pays, puisque tout le monde s'affronte à tout le monde, dans une inquiétante cacophonie, et que le « dialogue social » est devenu synonyme de « rouler des biscoteaux ». Cette maladresse relationnelle se fait aussi sentir dans le domaine géopolitique, où dans les relations internationales, on constate une étonnante incapacité à comprendre le point de vue de l'étranger, celui qui est différent de soi, et où on ne semble guère plus civilisé qu'à l'âge de pierre.

Les connaissances de la psychiatrie sont insuffisantes pour permettre de conceptualiser les mécanismes en jeu, leur provenance et les raisons de leur persistance. J'ai donc dû emprunter des données et des modèles de compréhension aux neurophysiologistes, aux éthologues, aux anthropologues, aux psychanalystes, aux sociologues, aux historiens. Je sais que tous ces gens n'aiment pas trop qu'on mette la main sans leur habilitation sur les trésors de connaissances qu'ils amassent. J'ai essayé de le faire proprement, et j'espère ne pas avoir trahi leurs pensées respectives. Je suis néanmoins en dette à l'égard de tous ces gens, sur les épaules desquels je me hisse pour parvenir à voir plus loin. Je ne l'oublie pas.

CHAPITRE PREMIER

Donner et recevoir :
les fondements du lien social

> « Cependant Tosillos dit à Sancho : "Sans doute, l'ami Sancho, ton maître doit être fou.
> — Comment, doit ? répliqua Sancho : il ne doit rien à personne, car il paie, et mieux encore quand c'est en monnaie de folie". »
>
> Cervantes, *Don Quichotte*[1]

Marina est une charmante jeune femme qui se croit sans charme. Elle ne charme donc effectivement personne. Comme sa famille habite le sud de la France et qu'elle-même se retrouve en région parisienne pour des raisons professionnelles, elle se retrouve isolée, sans véritable ami, ni fille ni garçon. Quant à avoir un petit ami... Tout au plus a-t-elle des relations de travail et de voisinage. Il y a de quoi déprimer, et c'est ce qu'elle fait. « Ne croyez pas que je n'essaie pas de m'en faire, des amis : je fais toutes sortes d'efforts pour être aimable, sympathique, pour rendre service. Mais il y a quelque chose en moi qui doit rebuter. Un défaut, une tare, je ne sais pas quoi au juste. Il s'agit sans doute de mon physique : je ne suis pas suffisamment jolie, selon les critères qui ont cours à Paris. Trop potelée, trop brune, pas assez grande. Et puis, je fais provinciale. Je n'arrive pas à parler pointu : surtout quand je suis émotionnée, mon accent refait surface. Et puis aussi, je ne suis pas cultivée, pas intéressante, je n'ai pas de conversation, pas d'idées personnelles. Je le vois bien quand je parle : quoi que je dise, je n'intéresse pas. Alors je reste dans mon coin et personne ne fait attention à moi. »

Comme Marina ne parvient pas à nouer des liens satisfaisants avec ses semblables, elle en cherche la raison dans son être. Je ne suis pas celle que les autres veulent. Il me faut devenir autre, une autre plus belle, plus intéressante, plus aimable, et donc qui sera plus aimée.

Par les temps qui courent, la première idée qui vient est d'améliorer son apparence physique : il faut faire un régime pour affiner sa silhouette. Qui, en effet, de nos jours, pourrait être séduit par une jeune femme boulotte, pense-t-on. Et même, quelle jeune femme normalement constituée aurait envie d'avoir pour amie une personne ayant des rondeurs ? Mais parfois, se mettre au régime ne suffit pas : on est déjà mince, sinon maigre. Il reste alors à mettre ses déboires sur le compte d'une disgrâce plus ciblée, et de contribuer à la bonne fortune des boutiques de produits cosmétiques, des salons de beauté, des salles de gymnastique et des chirurgiens esthétiques.

Certains aspirent à une plastique irréprochable, une beauté parfaite, absolue, zéro défaut. Ils se désolent de ne pas avoir le corps célébré dans les publicités pour produits de beauté, les parfums, celui des mannequins, des stars du cinéma, des chanteurs et des chanteuses. Un corps éternellement jeune, lisse, iconique.

L'impossibilité d'un tel objectif trahit que quelque chose ne tourne pas rond. Comment ne pas se demander si cette quête frénétique et angoissée, ce désir de s'élever à la hauteur d'une œuvre d'art ne sont pas la manifestation visible d'une faille cachée, si elles ne servent pas de paravent à un malaise profond ?

Mais pourquoi se méfier de cette demande bien raisonnable, légitime, qui consiste à vouloir être tout simplement « normal », comme tout le monde, afin de pouvoir se faire accepter, afin que les autres cessent d'être obnubilés par LE défaut, qu'ils s'intéressent enfin à la personne, au vrai moi, masqué par ce défaut. Ces petites rides, ces cernes un peu trop appuyés, ce nez trop long ou d'une forme qui ne convient pas, ces oreilles ou ce menton ne correspondant pas aux canons de la beauté, cette poitrine trop petite, ou bien trop grande, ce ventre trop gros, ces cuisses et ces fesses cellulitiques et pas assez affinées sont des défauts qui attirent l'œil et qui empêchent d'être perçu par les autres comme un alter ego. Une fois ces défauts gommés, croit-on, les autres ne pourront faire autrement que de s'intéresser à la personne actuellement masquée par le défaut.

Certains, sans doute moins obnubilés par la focalisation ambiante sur les apparences corporelles, n'accusent pas leur corps, mais leur manque de conversation. Peut-être les regarde-t-on, mais on ne les écoute pas. Ils se mettent alors à lire les journaux pour se tenir au courant de l'actualité, hantent les musées et les galeries d'art, prennent des cours du soir, ou bouquinent livres et encyclopédies.

Mais de quoi faut-il donc parler pour intéresser ? Et comment se fait-il qu'on soit subjugué par certaines personnes, alors que quand on prête attention à leurs paroles, on a tôt fait de s'apercevoir qu'elles n'ont pas grand-chose à dire ? Étrangement, il en est d'autres qui énoncent des conseils avisés, des avis pertinents, des belles phrases, des reparties drolatiques, mais qui prêchent dans le désert. Comment les gens peuvent-ils être si futiles ?

Cette croyance, selon laquelle si cela se passe mal entre soi et les autres, c'est en raison d'une imperfection de sa personne, d'un défaut de l'apparence, d'un manque de culture ou d'esprit, est une de ces idées invisibles, à la fois irrationnelles et souterraines, qui dirigent nos conduites sans même que nous nous en rendions compte. Face aux difficultés, ces croyances et schémas cognitifs inconscients nous orientent vers une solution inadéquate avant même que nous n'ayons perçu la difficulté à laquelle nous sommes confrontés. Nous trouvons la (mauvaise) réponse avant d'avoir identifié le problème.

Quel est-il, le problème, en l'occurrence ? Entre les autres et moi, rien ne va. Est-ce de la faute des autres ? Est-ce de la mienne ? Les deux visions sont également défendables. Il ne faudrait sans doute pas pousser beaucoup Marina pour qu'elle accuse les gens du Nord. Qu'y a-t-il à attendre de Parigots embrumés, froids comme un petit matin de décembre, aimables comme les portes de la prison de la Santé ? Mais non, Marina préfère l'autoflagellation : c'est moi qui ne suis pas adéquate. Je ne suis pas assez « parisienne », pas assez jolie, pas assez intelligente, pas assez sympathique.

Et si le problème venait de ce qu'en raisonnant ainsi, on ne posait pas le problème au bon niveau ? Les Parisiens sont ce qu'ils sont : rudes, malappris, vindicatifs sans doute, mais avec un cœur gros comme ça. Et se reprocher d'être ce qu'on est pour aspirer à devenir autre constitue une quête amère, toujours infinie, et par là même capable d'occuper l'esprit jusqu'à ce que mort s'ensuive.

La voilà donc, notre première croyance irrationnelle, cause de bien des souffrances, conduisant à de vains efforts : *si tout va mal entre moi et les autres, c'est ma faute ou bien la leur.*

Tout devient différent dès lors qu'on pose le problème, non pas au niveau de la nature des personnes, mais au niveau de la relation. Si, entre moi et cet autre, les choses ne se passent pas comme je le souhaite, ce n'est pas parce que l'un d'entre nous est défectueux, c'est parce que nous (moi, l'autre, les deux) ne nous y prenons pas de la bonne façon.

Il n'y a donc pas à changer sa nature, mais sa façon de faire, son système relationnel.

Donner oblige celui qui reçoit

Revenons à Marina : elle est gentille, Marina. Généreuse et serviable. Normal, pense-t-elle : comme je n'ai guère de charme, pour qu'on m'accepte, et même simplement pour qu'on s'aperçoive que j'existe, il me reste donc à me rendre utile. À force de me rendre indispensable, on finira par voir que je suis là, et même à la longue, sans doute, finirai-je par compter pour autre chose que pour du beurre.

Pourtant, rien ne se passe comme voulu : quand, à son travail, Marina en fait plus que sa part, ses collègues deviennent progressivement suspicieux. Mais que nous veut-elle, celle-là ? « Mais rien, voyons, c'est juste par amitié, pour faire plaisir, explique Marina aux plus méfiants. C'est de bon cœur, vous ne me devez rien. »

Certains ne croient pas Marina et pensent qu'elle doit bien avoir une idée, plus ou moins machiavélique, derrière la tête : plus elle donne, et plus ils se méfient d'elle. D'autres la croient : mais alors, non seulement ils ne témoignent pas davantage d'amitié à Marina, mais de surcroît, ils la méprisent.

Nous voilà donc en présence d'une deuxième idée irrationnelle génératrice de bien des difficultés relationnelles : *plus on donne, et plus on reçoit* ; pour qu'on s'intéresse à moi, il me faut donner sans compter, rendre des services, me rendre indispensable aux yeux des autres. Nous allons voir comment cette idée, qui paraît si évidente à beaucoup, aboutit à l'inverse de ce qu'on souhaite obtenir.

Et pour commencer, il nous faut préciser les règles qui définissent les échanges entre les êtres humains, qu'il s'agisse de biens matériels, de services donnés et reçus ou de simples amabilités.

Il était une fois dans l'Ouest, des cow-boys et des Indiens. Un jour, un gentil cow-boy se rend chez les Indiens, histoire de faire connaissance et d'entretenir l'amitié entre les peuples. Les Indiens, curieux et n'ayant pas encore eu l'occasion de voir beaucoup de Blancs, le reçoivent fort bien. « Quel beau truc-machin que vous avez là, » disent-ils en montrant le fusil du cow-boy. « Ah, ça ? C'est un fusil », dit le gentil cow-boy. Et pour appuyer ses dires, il s'empresse de faire une démonstration à son public conquis qui, en ce temps reculé, ne connaît que les arcs et les flèches.

Ce fusil, qui permet de tuer un chien de prairie avec une flèche invisible, à vingt mètres, en s'y reprenant seulement quatre ou cinq fois, vraiment, c'est épatant, surtout si on veut bien faire abstraction de la pollution sonore, disent les Indiens, bon public. Pris d'une inspiration subite, le gentil cow-boy se tourne alors vers le chef indien : « Puisqu'il vous plaît autant, tenez, grand Sachem, je vous en fais cadeau. Je m'en rachèterai un autre à la prochaine boutique, qui n'est pas si loin que ça et, de toute façon, j'ai encore mon revolver. Allez, prenez-le, ne faites pas tant d'histoires, ce n'est qu'un malheureux fusil et, de toute façon, courageux mais pas téméraire, je ne vous laisserai que quelques cartouches. »

Instant solennel. Le Sachem, visage pétrifié, ne dit ni oui ni non, et lui et ses braves se retirent sous la tente pour un pow-pow impromptu.

Une heure plus tard, les revoilà. Le Grand Sachem s'avance et dit en substance : « J'accepte le généreux cadeau de l'homme blanc. Et voilà, en échange, ma fille, Perle de Rosée, qui sera désormais ta squaw. »

Là-dessus, le gentil cow-boy entame sa seconde et dernière boulette de la journée : « Fallait pas, dit-il. C'est juste un vieux fusil, hein. Et votre fille, Grand Sachem, est tout à fait charmante, mais je préfère rester célibataire. » Et, bien entendu, dès que les Indiens comprennent de quoi il en retourne, ils scalpent le cow-boy gentil mais inconséquent.

Quelle est l'erreur du gentil cow-boy ? Il ne connaît pas ces grandes lois qui gouvernent les relations humaines : échanger des objets et des services, c'est faire du troc. Le troc se fait selon les règles de l'équité : chacun doit y trouver son intérêt. Mais faire un don sans contrepartie immédiate, c'est obliger l'autre. Cela l'oblige, tout d'abord parce que les dons ne peuvent pas se refuser sans faire injure au donateur, et ensuite parce que ces dons qui nous font honneur rendent nécessaires d'autres dons pour ne pas sombrer dans le déshonneur. Tous ces dons tissent des liens et, à force de liens, on devient alliés.

C'est bien ainsi que les Indiens ont dû voir la chose : le fusil, donné sur un mode désintéressé, est une offre d'alliance. Si le cow-boy avait souhaité établir une simple relation de troc, il aurait alors clairement manifesté son intérêt pour certaines possessions indiennes qu'il aurait désiré acquérir. On peut imaginer les discussions des Indiens à ce sujet lors du pow-pow : faut-il, oui ou non, faire alliance avec ces visages pâles si maladroits et sans savoir-vivre dont ce cow-boy-là est à l'évidence l'émissaire ? Comme on décide finalement que oui, le chef indien offre au cow-boy sa propre fille, moyen qui, de tout temps et en toutes régions, a toujours servi à sceller les amitiés entre les clans, tribus et peuples[2].

Si le cow-boy avait accepté les termes de l'échange, ces dons somptueux, à la fois réciproques et désintéressés, auraient constitué un lien solide entre les protagonistes et auraient pu servir de point de départ à de fructueuses relations ultérieures. Mais voilà, le cow-boy refuse l'échange. Les Indiens révisent alors leur jugement : l'objectif du cow-boy, en leur faisant ce présent, n'était pas de faire alliance avec des alter ego, mais de les défier sur leur territoire, de les écraser de sa supériorité en leur donnant quelque chose qu'ils ne peuvent pas rendre. Dès lors, leur sang ne fait qu'un tour...

Les trocs d'objets ou de services sont des occasions de contacts relationnels ; mais tout don fait sur un mode apparemment désintéressé va plus loin : il oblige sur le long terme et se veut l'amorce d'une circulation. C'est cette circulation de dons et de services entre les individus ou les groupes sociaux qui les lie, qui les rend interdépendants.

Les Occidentaux, depuis qu'ils ont développé une économie marchande, n'aiment pas être en dette, n'aiment pas qu'on les oblige et, lorsque cela se produit, ils tentent de payer leurs dettes au plus vite. Marina, qui fait plus que sa part de travail sans que ses collègues et supérieurs comprennent ce qu'elle désire recevoir en contrepartie, fait une erreur semblable à celle du gentil cow-boy : elle donne et oblige, sans contrepartie prévisible. Et chacun de supputer sur ses intentions cachées : cette façon de travailler plus que les autres est sans doute un moyen pour se donner de l'importance dans l'espoir d'une promotion, pensent ses collègues. Ce travail forcené de Marina ne viserait-il pas à m'évincer de mon poste, s'inquiète son supérieur hiérarchique. Alors que Marina essaie de se montrer sympathique, on la considère comme une intrigante...

Jusqu'à ce que collègues et supérieurs comprennent que Marina est *vraiment* généreuse. Elle ne demande pas de contrepartie, elle ne demande rien ni pour elle ni pour d'autres. Elle désire juste qu'on lui témoigne un sentiment de reconnaissance sans que celui-ci oblige en quoi que ce soit. La pauvresse ! Dès lors, elle passe du statut de créancière à celui d'esclave. Ce qui ne va pas améliorer ses affaires.

Car lorsqu'on ne se situe ni dans le cadre de l'économie marchande, où les choses s'achètent et se vendent à leur juste prix, ni dans le cadre de la réciprocité des dons, qui permettent de tisser des liens, il ne reste que deux possibilités : la relation devient celle d'un esclave avec son maître, ou bien elle est une forme d'aumône.

Ce qui ne s'achète pas se donne

Certains ont tendance à croire que nos sociétés, en inventant des systèmes économiques fondés sur l'argent, se sont affranchies de ces vieilles notions de troc, de dons et d'obligations qui avaient cours dans les sociétés dites primitives. Il n'en est rien. Certes, aujourd'hui, nous recevons la contrepartie de notre travail sous forme monétaire et, avec cet argent, nous sommes libres d'acheter ce que bon nous semble, qui a généralement été produit grâce à un autre argent et grâce à un autre travail.

Influencés par l'éthique protestante, nous considérons que, dans la mesure où la transaction est honnête, lorsqu'un juste prix a été fixé, les partenaires ne se doivent rien au terme de l'échange. Ainsi, nous n'éprouvons pas de reconnaissance particulière pour nos prestataires de service, par exemple pour notre boucher parce qu'il nous fournit en viande, ni pour notre garagiste parce qu'il nous répare notre voiture : nous avons payé ce service rendu à son juste prix et nous sommes, de ce point de vue, quittes avec eux.

Mais que se passe-t-il si notre boucher se montre aimable et sympathique avec nous ? Au lieu d'être une pure machine à débiter de la viande, il bavarde, plaisante, roucoule. Il nous fait cadeau d'un os à moelle, il nous donne quelques conseils de cuisson. Ces amabilités bien agréables, qui ne sont pas comprises dans le prix de la viande que nous achetons, nous obligent. Et à quoi nous obligent-elles, ces politesses ? Tout d'abord à les rendre, à nous montrer nous-mêmes polis, aimables et faciles à vivre. Et aussi, et c'est bien ce sur quoi compte notre boucher dans son for intérieur, à nous montrer fidèles.

Il m'arrive fréquemment d'aller, le dimanche matin, faire mes courses dans des halles qui réunissent de nombreux commerçants. Il y a là des bouchers, des charcutiers, des poissonniers, des fromagers, des épiciers, des marchands de fruits et légumes. J'y ai mes petites habitudes et j'achète ma viande chez *mon* boucher, qui me connaît et m'accueille chaque fois d'un grand sourire, quand il ne m'appelle pas par mon nom. Tandis qu'il me sert, nous plaisantons de concert. De temps à autre, il me recommande un morceau plutôt qu'un autre. « Ne prenez pas de côte de bœuf aujourd'hui, me confie-t-il à voix basse en se penchant par-dessus le comptoir sur un ton complice. Ce n'est pas la provenance habituelle. Prenez plutôt une selle d'agneau : vous m'en direz des nouvelles ! » Il est bien sympathique, ce boucher, de me traiter en client privilégié. Si bien que lorsque j'achète du poisson, je me surprends à faire un petit détour pour ne pas avoir à passer devant mon boucher sans rien lui acheter. Ou bien alors, si je ne peux l'éviter, je lui lance d'un air désolé : « Pas de viande : aujourd'hui, c'est poisson ! » Je ne voudrais surtout pas qu'il croie que je lui fais des infidélités. Bien évidemment, je n'ai pas tous ces problèmes lorsque je fais mes courses au supermarché : je n'ai de relation avec personne et la transaction commerciale est pure, dénuée de toute obligation. Si bien que je n'ai aucun scrupule à changer d'établissement s'il s'avère qu'un autre offre un meilleur rapport qualité-prix.

Il existe tout un pan de la relation avec mon boucher qui n'est pas vénal. Tout en effet ne peut pas s'acheter ni se vendre. Et pour ces choses qui ne sont pas commercialisables, les règles du jeu sont les mêmes que celles observées par les ethnologues au XIXe siècle, par exemple chez les Indiens Kwakiutl de la côte nord-ouest américaine, ou chez les anciens habitants des îles Trobriand, perdues dans le Pacifique.

Les choses qui ne peuvent se vendre sont données. Mais, entre deux personnes, un don est loin d'être gratuit, car il implique l'obligation de rendre. Quelqu'un vous fait un cadeau, ce qui vous met dans la nécessité de lui en faire un autre en contrepartie, si possible d'importance supérieure, tôt ou tard. Des amis vous invitent à dîner : comment ne pas rendre cette invitation ? Cadeaux et invitations à des réjouissances se situent dans une sphère qu'il est malvenu de convertir en espèces sonnantes et trébuchantes. On prend bien soin de faire enlever l'étiquette d'un objet destiné à être offert et la puissance invitante paie discrètement l'addition, sans en étaler le montant. Et que penser d'une personne qui revendrait les cadeaux qu'on lui a faits ? Elle serait déconsidérée.

L'amabilité, la gentillesse, les sourires, les petits services qu'on rend gracieusement n'ont pas de prix. Ils ne s'achètent pas, mais ils se troquent avec plaisir. Il est bien agréable de se montrer aimable avec ceux qui sont aimables envers soi, de se faire des cadeaux et des amabilités réciproques, et de nouer ainsi ces liens qui font que nous sommes attachés les uns aux autres.

Non seulement il faut rendre cadeaux, petits et grands services et autres politesses, mais encore il est impossible de se tenir en dehors de ce circuit de l'échange sans encourir le risque d'être socialement hors jeu. Imaginons quelqu'un qui serait avaricieux au point de ne pas vouloir accepter d'invitations, car il ne serait que trop conscient qu'il lui faudrait les rendre tôt ou tard, qui fuirait les cadeaux qui obligent, qui ne demanderait rien à personne afin de ne dépendre de quiconque. Qui voudrait fréquenter une telle personne qui refuse à ce point de se lier ? Quel dommage pour les avares, qui savent ce qu'ils économisent en ne donnant pas, mais qui savent aussi sans doute ce qu'ils perdent, puisque cela leur aigrit le caractère.

Les sentiments n'ont pas de prix et n'obligent à rien

Ah, dernière précision, qui a son importance : il existe des choses qui ne sont pas des choses, et justement comme elles ne sont pas des choses, elles ne peuvent ni se vendre, ni s'acheter, ni même se donner ou se troquer. Ces choses qui ne sont pas des choses sont les sentiments que nous ressentons. Par eux-mêmes, les sentiments n'ont pas de prix et n'obligent à rien. Ils ne sont pas échangeables.

Un sentiment est un événement mental et n'est pas, en tant que tel, un acte de communication. Seuls les objets matériels et les comportements perceptibles par les autres, c'est-à-dire les attitudes, les mimiques, les amabilités, les compliments, les services rendus, mais aussi les critiques et les violences, entrent dans le circuit de l'échange.

Quelle chance, car dans l'ensemble, les sentiments ne se commandent pas. Qui plus est, on en ressent plusieurs à la fois pour la même personne ; on est ambivalent : le positif et le négatif s'entremêlent. On apprécie certains, on les aime, tandis qu'on en déteste d'autres, pour des raisons irrationnelles et souvent inconscientes. Jean-Michel est sympathique, mais il a le tort de ressembler à mon oncle Georges, qui, quand j'étais petit, me faisait peur avec sa grosse voix et avait la fâcheuse habitude de me faire des pinçons sur la joue. Ida, quant à elle, me rappelle une autre Ida, ma copine de jeux préférée de l'école maternelle : j'ai à son égard un a priori favorable, si bien que je me montre étonnamment patient face à ses multiples agressions. Et puis, il y a Anita, dont la vue me remplit à chaque fois de tristesse, tant elle me rappelle une amie, Odile, celle qui est morte à vingt-cinq ans sans avoir pu profiter de la vie.

Certes, Ida et Anita ne sont pas perdantes à ce petit jeu des identifications, mais pourquoi faire payer à Jean-Michel les fautes de mon oncle Georges ? Ne vaut-il pas mieux, vis-à-vis de Jean-Michel, que je conserve mon animosité par-devers moi, que je me comporte à son égard en fonction de la circulation des échanges entre nous ?

Somme toute, détester mon oncle Georges, dans la mesure où je n'extériorise pas cette haine et où je ne la déverse pas sur Jean-Michel, n'aboutit qu'à me faire du tort à moi-même, dans la mesure où elle me cause du stress et des aigreurs d'estomac. Mais mieux vaut cela que l'injustice qui consiste à exprimer mes sentiments, tous mes sentiments, juste pour m'en soulager, sans égard pour ce pauvre Georges. Mes sentiments ne concernent que moi, et ne sauraient constituer une excuse pour me montrer incorrect avec Georges. Si, lorsque je n'extériorise pas ces sentiments, ils me font souffrir, il me revient de m'en occuper, de purifier mon esprit, par exemple en comprenant mieux à partir de quelles histoires ils se sont mis en place, afin de faire la paix avec l'oncle Georges qui est dans ma tête.

Il existait autrefois le péché en pensée. Grand merci à Freud qui nous en a délivrés ! Car, comme on ne choisit pas ses sentiments, ni les pensées, parfois troubles et troublantes, qui nous traversent et qui vont avec, comme on ne peut que constater ces événements mentaux, il serait injuste de considérer qu'ils engagent notre responsabilité. Mieux vaut les voir comme les éléments d'un jardin secret, un domaine privé auquel nous avons droit depuis la Déclaration des droits de l'homme et du citoyen de 1789, qui nous autorise à penser (et ressentir) librement. Nos sentiments et nos pensées n'engagent notre responsabilité qu'à partir du moment où nous les extériorisons, où nous les concrétisons par des paroles et des actions.

Les sentiments les plus ambivalents, c'est face à ses parents qu'on les ressent. Jéromine ressent face à son père une culpabilité toute judéo-chrétienne parce qu'elle ne l'aime pas comme elle pense devoir le faire. N'est-il pas dit dans la Bible qu'on doit aimer son père et sa mère ? N'est-elle pas une personne indigne puisque tel n'est pas le cas ? Mais non, même dans la Bible, l'amour pour ses parents n'est pas exigé : ce qui est commandé, c'est de les honorer, et rendre honneur à ses parents ne nécessite pas qu'on les aime.

Ouf ! Ayant compris cela, Jéromine se sent délivrée d'un grand poids : quel plaisir de remplir ses devoirs filiaux sans tenir compte des sentiments troubles qu'on éprouve ! Et même, depuis que Jéromine ne se sent plus contrainte de ressentir autre chose que ce qu'elle ressent, elle constate non sans surprise que son ressentiment pour ses parents s'évapore. Certes, ils n'ont pas été à la hauteur, ils ne lui ont guère fait d'autre don que celui d'une vie rendue pénible par une culpabilité encombrante, mais ce sont ses parents, qu'on n'est jamais en mesure de choisir.

Il n'y a pas que la haine ou le ressentiment qu'on peut garder pour soi. Il y a aussi l'amour et la compassion. Ressentir des sentiments bienveillants vis-à-vis de certaines personnes, ou bien les ressentir vis-à-vis de l'humanité, n'engage à rien. Personne ne nous est redevable de ce que nous ressentons. Si ces sentiments font du bien à ceux qui les ressentent, tant sur le plan physique que moral, ils ne produisent cependant pas d'effet sur les autres qui, avec juste raison, se contentent de les ignorer.

C'est ce qu'ils ont de mieux à faire, car l'étalage des sentiments est le plus souvent une forme de chantage. Je suis amoureux de vous, ce qui vous oblige à m'aimer ! Je suis bienveillant et compassionnel à votre égard, admirez-moi, aimez-moi !

Ce n'est que lorsque ces sentiments et ces pensées débouchent sur des actions concrètes qu'ils amorcent une circulation interpersonnelle. Ce sont les cadeaux, les services, les sourires et les amabilités lorsqu'il s'agit d'amour bienveillant, ou bien les violences lorsqu'il s'agit de haine, qui obligent à d'autres actes en retour.

Les actes appellent les actes, et ils se mesurent à l'aune de l'intention qu'ils véhiculent : il s'agit pour le donateur de provoquer la reconnaissance, le soulagement, le plaisir, ou bien au contraire la douleur et la haine. C'est cette intention qui compte, et qui permet d'évaluer la valeur du don.

En définitive, si les émotions et les sentiments n'ont par eux-mêmes pas de prix et n'obligent à rien, ils sont à considérer soigneusement dès lors qu'un don est en jeu. Merci du fond du cœur pour ce cadeau si attentionné, choisi tout exprès pour me plaire et me faire plaisir. Quelle horreur que cette douleur infligée non pas par accident, mais dans l'intention de nuire !

En Occident, le système de la dette fonctionne de manière dissimulée

Il faut bien avouer que, dans nos contrées, le système de la dette est largement méconnu et a tendance à fonctionner en catimini, à la lisière de la conscience. Lorsqu'on y pense, on est comme pris de honte d'être aussi bassement calculateur. Ne faut-il pas, à l'instar de Notre Seigneur Jésus-Christ, donner sans rien attendre, Dieu se chargeant de vous le rendre au centuple ?

Le système de la dette et de la circulation du don est aussi largement obscurci par les valeurs de la société marchande. Dans le système moderne d'économie de marché, l'idéal est de ne rien devoir à personne. Être trop longtemps débiteur est moralement et économiquement condamnable, et si on est avisé, on évite aussi de se trouver trop longtemps en situation de créancier, car le débiteur a tôt fait d'oublier ce qu'il a reçu pour ne plus avoir en tête que ce qu'il doit rendre. L'idéal est donc de rétribuer les services à leur juste valeur, de rembourser les dettes au plus vite, afin d'être quittes.

Ce système de l'économie marchande est épatant : il autorise une liberté individuelle inouïe, jamais atteinte dans l'histoire de l'homme. Mais justement parce qu'il ne nécessite plus de se lier avec d'autres autrement que de façon superficielle pour obtenir des biens et des services, ce système isole les individus les uns des autres. C'est bien pourquoi, parallèlement aux relations fondées sur l'économie de marché, pratiques, mais ponctuelles et peu impliquantes, nous avons aussi besoin de ce second système de relations humaines, bien plus archaïque, fondé sur le don et la dette, qui permet de tisser des liens sociaux durables.

Dans le système du don et de la dette, ce qu'on cherche, c'est avant tout à honorer l'autre par son don, ce qui l'oblige à faire de même, ou bien davantage[3]. Les dons de toutes sortes reçus ou offerts, les services rendus, les amabilités réciproques créent des dettes d'honneur, des obligations qui entretiennent la relation. En somme, on est tenu de donner à son tour pour perpétuer la relation. Tandis que l'économie de marché est centrée sur la production d'objets et de services, le système du don et de la dette est centré sur les rapports entre les personnes, les objets et les services n'étant que des moyens de concrétiser ces rapports[4].

Les deux systèmes obéissent donc à des règles très différentes. En fait, ils fonctionnent en parallèle, sans se mélanger, et chacun fait d'ailleurs beaucoup d'efforts afin que les échanges marchands et le système du don et de la dette soient clairement séparés, tant ils obéissent à des logiques incompatibles.

Cette logique du don semble à première vue bien paradoxale : un don oblige, alors que, pour mériter ce nom, il doit être désintéressé. Mais si on donne pour obliger, ce don n'est donc pas si désintéressé que ça... Alors, est-ce encore un don ?

La réponse est oui : les dons véritables sont désintéressés et il n'existe pas d'obligation de les rendre. Mais si on ne fait pas soi-même un don à son tour, tout aussi généreux et désintéressé, c'est son honneur que l'on perd.

L'autre soir, invité chez des amis, j'arrive avec mon bouquet de fleurs que j'offre à la maîtresse de maison. « Il ne fallait pas », me dit-elle. « Ce n'est rien », lui réponds-je. Ce bouquet, ni dans son esprit ni dans le mien, ne constitue un troc contre le repas auquel je suis convié, et encore moins une rétribution pour ce repas. Mon petit cadeau est gratuit, de même que l'invitation. Les deux sont faits pour faire plaisir. Nos amabilités réciproques sont là pour signifier notre total désintéressement : je n'étais pas obligé d'apporter un bouquet, ce bouquet que j'apporte n'oblige en rien mes amis. Bien entendu, puisque nous sommes des personnes honorables, nous mentons tous deux comme des arracheurs de dents.

L'obligation de rendre n'est pas immédiate : chez ces très bons amis, comme j'étais invité à la bonne franquette, j'aurais effectivement pu venir les mains vides. Eux comme moi savons bien qu'entre nous les échanges vont continuer leur circulation, qu'un jour ou l'autre, les invitations seront rendues. Mais, invité chez des inconnus, je veillerai soigneusement à ne pas oublier mon offrande. En fait, si j'avais davantage de savoir-vivre, c'est le lendemain que je ferais mes remerciements principaux et que j'adresserais mon cadeau soigneusement personnalisé, de telle sorte que l'invitation et mon cadeau apparaissent comme deux dons indépendants l'un de l'autre, en aucun cas assimilables à un troc.

La circulation des dons doit aboutir à un équilibre : personne ne peut se satisfaire d'une situation dans laquelle ce sont toujours les mêmes qui donnent et toujours les mêmes qui reçoivent. Certes, sous nos climats, on répugne à tenir une comptabilité des services rendus, mais en fait, la plupart d'entre nous la font quand même, dans un recoin de leur tête. La dernière fois que nous avons dîné avec Untel, il a payé l'addition. Cette fois, c'est donc mon tour, et je ne peux faire moins que de l'inviter dans un restaurant de même catégorie. Cependant, l'autre jour, je lui ai rendu un satané service, si bien que, peut-être, il se sentira redevable et verra dans ce repas un moyen de payer sa dette. Si donc il insiste pour payer l'addition, devrais-je accepter ou bien refuser ?

Comment se mesure la valeur d'un cadeau ou bien d'un service ? Ce ne peut pas être par référence à une valeur pécuniaire, puisque justement, le circuit du don et de la dette se situe clairement en dehors de toute référence au circuit marchand. Un cadeau se juge selon des critères relationnels : l'objet, le service, la parole aimable ne sont que des moyens au service d'une intention. C'est heureux, car sinon, que vaudrait le collier de nouilles que nous offre notre bambin ? Il est bien évident que ce ne sont pas les nouilles qui font la valeur du collier, mais l'effort fait pour l'assembler, qui est lui-même le témoignage de l'amour que nous porte notre enfant. En nous en faisant cadeau, l'enfant gagne notre reconnaissance, et sort grandi d'être entré dans le circuit du don. De là sa fierté, et la nôtre !

Voilà aussi pourquoi, lorsqu'un ami fortuné nous invite, nous, pauvre salarié désargenté, dans un dispendieux restaurant trois étoiles, l'inviter à son tour chez soi à partager une cuisine de ménage amoureusement mitonnée constitue un retour des choses parfaitement équitable. Et même, sans doute, sera-ce le riche qui se sentira tout à la fois embarrassé de nous avoir embarrassés, et en dette... Car ce qui fait la valeur d'un don ou d'un service, c'est, pour l'essentiel, l'effort fait pour les fournir.

Déroger à cette circulation des dons, ne pas faire plaisir quand on nous a fait plaisir, ne pas rendre service quand on nous a rendu service, signifierait qu'on n'a ni amour-propre à préserver ni réputation à maintenir. J'aurais pu continuer à vous parler d'honneur comme j'ai commencé à le faire. Mais ce concept est devenu désuet : dans la société marchande, fondée sur des biens et des services qui s'obtiennent en les achetant, où on est quitte dès lors que le prix a été payé, et il n'y a pas d'honneur qui tienne.

Aussi ferai-je appel à un autre vocable : appelons *persona* l'image sociale que chacun se compose, qu'il met en scène[5], cette icône de lui-même qui le représente aux yeux des autres. La *persona* est ce que les autres perçoivent de nous, une construction qui rend prévisibles nos comportements futurs. Untel est fiable, car il ne manque jamais à ses devoirs, sait ce qu'il doit aux autres, alors qu'un autre est léger, oublie les services rendus, ou bien donne sans compter, créant ainsi aux autres des obligations bien embarrassantes. Eh bien, lorsqu'on néglige de faire circuler les dons, lorsqu'on ne donne pas et qu'on ne sait pas recevoir, lorsqu'on ne veille pas à l'équilibre des flux, c'est cette *persona* qui s'en trouve dégradée.

Sous d'autres cieux, les lois qui régissent la circulation de la dette et son articulation avec la *persona* sont parfaitement claires. En Chine, par exemple, le *guanxi* constitue un système de dette que tout Chinois a à l'esprit en permanence dans ses rapports avec ses semblables, et écorner sa *persona* s'appelle perdre la face. Chaque individu, chaque famille, chaque groupe social s'efforce avec patience et ténacité de rendre des services. Ainsi, ceux dont on a fait ses obligés sont tenus de rendre d'autres services sous peine de perdre la face. Un jour ou l'autre, les dettes seront payées, mais il n'y a aucune urgence à cela. Cette situation n'a rien d'immoral ou d'inconfortable, aux yeux d'un Chinois : c'est le fait d'être en compte qui constitue le lien social, et ce lien est d'autant plus solide que le nombre et la valeur des transactions sont importants. Tel est d'ailleurs le problème du nouvel arrivant, du « long nez » qui, débarquant de son avion, tente de commercer avec la Chine : il ne doit rien à personne, et personne ne lui doit rien. Il n'a donc pas d'existence sociale : on n'a pas affaire à lui, on ne fait pas d'affaires avec lui. L'Occidental pressé par le temps peut aussi payer ce qu'il appelle un pot de vin, qui, du côté chinois, est vu comme une honnête mise de fonds destinée à obliger[6, 7]. Cependant, s'il peut obliger ses interlocuteurs en leur faisant des cadeaux généreux et désintéressés, ou mieux encore s'il a l'occasion de rendre des services gratuitement et sans arrière-pensée, il devient alors honorable et on peut alors envisager de faire des affaires avec lui.

Attention aux cadeaux empoisonnés

Puisqu'il est agréable de donner et de recevoir, pourquoi ne pas donner sans compter ? C'est parce que, comme nous l'avons vu, celui qui reçoit devient l'obligé de celui qui donne, et autant il est agréable de recevoir quand on sait qu'on va rendre sous peu, autant il est déplaisant de s'apercevoir qu'on ne va pas parvenir à donner à la hauteur de ce qu'on a reçu. Donner sans laisser à l'autre le temps de donner en retour, ou bien trop donner et obliger l'autre plus qu'il ne le voudrait, c'est en somme l'écraser de sa générosité.

La cérémonie du potlatch, repérée par les ethnologues chez les Indiens Kwakiutl de la côte nord-ouest de l'Amérique au XIXe siècle[8], est souvent citée pour illustrer la valeur agressive, agonistique des cadeaux. Des tribus voisines se réunissaient pour des festivités et faisaient assaut de générosité. Mais celle-ci n'était pas désintéressée : elle servait à la fois à obliger l'autre, et asseoir le statut social. Donner autant que l'autre, c'est le moins qu'on puisse faire, mais donner plus que l'autre, c'est prendre avantage sur lui. Parfois, les objets étaient purement et simplement détruits, sous les yeux de la tribu adverse, plutôt que donnés, marquant ainsi encore davantage la magnificence du donateur : détruire, c'est donner sans même prendre la peine d'obliger l'autre à rendre, ce qui sous-entend qu'on pense l'autre incapable de suivre l'échange à ce niveau. Il n'était pas rare qu'à l'issue des potlatchs, les tribus en vinssent aux mains...

Les assauts de générosité somptuaires, destinés à marquer la puissance, n'ont pas disparu. Il se donne encore des fêtes, pour célébrer un événement important, par exemple un mariage. Cent personnes sont invitées et il y a à manger et à boire pour cinq cents, pour mille ! Le luxe, le gaspillage ostentatoire sont écrasants, et c'est bien ainsi que nous le ressentons : nous sommes écrasés par la puissance invitante.

Tout cela ne relève pas de la gentillesse, du simple désir d'être agréable. Les sentiments que suscitent de telles festivités sont ambigus : on est reconnaissant d'avoir été invité, et donc de compter, et en même temps on sent bien qu'on assiste à une démonstration de puissance. De là sans doute ces conversations mi-figue mi-raisin où, un verre à la main, on échange des médisances à propos de ses hôtes.

Les enfants, qui ont plus d'intuition que leurs parents, sont rarement dupes des cadeaux de Noël, qui sont souvent empoisonnés. Lorsqu'ils trouvent, au pied du sapin, des cadeaux bien trop nombreux, bien trop somptueux, ils se doutent bien qu'il y a une entourloupe quelque part. Ces trop beaux cadeaux sont souvent destinés à racheter les fautes parentales : on ne s'est pas occupé d'eux pendant l'année et on croit s'en tirer à bon compte par une débauche de jouets luxueux et inutiles. Mais les enfants ne jouent pas avec ce genre de cadeaux de Noël : jouer avec, ce serait les accepter, et donc accepter le marché. Le plus souvent, ces jouets sont vite remis dans leur boîte, ou bien cassés, l'enfant marquant alors son dédain en ne jouant qu'avec un jouet insignifiant.

Une autre sorte de cadeau empoisonné prend la forme d'un objet qui n'est pas à la hauteur des circonstances. Le bouquet de fleurs médiocres, le gâteau qui ne sort pas de chez un bon pâtissier, les chocolats de supermarché, le produit d'imitation, le cadeau personnalisé mais bas de gamme font penser que le donateur n'a guère fait d'effort. Est-ce parce que le donateur est une personne particulièrement maladroite, ou bien de nature avaricieuse ? Ce sont là les explications les moins déplaisantes. Mais comment s'empêcher de penser que ce cadeau médiocre traduit le mépris dans lequel le donateur nous tient ? Prends donc ça, c'est bien assez pour toi !

Les cadeaux inutilisables ou malvenus, comme les cigares et objets de fumeur offerts à quelqu'un qui vient d'arrêter de fumer ou la bouteille d'alcool offerte à un ancien alcoolique, font penser que le donateur est au mieux irréfléchi, ou bien carrément malveillant. L'accessoire de sport offert à quelqu'un qui se laisse quelque peu aller sur le plan physique sonne comme un reproche, trahit une tentative de manipulation.

Faire des cadeaux est donc un art : l'objet doit être parfaitement adapté à la personne à qui on l'offre, doit correspondre et être proportionné aux circonstances. Trop, cela fâche autant que pas assez, ou bien qu'offrir de façon inappropriée. En somme, le cadeau doit faire plaisir : c'est bien la moindre des choses.

Il est difficile de rendre à celui qui donne trop

Laissons de côté les cadeaux empoisonnés trop beaux et qu'on ne pourra pas rendre, ou pas assez conséquents et qui constituent des insultes, pour nous intéresser à ceux qu'on donne pour forcer la main et qui font entrer dans une relation débiteur-créancier.

C'est ce qui arrive à Marina dans un premier temps : croyant que donner tant et plus fera qu'on l'aimera davantage, elle se montre généreuse et inconséquente. Et plus elle se met en quatre pour faire plaisir, plus elle rend de services, plus elle fait assaut d'amabilités, plus son entourage professionnel s'assombrit. Car, face à cette serviabilité débordante, on commence à se poser des questions : mais que veut donc Marina ? Dans quelle monnaie compte-t-elle être remboursée de ses efforts ? Va-t-elle un beau jour, à l'instar de Shylock, l'usurier du *Marchand de Venise*[9], réclamer sa livre de chair dans la région du cœur ?

Dans une relation débiteur-créancier, le second a donné tant et plus, bien davantage que le premier n'est disposé à donner à son tour. De là à haïr celui qui nous crée ces obligations non désirées, il n'y a qu'un pas. Et, disons-le, tout est bien pis lorsqu'on n'est pas conscient de ce qui se joue. Du fait de l'ignorance du système de la dette, c'est souvent le cas en Occident.

Il était une fois deux amis, Raymond et Christophe, qui font régulièrement ensemble de la pêche sous-marine en apnée. Un jour, Raymond a un malaise. Ce qu'on appelle dans le milieu la syncope des sept mètres : elle se produit lorsqu'on remonte du fond, les poumons contenant davantage de gaz carbonique que d'oxygène. Le problème provient de ce qu'au fond de l'eau, l'oxygène se dissout mieux dans le sang qu'à la surface, alors que, pour le gaz carbonique, c'est l'inverse. Quand on remonte, les choses s'inversent. À la hauteur des sept mètres, la pression partielle d'oxygène est en berne tandis que celle de gaz carbonique pèse son poids. Il arrive donc parfois que le cerveau déclare forfait et que l'apnéiste tombe dans les pommes entre deux eaux. Voilà l'une des nombreuses raisons qui font qu'on ne doit pas chasser tout seul le poisson à l'arbalète.

Mais Raymond n'est pas seul et Christophe fait son devoir : il repêche son coéquipier et le ramène au rivage en lui maintenant la tête hors de l'eau, comme il est indiqué dans les manuels. Chemin faisant, comme tous deux sont loin du bord et que Christophe ne peut pas tout porter, il doit sacrifier son matériel. La bouée et le poisson pêché partent au fil de l'eau, tandis que les plombs et les arbalètes coulent au fond.

L'affaire n'est pas grave et il y a plus de peur que de mal. Raymond, après un grand frisson rétrospectif — il a failli mourir sans même s'en apercevoir — reprend ses esprits et remercie chaleureusement Christophe, ainsi que la Sainte Vierge, car il a de la religion. Puis, après qu'ils se sont tous deux racheté du matériel, ils reprennent leurs petites séances de pêche.

Mais le cœur n'y est plus. Bizarrement Raymond ne fait plus confiance à Christophe. Bon, celui-ci lui a sauvé la vie, mais le referait-il une deuxième fois ? Et puis, ne pourrait-il pas se montrer un peu plus discret ? Qu'a-t-il besoin de raconter leur odyssée à qui veut l'entendre ? Cette façon de se faire mousser à son détriment est horripilante, de même que toutes ces petites remarques déplacées sur la nécessité d'être prudent. Quant à Christophe, il ressent désormais contre son coéquipier une inexplicable animosité. Inexplicable ? Il a dû se racheter une nouvelle arbalète, une nouvelle ceinture de plomb, une nouvelle bouée. Mis en regard de la vie de son ami, ce n'est pas grand-chose, mais tout de même... Et puis, il a désormais la désagréable impression que Raymond l'épie avec une certaine gourmandise, comme s'il souhaitait que lui aussi fasse un malaise, ou bien ait un accident qui lui permettrait à son tour de se poser en sauveteur, histoire sans doute de remettre les pendules à l'heure. Quelques mois plus tard, Raymond et Christophe se quittent fâchés et se trouvent chacun de nouveaux équipiers.

Les malheurs de Raymond et de Christophe proviennent de leur incapacité à concevoir la dette qui les lie désormais. Tous deux la négligent, et cette dette qui aurait dû les rapprocher finit au contraire par les séparer. Racontons maintenant l'histoire à l'orientale, c'est-à-dire dans un système culturel dans lequel la réciprocité des dons et le système de la dette sont présents à la conscience de tout un chacun. Deng sauve la vie de Liu. Liu, devenu son obligé, l'assure de sa gratitude et commence par lui offrir un nouveau matériel, plus beau, plus luxueux que celui perdu dans le sauvetage. Mais ce don n'est que peu de chose comparé à sa dette : il doit la vie à son ami et sait que, désormais, il ne pourra rien refuser à Deng. Il sait aussi que si un problème se reproduisait, Deng le secourrait à nouveau, car nos obligés nous obligent, du fait qu'on ne tient pas à les perdre. De son côté, Deng accepte aimablement les preuves de reconnaissance de Liu. Liu est son débiteur, et le restera sans doute longtemps. À moins que, bien sûr, il ne soit dans la nécessité de demander à son tour à Liu un immense service. Qu'il est bon d'avoir des amis sur lesquels on peut compter.

Les esclaves doivent tout et on ne leur doit rien

Revenons à Marina. Constatant qu'autour d'elle on se demande où elle veut en venir, avec ce déploiement de gentillesse insensée, elle finit par convaincre ses amis et relations qu'on ne lui doit rien, qu'elle ne veut rien de plus que se montrer amicale. « Je ne désire rien, dit-elle, si ce n'est vous être agréable. Tout cela est gratuit et désintéressé. »

Mais assurer que rien n'est dû n'est qu'une de ces formules de politesse dont personne n'est dupe. On sait bien ce qu'on lui doit, à cette Marina qui n'en finit pas de rendre service. À moins que... À moins qu'effectivement, Marina n'ait raison et qu'on ne lui doive rien, ce qui serait effectivement le cas si Marina n'est pas en position d'alter ego, si elle est servile.

L'entourage de Marina n'a guère à se forcer pour la considérer comme telle, tant c'est pour lui un soulagement. Du coup, on peut continuer à lui demander des services, qui s'avèrent gratuits. De plus, Marina cesse d'être perçue comme dangereuse, puisqu'elle ne peut rien exiger en retour. En somme, à donner sans attendre de contrepartie, Marina aura perdu le beurre et l'argent du beurre.

Est servile celui ou celle qui donne sans que la réciproque soit nécessaire. Un esclave, qui ne s'appartient pas lui-même, est taillable et corvéable à merci par celui auquel il appartient. Un esclave ne compte pas sa peine, et son maître, lui non plus, ne compte pas la peine de son esclave. Celui qui se pose en maître et celui qui se trouve esclave n'étant pas dans un rapport d'égalité, il ne peut y avoir entre eux ni relation de réciprocité ni véritable amitié. L'être servile ne joue que les utilités, et ne saurait être que méprisé.

Les candidats à l'esclavage, pourtant, ne manquent pas : quel soulagement de perdre sa liberté, et en définitive de s'oublier ! Comme on ne s'appartient plus, on n'est plus responsable de soi-même et il n'y a plus à décider de rien. Comme on n'a pas d'honneur, ou de *persona* autre que celle que son maître vous prête, on n'a nulle position à assumer. Abandonner toute prétention à l'autonomie engendre un état merveilleux dans lequel on n'a plus à s'angoisser de quoi que ce soit à son sujet.

En tout cas, quand l'esclave tombe sur un bon maître, c'est-à-dire un maître attentif à son esclave. Car la relation maître-esclave échappe moins qu'on pourrait le penser à la loi du donnant-donnant : en échange de son autonomie, de son travail, de son attention sans faille, de la satisfaction de son maître, l'esclave reçoit des injonctions, des ordres, des maltraitances, qui témoignent de l'intérêt que le maître lui porte. Commander quelqu'un, et même le maltraiter, ce n'est pas le négliger, bien au contraire[10].

Il n'est pas rare que la révolte des esclaves vienne moins d'une recherche d'égalité et d'autonomie que du sentiment que le maître ne les commande plus assez, qu'il n'est plus sensible à ce que l'esclave fait pour lui et se désintéresse de son sort. Dans ces conditions, l'échange n'est plus équitable[11].

Il était une fois une bonne maman nommée Giselle, qui est l'esclave de son mari et de ses deux garçons. Elle se met en quatre pour eux trois, fait tout pour leur faciliter la vie, fait la cuisine et le ménage sans rechigner, fait les commissions familiales, et aussi celles des uns et des autres, lave leur linge et le repasse, sert de taxi, de répétitrice, de factotum, de banquière et de paillasson.

Au début, tout se passe très bien. Il ne déplaît pas à son mari d'avoir une femme aux petits soins pour lui et à sa dévotion. Lui, en échange, la tarabuste et lui fait l'amour. Les deux garçons, devenus adolescents, s'efforcent de semer en permanence dans la maison un aimable désordre afin que leur mère puisse satisfaire ses pulsions rangeuses, et exigent sans vergogne toutes sortes de services dévoreurs de temps afin qu'elle ne se sente pas délaissée. Tous trois n'hésitent pas non plus à houspiller Giselle pour lui témoigner tout l'intérêt qu'ils lui portent.

Mais Giselle n'est pas dupe : si elle reçoit bel et bien de nombreuses marques d'intérêt, celles-ci sont davantage motivées par le mépris que par l'amour. Car l'amour, la tendresse concernent les alter ego, les personnes libres de donner ou non, celles qui le décident de leur propre chef. Mais Giselle, n'ayant guère d'amour-propre, se contente de ce qu'on lui donne, qui lui semble mieux que rien.

Mais voilà que, les garçons grandissant, ils se font rares à la maison ; de son côté, Gustave, le mari, multiplie les déplacements professionnels et, sans doute, les maîtresses occasionnelles. Giselle, esclave délaissée par ses maîtres, se met à déprimer et se retrouve chez le psy.

Une première psychothérapie permet à Giselle de quitter le mode de la plainte pour entrer dans celui, nouveau pour elle, de la révolte et de la revendication. C'en est assez qu'on la maltraite ainsi ! Elle exige désormais son dû.

Mais de quel dû s'agit-il ? Faut-il reconsidérer vingt ans de vie commune avec son mari sur le mode du donnant-donnant ? Mais alors, la dette accumulée, la créance sont tellement énormes qu'il est impossible au mari d'y faire face, sauf à se placer lui-même en position d'esclave, ce qu'il n'est guère prêt à envisager. Si bien que le regain d'estime de soi de Giselle aboutit à sa conclusion logique : l'esclave tente de s'émanciper par le divorce.

Si la possibilité de divorcer sans trop de complications juridiques est assurément une avancée en termes de liberté et d'autonomie individuelles, elle reste une terrible épreuve pour les couples ayant noué toutes sortes de liens entre eux, qu'il s'agit alors de desserrer. Et les liens de l'esclavage s'apparentent aux menottes qui relient le voleur attrapé par un gendarme : gendarme et voleur sont comme prisonniers l'un de l'autre.

Le divorce est donc éprouvant : Giselle, exhortée tant par son avocat que son psy, sous la domination desquels elle est naturellement tombée, revendique pécuniairement tant et plus, tandis que Gustave ne comprend pas très bien pourquoi il devrait donner la moitié de ses possessions durement acquises à une ancienne esclave usagée.

Évidemment, à l'issue de ce divorce, Giselle, désormais aisée sur le plan pécuniaire mais livrée à elle-même, resombre illico dans la dépression. Un second psy est convoqué à la rescousse... que Giselle tente lui aussi d'ériger en maître. Mais, après tout, c'est justement le boulot du psy que de ne pas se laisser engloutir dans ce style relationnel.

Les relations esclavagistes sont souvent réversibles. Odette, à la différence de Giselle, l'a bien compris, qui, en étant une secrétaire infatigable et efficace, ainsi qu'une maîtresse dévouée, a su se rendre indispensable à son patron, Jean-Michel, P.-D. G. d'une PME. Dans le moment où ce dernier croit l'avoir réduite à l'état d'esclave, il a suffi qu'elle évoque l'idée de son départ, ou bien qu'elle se refuse à lui, pour que celui-ci se rende compte à quel point il est devenu dépendant d'Odette. Si bien que, subtilement, la relation s'inverse et qu'Odette prend le dessus. Quelques années plus tard, Jean-Michel a divorcé de sa première épouse, Odette est devenue femme légitime, qui plus est l'éminence grise, la dirigeante véritable de l'entreprise.

Mais à y regarder de près, Jean-Michel a-t-il jamais dominé Odette ? Ou bien a-t-il été l'esclave consentant de sa secrétaire dès le départ ? On peut se demander si tout n'est pas joué dès le premier regard, si dans le premier temps de leur relation, la position de Jean-Michel, patron tout puissant et faisant d'Odette sa chose, n'est pas un simple effet de trompe-l'œil. Peut-être l'histoire est-elle écrite d'avance : si Jean-Michel n'avait pas été malheureux en ménage, s'il n'avait pas eu une certaine propension à l'esclavage, il n'aurait sans doute pas accepté de s'abandonner ainsi à Odette, de la laisser prendre tant d'ascendant sur lui.

En fait, la révolte ouverte ou bien le renversement des rôles semblent les seules issues à l'esclavage[12]. Mais cette dialectique ne saurait faire de l'esclave un égal ; on ne sort pas de la relation dominant-dominé, même si le rapport de force se renverse. Cette relation inégalitaire est en fait le plus souvent inconfortable tant pour le maître que pour l'esclave, tant elle est empreinte de méfiance et de frustration. Lorsqu'elle s'accompagne de délectation sadomasochiste de part et d'autre, elle a certes plus de chances de se pérenniser, mais les relations sadomasochistes sont par définition insatisfaisantes : le masochiste tente d'exister aux yeux de celui qui le « sadise », alors que le sadique instrumentalise sa victime pour en jouir. Ces deux-là sont faits pour ne pas se comprendre.

Comment instituer des échanges équitables

N'oublions pas Marina. Pour n'être vécue ni comme créancier ni comme esclave, comment Marina devrait-elle faire ? Il lui faudrait pour cela se placer dans un rapport d'égalité, apparaître comme une alter ego. Cela nécessite plusieurs choses : il lui faut tout d'abord faire savoir clairement, premièrement qu'elle donne ou a donné quelque chose, deuxièmement faire comprendre à l'autre la valeur de ce qu'elle a donné. Il lui faudra sans doute aussi veiller à ce que les dettes soient payées, ce qui suppose une relation plus proche du troc que du don véritable ; mais face à des personnes sans égards et, dans un premier temps, ce sera mieux que rien.

Serions-nous par exemple au Japon, Marina n'aurait nul besoin de se donner toute cette peine, car tout un chacun conserve en permanence à l'esprit ce qu'il doit et ce qu'on lui doit. Mais nous sommes dans l'Occident barbare, où les gens ne savent plus ni donner ni recevoir. Il faut donc leur mettre les points sur les i.

Marina travaille dans le département international d'une grande banque avec trois autres collègues. Une personne doit assurer la permanence du 14 juillet, qui tombe un lundi. Un beau week-end en perspective, donc. Gentiment, Marina se propose. Ses trois collègues, que cela arrange bien, n'y voient comme d'habitude pas d'inconvénient. Mais cette fois-ci, au lieu de sourire angéliquement sans rien dire, puis de maudire dans son for intérieur lesdits collègues, dépourvus de reconnaissance et avares en amitié, Marina développe à leur profit ce que signifie pour elle cette astreinte : elle ne profitera pas du week-end prolongé, n'ira pas rendre visite à sa famille dans le Midi, et ne reverra pas les siens ce mois-ci. Ce n'est pas grave, bien sûr, c'est juste dommage. En disant cela, Marina indique le coût du service qu'elle rend. Ce coût n'est pas financier : il représente la quantité d'effort fourni par Marina pour rendre service, les émotions mises en jeu. Puis la discussion s'oriente sur les projets des trois collègues pour ce week-end : l'une ira en Normandie avec mari et enfants, l'autre restera chez elle à jardiner, tandis que le troisième a bien l'intention d'assister au défilé militaire sur les Champs-Élysées. Les services rendus par Marina et ce qu'il lui en coûte sont donc désormais des faits bien établis. Cela lui permet, légitimement, d'espérer que la prochaine fois, ce ne sera pas elle qui sera d'astreinte, ou bien que, lorsqu'elle demandera à son tour un service, il ne lui sera pas refusé.

D'ailleurs, la prochaine fois que Marina demandera quelque chose, il y a peu de chances qu'on le lui refuse. Mieux encore : ses interlocuteurs seront sans doute ravis, puisque rendre service à leur tour leur permettra de sortir de leur état de débiteur.

Quel plaisir, en définitive, de rendre service, quand on sait que, tôt ou tard, l'autre vous rendra service à son tour. Et comment ne pas adorer rendre service à ceux qui vous ont rendu service, annulant ainsi sa dette ? Et même, allons plus loin, quand on a fait l'erreur de s'être montré un peu trop généreux et qu'on se soucie du confort psychologique de son prochain, comment résister à la nécessité de lui demander des services inutiles, juste pour lui permettre de faire preuve de générosité et rééquilibrer ainsi la relation ?

Marina, devenue plus exigeante vis-à-vis de ses collègues, n'en est pas moins inquiète. Ne va-t-on pas la trouver calculatrice, ne va-t-on pas lui battre froid ? À sa grande surprise, c'est le contraire qui se produit. Ses collègues, qui ne s'intéressaient à elle qu'en fonction des services qu'elle était susceptible de leur rendre tout en la méprisant cordialement, commencent à la considérer comme une personne, une interlocutrice digne de ce nom, dont il faut s'enquérir, à laquelle il convient de s'intéresser. Comme il faut désormais veiller à l'équilibre des dettes, il devient important de mieux la connaître, de savoir ce qu'elle aime ou n'aime pas, les choses qu'elle considère comme importantes. Et puisqu'elle continue à se montrer généreuse, on se doit de lui faire plaisir. En gagnant l'estime de son entourage, Marina gagne aussi leur amitié.

La charité : Dieu vous le rendra

On peut parfois donner sans rien attendre de l'autre. C'est le cas lorsqu'on fait l'aumône, ou bien qu'on se dévoue à une cause, pour le bien de tous ou de certaines personnes en particulier. À une certaine période de l'histoire, le don désintéressé aux pauvres et aux démunis, aux personnes dans l'affliction, a constitué un progrès social d'importance. C'est à Jérusalem, à l'époque michnaïque, quelque part entre les IIe siècle av. J.-C. et IIIe siècle apr. J.-C. qu'apparaît cette victoire des pauvres, et que naît la doctrine de la charité et de l'aumône, qui a fait le tour du monde avec le christianisme et l'islam. La *zedaka* hébraïque et la *sadaka* arabe signifient à l'origine la justice, et ces mots ont aussi pris le sens d'aumône[13]. Pour quelqu'un qui n'est pas dans le besoin, qui est même un peu trop riche, faire l'aumône est une œuvre de justice destinée à corriger un trop grand déséquilibre. De toute façon, c'est aussi une sage précaution, car la Némésis a tendance à venger les pauvres et les dieux de l'excès de bonheur et de richesse de certains hommes. À moins que les pauvres, lassés d'attendre que les dieux leur rendent justice, ne prennent leur destin en main et le pouvoir avec, par les armes ou par le bulletin de vote. Les riches de longue date le savent : mieux vaut ne pas trop exciter l'envie, tant des dieux que des plus pauvres que soi, se montrer généreux pour se faire pardonner sa richesse.

Il n'est pas simple de faire la charité sans offenser : le problème réside dans le fait que des dons destinés à ne jamais être rendus, des dons qui s'arrêtent à celui qui les reçoit, qui ne sont pas l'amorce d'une circulation, ne permettent pas de fonder une reconnaissance. Celui qui donne n'attend rien de celui qui reçoit ; il n'attend pas même que le récipiendaire puisse, un jour, devenir donateur à son tour. Dans ces conditions, comment le récipiendaire, qui n'est pas traité en égal, à qui on ne prête pas d'honneur, ne serait-il pas offensé ? Le fait que le riche lui demande de servir d'intercesseur auprès de Dieu ou des dieux afin de se faire pardonner son excédent, ou bien plus prosaïquement, de prendre ce qu'on lui donne et de se tenir tranquille ne sont pas faits pour consoler le pauvre d'être traité en moins que rien.

Au XIXe siècle, nombre de femmes de la bourgeoisie catholique ou de la noblesse œuvraient comme dames de charité ou dames patronnesses. Elles étaient riches, elles aidaient les pauvres, en les visitant, en compatissant, en leur donnant de bons conseils, en faisant des dons de vêtements défraîchis, en faisant du tricot à leur profit. Elles patronnaient des festivités où on collectait de l'argent et, une fois les frais couverts, le résidu était distribué, le plus souvent à des personnes défavorisées par les coups du sort, mais considérées comme méritantes. Pourquoi ces braves dames charitables ont-elles fini par être haïes à ce point ? Pourquoi désormais l'épithète de dame patronnesse est-elle devenue injurieuse, alors qu'au XIXe siècle, il s'agissait d'un titre qu'on portait comme un quartier de noblesse, au point de le faire figurer sur sa pierre tombale[14] ? C'est sans doute qu'on a fini par repérer les perversions auxquelles aboutissait cette relation déséquilibrée, inégalitaire, cette générosité qui avait bien du mal à être véritablement désintéressée[15].

On était pourtant dame patronnesse avec, au départ, de fort louables intentions : ne s'agissait-il pas de respecter les œuvres de charité, qui préconisent de nourrir les affamés, de donner à boire aux assoiffés, de vêtir les dénudés, d'héberger les sans-logis, de libérer les prisonniers, de visiter les malades et d'ensevelir les morts ? Tout en pratiquant ces œuvres de miséricorde corporelle, on en profitait aussi pour œuvrer dans la miséricorde spirituelle : il s'agissait d'admonester les pécheurs, d'instruire les ignorants, de conseiller les incertains, de consoler les affligés, de supporter avec patience les importuns, de pardonner volontiers et de prier pour les vivants et pour les morts[16].

Les dames patronnesses étaient bien contentes de trouver des pauvres à assister : comment faire l'aumône, et comment, donc, mériter son paradis, si les pauvres font défaut ? Comme dans la chanson de Jacques Brel[17] : « Pour faire une bonne dame patronnesse / C'est qu'il faut faire très attention / À ne pas se laisser voler ses pauvresses / C'est qu'on serait sans situation. »

Mais les pauvres étaient-ils satisfaits, quant à eux ? Durant des siècles, la charité juive, chrétienne ou islamique a fonctionné à la satisfaction générale. Les pauvres le restaient, mais la charité des riches adoucissait leur sort. Quant aux riches, ils le restaient aussi, tout en se faisant pardonner de l'être. On était riche ou pauvre de naissance, ou de par la volonté de Dieu ou des dieux, et il n'y avait pas lieu de remettre en cause un ordre aussi établi.

Mais voilà qu'à partir du XVIIIe siècle, sous l'influence des idées des Lumières, puis de la Révolution française, les pauvres se mettent à exiger l'égalité des droits, puis l'égalité tout court. Dès lors qu'on est entre égaux, les échanges doivent être équitables. Faute de se mettre d'accord sur la valeur des dettes, voire sur le sens de la dette, il ne peut en résulter que de la haine et de la violence.

On peut le mesurer en prenant conscience du rôle de dame patronnesse que joue désormais un organisme international tel que l'ONU vis-à-vis du tiers-monde[18]. Le fait que, du XVIIIe au XXe siècle, les pays colonisateurs exploitent les richesses de leurs colonies ne faisait pas scandale, à l'époque. Les pays colonisateurs ne négligeaient d'ailleurs pas de traiter les pays vassaux et leurs populations charitablement. Mais, dès lors que ces colonies ont obtenu l'indépendance, que leur voix à l'ONU vaut celle de tout autre pays, la relation économique inégalitaire entre ces pays devient insupportable.

Qu'ont généralement à vendre les pays du tiers-monde ? Des matières premières, qu'il s'agisse de pétrole, de sucre, de café ou de cacao. Qu'ont à proposer en échange les pays technologiquement avancés ? Des produits finis et du savoir-faire. On pourrait naïvement en déduire qu'un échange égalitaire consisterait à ce que chacun troque[19] avec l'autre ce qui lui manque, de telle sorte que les deux y trouvent leur compte.

Mais la prééminence et le savoir-faire du monde occidental lui permettent de valoriser ses produits en travaillant leurs représentations, en exacerbant leurs différences afin de les rendre désirables[20]. Le tiers-monde, quant à lui, ne sait pas mettre en scène les matières premières qu'il produit, qui restent donc banales et ne font rêver personne. L'échange qui en résulte se révèle donc inégalitaire[21].

Voilà qui est bien attristant pour les intéressés. Mais ce qui fâche, sans doute, c'est de constater que les pays occidentaux croient compenser cette injustice en faisant œuvre de charité à leur égard par l'intermédiaire d'organismes internationaux. Tandis que l'un s'enorgueillit, l'autre s'en trouve humilié. Au lieu de la réciprocité du troc, on obtient la réciprocité de la haine.

Le système de l'aumône, qui officialise et conserve l'inégalité, n'est plus accepté, tant dans les relations internationales que dans les relations individuelles. Mais alors, comment venir en aide aux démunis, nombreux même dans les pays riches ? Un merveilleux tour de passe-passe consiste à ce que les riches ne donnent plus directement aux pauvres, mais à un tiers qui récolte les dons des riches et les redistribue aux pauvres. Dans nos pays, à ce jour, ce tiers est l'État.

Les plus riches n'ont plus la nécessité de donner leur surplus aux pauvres puisqu'une partie de leurs impôts et de leurs cotisations est censée remplir cette fonction. Et la partie la plus pauvre de la population reçoit de la part des organismes étatiques une manne, insuffisante certes, mais qui permet de vivoter.

Ce système redistributeur, qui épargne aux pauvres l'humiliation et aux riches la vanité n'est-il pas idéal ? Pas vraiment : remarquons tout d'abord la généralisation du système redistributeur à l'ensemble de la population. Nous sommes tous des riches qui cotisons de gré ou de force aux organismes étatiques, et nous sommes tous des pauvres mis en situation de recevoir les aumônes étatiques.

En somme, l'État a pris la place autrefois occupée par une instance transcendante : Dieu. Celui qui rend n'est plus Dieu, mais l'État. Mais l'État, c'est nous. Si bien que nous sommes passés d'un système ternaire à un système duel, dans lequel nous nous retrouvons tous, peu ou prou, des assistés de nous-mêmes, dépendants du bon vouloir d'une mère nourricière toute-puissante et tyrannique.

Comme l'État nous impose par la contrainte, s'acquitter de ses impôts n'est guère assimilable à un don gratuit de notre part au bénéfice de la collectivité. Si bien que la tutelle de l'État aboutit à un monde sans reconnaissance, dans lequel il n'existe que des droits. Un monde sans pitié.

Un monde tellement sans pitié et sans reconnaissance réciproque que cela en devient insupportable. Les membres des sociétés modernes, qui laissent à l'abandon le système du don et de la dette directs, créateur de liens sociaux, qui ne peuvent se satisfaire de déléguer à l'État le rôle de mère nourricière de tous, qui souhaitent trouver un moyen de recréer du lien social, tentent alors de renouveler les mécanismes de la charité.

Le don se pratique aujourd'hui le plus souvent au bénéfice d'une personne symbolique, représentante d'un corps social plus large[22]. Le donateur choisit la personne à qui il désire donner, avec qui il désire établir un lien. On donne par exemple son sang à un semblable, du temps à une œuvre caritative, du numéraire à telle ou telle ONG qui fera œuvre de charité en notre nom auprès de telle ou telle catégorie de démunis, au malheur desquels on est particulièrement sensible. Dans la mesure du possible, on cherche à personnaliser le don : on ne donne pas aux affamés, on donne à Rachida, qui a douze ans, qui habite le Burkina Faso, et qui nous écrit et nous envoie sa photo[23]. Ce temps, ce travail, cet argent ne sombrent donc pas dans un gouffre sans fond : ils tissent du lien social entre moi, donateur, et eux, malades du sida, de la lèpre, du cancer, affamés du tiers-monde ou du quartier d'à côté.

Du côté du donateur, le sentiment du lien recréé est palpable : il reçoit une reconnaissance, réelle ou imaginaire, qui lui fait un bien fou. Il se sent différent, meilleur, n'est plus seul dans son petit coin, isolé : il sent qu'il a tissé du lien avec d'autres.

Mais du côté du récipiendaire, comment faire pour éviter de sombrer dans le système inégalitaire de la dame patronnesse ? Ce n'est pas si compliqué, quand on y pense : il suffit de rappeler aux uns et aux autres que les dons sont faits pour circuler. Celui qui reçoit devra donner un jour à son tour, lorsqu'il aura forci. Il ne paiera pas sa dette auprès des donateurs, mais à d'autres qui seront dans le besoin. Quelle joie ce sera pour lui de pouvoir s'acquitter de cette dette, recouvrer ainsi son estime de soi, réparer sa *persona* dégradée !

C'est en cela que le système du don et de la dette représente une chaîne temporelle[24], entre individus, entre groupes sociaux, entre générations : ce système — contrairement à celui de l'économie de marché, dans lequel on est quitte à la fin de la transaction — fonde la continuité des relations humaines, les rend durables.

La mère donne tout, le père y met bon ordre

Mais ces œuvres caritatives ne fonctionnent que comme moyens compensatoires d'un système globalement fondé sur l'effacement des liens personnalisés[25], sur la réduction de chacun à un individu identique aux autres, dépendant d'une entité toute-puissante, qu'il s'agisse de l'État ou de l'entreprise multinationale.

Tout cela nous conduit à nous intéresser de plus près à ce qui est la matrice de ces systèmes relationnels, ce qui se passe entre les parents et les enfants.

L'enfant futur, encore dans le ventre de sa mère, a déjà une histoire, celle de sa conception, celle de ses parents, celle de sa famille. Il est imaginé, ce qui est d'autant plus facile qu'aujourd'hui, on peut l'entr'apercevoir[26] et qu'on connaît précocement son sexe. La mère amorce une relation avec cet être déjà communicant, qui se manifeste en bougeant, en donnant des coups de pied.

Lorsque la mère subit un stress, le fœtus le perçoit et, parfois, sursaute. Lorsqu'ils vivent ce moment dramatique qu'est la naissance, c'est à deux qu'ils traversent l'épreuve. Ils établissent une apaisante relation d'accordage dont le prototype est celui de la tétée, lorsque dans des moments cruciaux, mère et enfant ont les yeux vrillés dans ceux de l'autre[27].

Dans ces moments privilégiés, la relation mère-enfant est parfaite : l'enfant n'a rien à demander à qui que ce soit d'autre qu'à sa mère, il a tout à attendre d'elle. Plus tard, la bienveillance, la douceur, le confort évoqueront l'image de cette mère. Dans ce monde-là, paradisiaque, on possède ce dont on a besoin et on le consomme à son gré. N'est-ce pas justement de cela dont on rêve, quand un peu plus tard, on court après le Grand Amour ?

Devenu grand, l'ancien bébé est tenté de considérer que l'amour permet de gommer tous les problèmes, soulève les montagnes. L'amour de la mère, mais aussi l'amour-passion, mais aussi les paradis artificiels, qui permettent temporairement de se baigner à nouveau dans ces eaux paradisiaques, nous installent dans une complétude infinie. Que rêver de plus, et pourquoi en sortir ?

Ah non, tout de même, me direz-vous, on ne peut pas faire l'apologie des paradis artificiels. Mais l'amour maternel, mais l'amour-passion ? Qui ne voudrait s'y réfugier ? Nous nous trouvons là devant une nouvelle idée irrationnelle : *l'amour est tout*, constitue le sens de la vie sans que rien d'autre ne compte. Il convient de s'y laisser prendre, de se laisser englober par cet amour, et même de s'y enfermer à double tour.

En fait, une telle idée est non seulement terriblement réductrice, mais ne fonctionne pas, et ce, dès le départ : le problème provient de ce que dans ce cocon, comme rien ne manque, rien non plus n'est désirable. Fort heureusement, dans la majorité des cas, la mère est suffisamment imparfaite et ne fait son travail que de façon approximative. Elle est juste assez bonne mère, mais pas davantage : *a good enough mother*, comme le dit Donald W. Winnicott[28]. C'est la souffrance engendrée par cette imperfection qui oblige le nourrisson à se construire un psychisme indépendant, afin de combler par lui-même les manques maternels.

Et puis, il y a le père. C'est parce que la mère sait que le père existe que la mère et l'enfant se déprennent l'un de l'autre. L'instance paternelle[29] oblige à dissoudre la dyade, rappelle qu'une dette court, que l'on a de naissance. Une dette envers les autres, ses ancêtres, sa lignée, sa culture. Car c'est bien cela, le legs que l'on reçoit en naissant : la vie tout d'abord, mais aussi un langage, des croyances, un savoir, une place au sein d'une famille, d'une société, qui vont nous définir. C'est cette dette qui oblige l'enfant à se déprendre de sa mère, à se socialiser, c'est-à-dire à entrer dans un circuit de l'échange.

Cet héritage qui engendre un dû est cependant une notion bien confuse dans l'esprit des Occidentaux, quand elle n'est pas purement et simplement contestée. Tel n'est pas le cas de la pensée orientale. J'ai déjà parlé de la notion de *guanxi*, ce réseau de créances et de dettes dans lequel s'inscrit tout Chinois honorable, et qui commence dès avant sa naissance, puisque les descendants sont tributaires des dettes de leurs parents, mais récupèrent aussi leurs créances. Prenons donc à titre d'exemple un autre système, celui de la pensée brahmanique, née à partir du VIe siècle av. J.-C. en Inde : l'être humain se définit en premier lieu par une dette fondamentale qu'il contracte en naissant vis-à-vis des dieux, en l'occurrence de Yama, dieu de la mort. Cette dette est sa vie même, et le seul moyen de s'en acquitter est de restituer cette vie aux dieux en mourant.

Mais avant d'en arriver là, on se rachète aussi en payant ses dettes partielles : les dettes dues aux dieux et aux saints seront honorées par des sacrifices, des libations, la récitation des textes sacrés ; les dettes dues à l'humanité se remboursent en pratiquant l'hospitalité, en rendant des services ; les dettes vis-à-vis des Pères se paient en mettant au monde un fils, et les dettes dues à sa lignée ancestrale, à sa branche védique, en transmettant à la génération suivante l'héritage des générations précédentes. Dans ce système, on ne vit pas malgré sa dette, mais par cette dette structurante, et la vie consiste à s'en acquitter[30].

Les parents qui dépendent affectivement de leurs enfants chargent la barque

La notion de dette de vie envers ceux qui nous précèdent (et aussi, pour beaucoup, envers ce qui nous transcende, Dieu ou les dieux, certains idéaux) qui court, plus ou moins visible, dans toutes les cultures, semble correspondre à une réalité profondément ancrée dans l'histoire humaine. Mais alors, comment se fait-il qu'aujourd'hui les choses semblent se renverser et que beaucoup en viennent à penser qu'au contraire, ce sont les parents qui sont en dette vis-à-vis de leurs enfants ? Ces parents, en prenant la responsabilité de mettre au monde un enfant, doivent à cet enfant de la tendresse, une éducation, mais aussi le confort, les produits de consommation et d'une façon générale, tout ce que l'enfant demandera.

Une des raisons de ce renversement est que la séquence des événements a changé : autrefois[31], on concluait un pacte social nommé mariage, qui autorisait des rapports sexuels entre les époux, à la suite de quoi un enfant venait au monde pour s'inscrire dans la lignée familiale. Aujourd'hui, on jouit individuellement de rapports sexuels et affectifs, et parfois, on décide de mettre un enfant au monde en arrêtant la contraception. Grâce à cet enfant, les parents peuvent se définir comme tels.

Si bien que ce ne sont plus les enfants qui doivent la vie à leurs parents, mais les parents qui sont en dette vis-à-vis de leur enfant du fait que celui-ci leur permet de se définir en tant que parents. Cet enfant, à la fois perdu et précieux, à qui on doit tout et qui ne doit rien à personne, est donc en droit d'exiger que ses parents, que la société lui fournissent tout ce dont il a besoin pour s'épanouir et réussir sa vie.

Qu'est-ce qui cloche, dans cette affaire ? Pourquoi ne pas considérer l'accent mis sur les droits de l'enfant comme un progrès social ?

A-t-on seulement songé aux responsabilités qu'on fait peser sur ses épaules, quand on fait de l'enfant le centre de gravité du système familial ? Les parents ne cherchant plus de points de repère, de sens à leur vie dans leurs ancêtres, mais dans leur progéniture, l'enfant est désormais celui qui permet à ses parents de se définir : sa perfection sera donc celle de ses parents. Il devra savoir lire et écrire avant l'heure, devra briller à l'école comme dans les activités extrascolaires, devra être bon camarade, gentil garçon ou bonne petite fille. C'est à ces conditions que ses parents pourront s'estimer eux-mêmes, voire justifier leur propre existence. Et on s'étonne que bien des enfants craquent, sur un mode ou sur un autre...

L'amour parental semble prendre aujourd'hui un mauvais virage : les parents ne sont plus ceux qui permettent à leur enfant de trouver sa place dans ce monde, mais des entraîneurs, des « coaches », dont l'objectif est d'exacerber les performances de leur champion. Poussés aux fesses par des parents de plus en plus anxieux, les petits sont alors progressivement transformés en animaux savants[32].

Amandine, à quatorze ans, est déjà lestée d'un lourd sac de problèmes. Petite fille intelligente, et même douée, jolie frimousse, elle fait de son mieux pour donner pleine et entière satisfaction à ses deux catégories de patrons, ses parents et ses professeurs. Des parents, il y en a trois : la mère, le beau-père, le père biologique. Des professeurs, il y en a une ribambelle : professeurs de collège, bien sûr, mais aussi professeurs d'échecs, de danse, de violon et d'équitation. Si bien que l'emploi du temps d'Amandine dépasse sans doute celui d'un ministre de la République. Mais Amandine est jeune, et on sait bien que les enfants sont capables de travailler sans relâche, plus dur et plus longtemps que les adultes, dans les mines de charbon d'Amérique du Sud, ou dans les usines du Sud-Est asiatique, par exemple.

Amandine n'a pas d'ami. Oh, bien sûr, elle a des camarades de collège et des copines d'esclavage dans ses différents cursus extrascolaires, mais le niveau de compétition est tel qu'elle a plutôt tendance à les percevoir comme des concurrents à éliminer. Cela ne veut pas dire qu'Amandine n'est pas sociable : elle sait sourire au bon moment, proférer des amabilités, puisque la sociabilité fait aussi partie des matières dans lesquelles il convient de briller.

Les premiers ennuis surviennent quand Amandine se met en tête, sur l'amicale mais ferme pression de la mère, de perdre ses rondeurs juvéniles pour les remplacer par une minceur à la mode. C'est sans doute la goutte d'eau qui fait déborder le vase : Amandine, après avoir frôlé l'anorexie, vire boulimique-vomisseuse. Le problème ne réside pas dans le fait d'ingurgiter des volumes inouïs de nourriture (Amandine a l'habitude d'ingurgiter), ou de vomir (Amandine est vite devenue performante là aussi). Non, le problème est que tout cela dévore du temps et encore plus d'énergie, si bien que cela fait baisser ses performances. Ce qui rend Amandine si désespérée qu'elle tente de s'ouvrir les veines.

La mère vient donc apporter une Amandine confuse et honteuse de ses faiblesses en réparation chez le psy afin qu'elle puisse reprendre la course sans perdre trop de terrain.

Là dessus, Amandine a, peut-être pour la première fois de sa vie, un peu de chance : sa mère craque sous nos yeux — ceux d'Amandine et les miens — et se met à pleurer, ce qui me permet de mettre l'accent sur la relation mère-fille et de leur proposer de les voir de concert. La mère aura ainsi l'occasion de se dévoiler aux yeux de sa fille, de mieux expliquer ses motivations. Ses parents étaient des gens de peu, un père sous-officier médiocre de l'Armée française, une mère femme au foyer. Elle-même s'est battue pour devenir une self-made woman, mais elle n'y a que très partiellement réussi. Elle n'a guère mieux réussi en amour : ses deux maris successifs ont été médiocres, un peu dans le genre de son propre père. Comment a-t-elle pu les épouser et, qui plus est, faire deux fois la même erreur ? Les hommes, décidément, ne valent rien, et elle a reporté tous ses espoirs sur sa seule et unique fille. Cette dernière va réussir, elle, tout ce que sa mère a raté. La mère et la fille sont comme deux sœurs, pareillement habillées et coiffées, comme deux complices qui se racontent « tout », liées par un amour fusionnel, à la fois doux et empoisonné. En somme, chacune sert de définition à l'autre.

Mais Amandine, bonne fille, percevant la souffrance maternelle comme si c'était la sienne, qui essaie depuis toujours de réparer le narcissisme défaillant de sa mère, puisqu'il s'agit aussi bien de son propre narcissisme, est sur le point de baisser les bras...

Tel est le piège du matriarcat, qui tend aujourd'hui à remplacer un patriarcat vu comme désuet : il n'y a pas d'échappatoire honorable à un système duel et englobant, dans lequel chacun a besoin de l'autre pour se définir. Les parents retiennent leurs enfants, et les enfants se raccrochent à leurs parents, sans qu'aucun d'eux puisse aller voir ailleurs s'il y est.

*La circulation des échanges sociaux
permet à chacun de se sentir exister*

Amandine a bien du mal à exister sans sa mère. Souhaitons-lui de découvrir, comme Marina a fini par y parvenir, qu'avant même d'être aimée par les autres, il faut exister à leurs yeux. Pour obtenir cette reconnaissance, il faut que se tissent des relations fondées sur des dons réciproques, qui doivent être équitables. Les autres vous portent alors de l'estime et vous traitent en personne avec qui il faut compter.

L'estime de soi et l'estime des autres sont inséparables. C'est en développant l'une qu'on aide l'autre à prendre son essor. Les psys proposent donc deux moyens pour les améliorer. Le premier consiste à gagner sa propre estime en faisant une psychothérapie : c'est parce qu'on affronte avec courage et persévérance cette rude épreuve qu'on en vient à se considérer comme une personne qui n'est pas rien. La psychothérapie permet de se raconter l'histoire de sa vie, ce qui donne ensuite du poids à ses paroles. On estime alors avoir le droit de prendre sa place au milieu de ses semblables, de faire reconnaître ses droits, d'exprimer ses points de vue. Voilà pourquoi une psychothérapie ne doit pas être trop facile : elle perdrait alors sa valeur d'épreuve initiatique.

Le second moyen proposé consiste à apprendre à se faire estimer par les autres pour pouvoir s'estimer soi-même. On appelle cela une thérapie d'affirmation de soi, ou bien, et c'est là une formulation bien plus heureuse, un entraînement aux habiletés sociales. Dans bien des cas, cela ne marche pas mal du tout.

À condition toutefois que certaines règles soient respectées. La première est de ne pas perdre de vue les règles de l'équité qui gouvernent les rapports avec autrui. Ces règles, en fait, simplifient grandement la vie et autorisent à exprimer bien des choses, à demander bien des services, puisqu'on en sait le prix.

Lorsqu'on s'entraîne aux habiletés sociales, la première chose qu'on apprend, c'est à faire et à recevoir des compliments, exprimer des choses positives à l'égard de l'autre et accepter de s'entendre dire des choses positives sur soi-même. Comme toutes ces gracieusetés sont à considérer comme des cadeaux qui obligent la personne qui les reçoit, il convient de savoir mesurer la valeur de ce qu'on dit pour faire plaisir, ou des compliments qui nous sont faits dans le même but. On sera donc bien avisé de dire des choses aimables à ses proches et ses relations de travail, ce qui devrait les obliger à nous rendre la politesse, mais sans abuser, pour ne pas créer une dette qu'ils n'ont pas sollicitée, ne pas leur mettre en tête qu'on se prépare à leur extorquer quelque chose.

Les compliments doivent-ils être authentiques ? Cela vaut mieux, car c'est bien ce qui en fait la valeur. Dire à quelqu'un que sa nouvelle coiffure lui va bien alors qu'on n'en pense pas un mot est une aimable politesse qui n'engage pas à grand-chose. On ne fait là que signifier à la personne qu'on s'intéresse suffisamment à elle pour garder les yeux ouverts quand elle passe dans notre champ de vision. Ce n'est déjà pas si mal, mais enfin, cela ne prête guère à conséquence. Tandis que dire à la même personne en quoi cette nouvelle coiffure lui va mieux est un compliment d'une autre trempe, dont elle nous sera davantage redevable. Espérons pour elle qu'elle trouvera quelque chose de pertinent pour nous rendre la pareille.

On n'est pas toujours satisfait des compliments qu'on nous fait. Parfois, on ne les croit pas : ils sont erronés et, de toute façon, nous ne les valons pas. Ceux qui n'ont guère l'habitude de s'entendre dire des choses agréables ont tendance à prendre tout compliment pour de la flagornerie. « Tout flatteur vit aux dépens de celui qui l'écoute », dit le renard au corbeau.

Ou bien on croit à ces compliments, mais alors, ils nous obligent. Les personnes qui manquent d'estime de soi et qui ne s'affirment pas suffisamment n'aiment pas être obligées car elles ne se croient pas capables de rendre la pareille. Alors que, quand on s'aime bien, recevoir des compliments est délicieux et les rendre est un plaisir.

On peut aussi refuser de rendre des services qui nous sont demandés, mais qui sont impossibles ou trop difficiles à rendre. On peut encore faire des critiques, dire ce qui ne va pas. Mais alors, il convient de ne pas perdre de vue que ces refus et ces critiques font de nous des débiteurs. Car une critique, un refus, un quelconque geste négatif vis-à-vis de quelqu'un doivent être considérés comme des dons de valeur négative qui mettent en dette celui qui les fait.

Exprimer sa critique convenablement et avec toutes les précautions nécessaires ne dispense pas de la nécessité d'offrir une compensation, qui témoigne qu'on est désireux de préserver la relation. Pourtant, dans bien des cas, on estime que c'est la personne qu'on critique qui est déjà en dette vis-à-vis de soi, et c'est d'ailleurs bien pourquoi on la critique. Il est donc habile de commencer par une mise au point permettant d'évaluer les dettes réciproques. Mais c'est la générosité de la contrepartie offerte qui permet de sortir de la situation agressive, qui fait qu'on passe de la revendication à la négociation. Faire un don généreux à l'autre, lui offrir quelque chose qui l'oblige, rompt le cycle de la violence et met l'interlocuteur en situation de donner à son tour avec générosité ce qui lui est demandé. C'est ce qu'on appelle une négociation.

Charles-André est timide et cette timidité a fait de lui un épouvantable tyran administratif. Roxane, qui est sous ses ordres, et qui manque déjà d'assurance au départ, est écrasée et vit dans un état permanent de terreur. Elle a les yeux fiévreux et écarquillés, une peau brillante, les cheveux gras et fait des crises que ses médecins ont étiquetées de spasmophilie. Comme elle est souvent absente car malade, ou bien présente et maladroite, elle est devenue un souffre-douleur parfait pour Charles-André.

Nous décidons avec Roxane d'entreprendre un entraînement aux habiletés sociales. S'il s'était agi d'affirmation de soi, je l'aurais aidé à s'affirmer face à Charles-André : Roxane aurait appris à dire à Charles-André ce qu'elle a à lui dire, de façon civilisée, sans agressivité apparente, gentiment mais fermement. Alors qu'il ne lui confie pas de tâche durant la journée, il lui donne un travail urgent au dernier moment, l'obligeant à rester jusqu'à des heures indues. Outre le temps que cela lui prend, tout cela la perturbe beaucoup, la rend anxieuse et la déstabilise, et c'est sans doute pour cela qu'elle fait tant d'erreurs. Charles-André ne pourrait-il pas procéder autrement, réajuster ses horaires et ses exigences ? Elle se sentirait mieux et sans aucun doute travaillerait mieux.

Certes, rien de tout cela ne semble bien agressif. Cela l'est néanmoins car ce discours remet en question le personnage social que Charles-André s'est composé, sa *persona*. Il s'est fait une réputation de dur à cuire, de chef impitoyable. Qu'en resterait-il s'il reconnaît, ne serait-ce qu'un petit tort ? La *persona* de Charles-André est trop fragile pour qu'il puisse se le permettre.

Une thérapie d'affirmation de soi aurait alors consisté à armer Roxane pour qu'elle tienne le choc face à Charles-André. Qui aurait alors gagné ? On ne saurait dire. En tout cas, s'il s'était agi de Roxane, il lui aurait sans doute fallu glisser la carte de son thérapeute à Charles-André afin qu'il consulte à son tour...

Fort heureusement, nous ne nous lançons pas dans une thérapie d'affirmation de soi, mais dans un entraînement aux habiletés sociales : au lieu d'envisager le problème comme une lutte, même à fleurets mouchetés, nous en faisons une négociation. Roxane a un service à demander à son chef : lui serait-il possible d'éviter de lui donner du travail urgent en fin de journée, juste au moment où elle va partir ? Cela lui pose des tas de problèmes, la stresse et la déséquilibre, si bien qu'ensuite elle fait des erreurs qu'elle ne se pardonne pas. Bien entendu, elle se rend compte de la gêne que cela va représenter pour Charles-André de devoir modifier son planning, du surcroît de travail que ce sera pour lui et elle s'en excuse par avance. Mais s'il fait cela pour elle, il n'aura pas affaire à une ingrate : elle s'appliquera à sa tâche, la fera du mieux qu'elle peut.

En somme, dans cette négociation, où une critique devient une demande de service, Roxane place Charles-André en situation de se montrer généreux. Au lieu que sa *persona*, son personnage social, sa réputation s'en trouvent dégradés, ils s'en trouveront améliorés...

Dans cette conception, il devient donc aisé de faire des critiques ou de demander qu'on rende des services, puisqu'on sait qu'on en sera redevable et qu'on ne manquera pas de rembourser avec générosité, voire même parfois de façon anticipée. Mais quand on nous les demande, ces services, mieux vaut veiller à ce que les autres fassent de même. Car s'ils ne remboursent pas leur dette, ils nous en voudront d'être notre débiteur. Comme on l'a déjà vu, plus le service qu'on aura rendu et qui n'aura pas reçu sa contrepartie sera conséquent, et plus on sera fâché après nous.

S'il est nécessaire de prêter une attention constante au service de la dette, c'est parce que nous autres, Occidentaux, avons perdu de vue cette notion des rapports sociaux conçus comme un système de dons qui circulent, qui engendrent des obligations. Mais ce n'est pas parce que nous sommes inconscients des dettes qui courent que cela les annule. Elles continuent à exister de façon souterraine, produisant leurs effets à retardement, engendrant alors des sentiments qui nous échappent. On se met à haïr la main qui nous a nourris, puis à culpabiliser de son propre manque de reconnaissance.

S'exprimer n'est pas communiquer

Ce que nous avons aussi égaré, nous autres Occidentaux, est cette idée que parler n'est pas simplement faire du bruit avec la bouche. Parler est *aussi* un acte de communication : on parle à quelqu'un, afin qu'il se passe quelque chose entre ce quelqu'un et nous. Ce qui va se passer est prévisible : cela dépend, au moins en partie, de ce que nous disons et de la façon dont nous le disons.

Rien n'est plus éloigné de cette idée que cette autre, si commune aujourd'hui, qui consiste à prétendre qu'il faut exprimer ce qu'on ressent, tout ce qu'on ressent, dire ce qu'on pense, tout ce qu'on pense, à tous les gens qui voudront bien nous écouter, et qui, pour cela, ont d'ailleurs bien du mérite.

La spontanéité, l'expression personnelle tous azimuts de ses sentiments et de ses idées se fondent sur une négation de l'acte de communication, et donc, sur une négation de l'autre. Personne n'écoutant personne et tout le monde cherchant à s'exprimer ses pensées et les émotions qu'il ressent, on aboutit à un histrionisme généralisé.

Cette façon de ne pas parler à l'autre pour lui dire quelque chose, mais de parler pour s'exprimer, de parler à tort et à travers sans se préoccuper des conséquences, de ne pas mesurer ses paroles afin qu'elles puissent s'inscrire dans une relation d'échange, nous rend aussi, nous les Occidentaux, brutaux et arrogants dans nos rapports entre nous, ainsi qu'avec les autres. Nous ne prenons pas en considération le point de vue de l'autre, la façon dont il recevra nos paroles, l'effet qu'elles auront sur lui, ce à quoi tout cela nous engage. Car parler n'est pas anodin : en le faisant, on procède au premier terme d'un échange, au sein duquel court une dette. En s'adressant à son interlocuteur, on le considère et on l'oblige, ne serait-ce qu'à nous répondre. Lorsqu'il répond, il paie ainsi sa dette et en fait courir une autre.

Négliger cela aboutit à considérer la parole comme un moyen d'expression et non pas comme un moyen de communication. L'expression de sentiments négatifs doit trouver sa place dans le cadre d'une négociation si on ne veut pas qu'elle se résume à un acte de violence. Dans le cas contraire, l'autre se soumet et devient stressé, ou bien réagit sur le même mode : on passe aux insultes, aux coups et aux horions, et parfois on en arrive à sortir les armes du vestiaire. Et même lorsqu'on exprime des sentiments positifs, ils ne valent pas tripette puisqu'ils sont davantage extériorisés pour la satisfaction personnelle de l'orateur que pour produire un effet sur celui qui lui fait face.

Lorsque l'Occidental n'exprime pas son contentement de soi, ou lorsqu'il n'écrase pas ses semblables, il se plaint, ce qui est une autre façon de faire son intéressant. Mais se plaindre n'est pas gratuit. La plainte se paie, puisqu'elle exige une écoute de l'autre. La justice et les avocats coûtent cher si on désire porter plainte, et les psys chez qui on va pour se plaindre vous le font payer. Quant à se plaindre auprès de ses amis sans leur témoigner sa reconnaissance pour leur apitoiement et leurs bons conseils, c'est sans aucun doute un bon moyen de ne plus avoir d'ami. C'est dire si la plainte est hors de prix.

En somme, il faut choisir : soit on s'exprime verbalement pour soi-même, pour se faire plaisir, se soulager, et alors mieux vaudrait discourir tout seul dans les bois sans déranger personne, soit on parle à quelqu'un avec l'idée de communiquer. Dans ce cas, il convient de garder à l'esprit que, puisqu'on a le don de la parole, lorsqu'on l'utilise, les paroles données cachent des intentions et engendrent des dettes. Des amabilités, les anecdotes, les informations pertinentes qu'on apporte dans la conversation sont autant de cadeaux faits à l'autre. L'évocation des sentiments, des souvenirs, des confidences intimes sont des cadeaux précieux, souvent difficiles à faire car nécessitant un effort d'introspection, suscitant de nouvelles émotions. Se confier à l'autre, c'est lui permettre d'accéder à une partie de notre monde intime. On lui donne alors un pouvoir sur nous, et il nous en est redevable. À l'inverse, la formulation de plaintes, de reproches, de demandes d'aides, fait de nous des débiteurs. Il nous faudra trouver des moyens de remercier l'autre pour son aide, pour son écoute, ce qu'on fera avec plaisir si notre parole a été écoutée et si avoir été ainsi entendus nous a fait du bien.

Imaginons un monde dans lequel les personnes ne parlent pas à la légère. Les mots sont des cadeaux ou des offenses qui mettent en jeu sa *persona* et celle de l'interlocuteur, l'image sociale, l'honneur. Il convient donc de prendre le temps de réfléchir avant de parler. Durant ce temps où une personne a la parole, mais s'en sert dans le silence, les autres attendent poliment que les mots sortent. Un autre moment de silence suit la parole, durant laquelle celle-ci produit son effet sur les interlocuteurs, qui mûrissent à leur tour une parole adaptée. Les vides de ces discours sont pleins de pensées, de supputations, d'anticipations du point de vue de l'autre, de prises en considération de la signification et de la valeur des paroles prononcées. Chacun mesure les implications de ce qui est dit. Dans un tel monde, on croit que la parole est magique, que les mots ont un pouvoir, un poids, et que certains ne doivent pas être prononcés à la légère. Quel monde ce serait !

En fait, ce serait là le monde de nos ancêtres, et ce serait aussi le monde dans lequel évoluent encore certains de nos contemporains, qu'on dit moins civilisés que nous. Peut-être aussi serait-ce le monde des psys, où dans le secret des cabinets, on échange des paroles lourdes de sens, et où on n'a pas forcément peur de se taire, de laisser les pensées vagabonder, jusqu'à ce qu'elles se cristallisent sous forme de mots. C'est peut-être ça qui me fait aimer mon métier : c'est l'occasion de voir des gens qui ne parlent pas pour ne rien dire, qui savent que ce qu'ils me confient a un prix, ne serait-ce que celui de mes consultations.

Quand on interrompt la circulation des dons, on perd l'honneur, on dégrade sa persona

J'ai évoqué à plusieurs reprises l'honneur, la *persona*. Ces notions méritent qu'on s'y appesantisse un peu plus.

Celui qui ne paie pas ses dettes, qui ne peut rendre à hauteur de ce qu'il a reçu, perd la face, comme on dit en Chine. Ou bien, il perd son *mana*, comme on dit en Polynésie. Ou bien il est « aplati » par celui qui donne, il « perd le poids de son nom », comme on dit dans diverses îles du Pacifique. Ou encore, comme on dit dans la Rome antique, il perd son *auctoritas*, sa crédibilité, son poids social. Ou encore, il perd son honneur, comme on dit chez nous[33].

Ou plutôt comme on le disait. Car c'est à peine si des mots comme honneur, honorable, honorer font encore partie du vocabulaire. L'honneur, cela fleure bon la chevalerie, l'esprit médiéval, les romans de cape et d'épée, les duels au petit matin, le son du clairon, le patriotisme désuet, ou encore, pour les dames de l'ancien temps, la virginité préservée et la chasse à l'adultère. Honorer évoque les remises de médailles devant des monuments aux morts, car ce sont principalement les disparus qui sont considérés comme honorables.

Autrefois, du temps de l'aristocratie, l'honneur était plus important que tout, y compris la vie (les manants n'avaient quant à eux pas d'honneur, ce qui avait ses avantages). D'ailleurs, la vie avait-elle encore un sens, pour un noble déshonoré ? Car ce qui caractérisait la noblesse était justement le degré absolu de fiabilité qui lui était demandé sur un certain nombre de points jugés comme essentiels, définis par un code d'honneur : le noble chevalier était fidèle à son suzerain, défendait ses vassaux et ses gens quoi qu'il lui en coûte, se montrait courageux, loyal et juste en toutes circonstances. Un honneur entaché ne pouvait être lavé que par le sang, en se battant en duel, ou bien dans les cas les plus désespérés en allant se faire trucider aux croisades ou dans une guerre de circonstance.

Les maquignons du XIXe et du XXe siècle n'avaient pas d'honneur, mais du moins avaient-ils de l'*auctoritas*. La plupart des transactions commerciales, sur les foires et les marchés, étaient fondées sur la parole donnée. On discutait parfois âprement le prix, mais dès lors qu'on avait topé, c'est-à-dire qu'on avait tapé la main de l'autre, et éventuellement, qu'on avait scellé l'accord autour d'un verre, il n'était plus possible de revenir sur la parole donnée. Ne pas honorer sa part du marché exposait à perdre sa crédibilité de marchand à l'intérieur de son cercle professionnel, et donc ne plus trouver de collègues disposés à traiter d'affaires avec soi. Évidemment, un tel système fondé sur la parole donnée nécessite pour fonctionner, soit que les maquignons aient le sens de la parole donnée, soit plus prosaïquement que le cercle professionnel soit suffisamment restreint, de telle sorte que chacun puisse se faire une réputation et tienne à la conserver dès lors qu'elle est bonne. S'il ne reste plus beaucoup de maquignons ou de marchands de bestiaux topant le prix des chevaux et des vaches, convenir oralement d'un prix dont on ne peut pas se dédire est une pratique qui se poursuit dans certains milieux fermés, par exemple dans les sociétés de bourse ou le milieu des marchands d'art et des antiquaires. Cochon qui s'en dédit !

Si l'honneur semble de plus en plus obsolète, la réputation reste importante et conditionne la vie sociale : c'est notre réputation, qui nous précède, qui nous rend prévisible aux yeux des autres et leur permet de déterminer quelle conduite avoir à notre égard. Si se référer à un code de bonne conduite ne nous préoccupe plus autant qu'auparavant, nous ne pouvons pourtant pas nous permettre de négliger notre réputation.

Cette réputation se met en scène sous la forme de ce que j'ai appelé la *persona*, qui peut se définir comme l'ensemble des rôles que l'on joue vis-à-vis des autres en société. Le rôle professionnel, mais aussi les différents rôles que l'on est tenu d'assumer dans la vie sociale : on est ainsi tour à tour ou simultanément un époux ou une épouse, à moins que ce ne soit un amant ou une amante, un père ou une mère, un bon copain, un chic type ou une chic fille, un sacré carafon, un mauvais coucheur, une sacrée garce et ainsi de suite. Bien entendu, il s'agit de masques, d'apparences, de personnages, de rôles plus ou moins théâtralisés que l'on joue. Notre *persona* est à multiples facettes, car on ne se comporte pas exactement avec les uns comme avec les autres.

Cette *persona* est l'interface entre soi et le monde, ce qu'on donne à voir aux autres, ce qui leur permet de se situer par rapport à nous, ce qui nous rend prévisible à leurs yeux. Être prévisible est essentiel pour exister socialement. Comment vivre dans un monde dans lequel les actions et réactions des autres nous prendraient en permanence par surprise ? Il est indispensable pour chacun d'entre nous d'être à même de prévoir comment vont se comporter notre entourage, nos connaissances, nos interlocuteurs, afin de déterminer comment nous comporter nous-même à leur égard. C'est parce que je sais qu'André est un gars serviable et sympathique que je m'autorise à lui demander un service. Je sais qu'il me le rendra de bon cœur, en souriant. Lui être redevable sera un plaisir, tant pour lui que pour moi et je lui rendrai la pareille à la première occasion. Olga ? Non merci : elle aussi pourrait me rendre le même service, mais je la connais : elle en profitera pour me faire sentir le poids de cette dette indéfiniment.

De même, dans l'univers professionnel, sa *persona* est fondamentale, puisqu'elle détermine son degré de fiabilité. D'elle dépendent les relations avec les collègues, subordonnés et supérieurs, et en définitive le salaire et l'avancement.

Ceux qui désirent entretenir de bonnes relations avec leur entourage, qui souhaitent avoir l'estime et l'affection de leurs semblables passent donc leur temps à polir et améliorer leur *persona*, l'image qu'ils donnent d'eux-mêmes. Ils ont une idée de ce qu'ils aimeraient que les autres pensent d'eux-mêmes, et travaillent à mériter cette image. Pour beaucoup, il s'agit de donner des gages de fiabilité en tenant sa parole, en payant ses dettes, en rendant aimablement des services... et en réclamant son dû si ses interlocuteurs n'ont pas suffisamment de savoir-vivre pour se sentir obligés par ce qu'ils ont reçu. En effet, ne pas demander son dû expose à perdre la face : les autres ont tôt fait de penser que ce qu'on a donné ne valait rien, et que soi-même, on ne vaut guère plus, que peut-être on est à considérer comme un esclave.

Comme sa *persona* est ce qui commande en grande partie sa place au sein de la société, mieux vaut être extrêmement attentif à tout ce qui serait susceptible de l'endommager. Non seulement on doit veiller à ne pas être pris en défaut, à se montrer constant dans ses comportements pour être considéré comme fiable, mais encore il faut se méfier de la désinformation. Les ragots, les mensonges et aussi, parfois, les vérités déplaisantes risquent d'amoindrir la *persona* et de rendre la vie difficile.

J'exhibe ma persona, *je me raconte mon moi*

Carl Jung définit la *persona* comme le comportement artificiel qu'un individu adopte dans sa vie en société et qui n'est pas le reflet exact de son moi. Certes, puisque la *persona* est une image composée qu'on donne à voir aux autres. Mais composée à partir de quoi ? De son moi, bien sûr. Mais qui est ce moi que je prends pour moi ? Lorsqu'on pratique l'introspection, on s'interroge avec plus ou moins d'honnêteté sur ce que ce moi, à l'intérieur de soi, pense et ressent. On dit alors « je » pense et « je » ressens, et telle est bien l'impression qu'on en a au premier abord.

Pourtant, cela fait belle lurette qu'on a perdu toute naïveté quant à la nature de ce moi. Sigmund Freud, tout d'abord, est passé par là. Ceux qui ne dormaient pas pendant les cours de philo du lycée savent que, dans la théorie psychanalytique, ce moi n'est pas la totalité de la psyché, qu'il n'en est plus qu'une des instances : le moi est certes toujours ce à quoi je m'identifie quand je pense à « moi », mais ma personne comporte aussi un ça et un surmoi qui sont tout autant moi que mon « moi ». Certains, non seulement le savent pour l'avoir appris, mais sont conscients que, parfois, ils ne pensent pas et ne ressentent pas ce qu'ils estiment devoir penser et ressentir. Cela ne les choque plus guère. Ils savent qu'une part d'eux-mêmes ne s'embarrasse pas de principes et qu'il convient, non plus d'éradiquer ses contradictions, mais de les assumer.

On ne va donc plus à confesse pour se faire pardonner ses mauvaises pensées, on ne prie plus Dieu pour qu'il nous en débarrasse, mais au contraire, on tente de comprendre d'où nous viennent ces pensées, ces désirs, qui ne sont pas là par hasard, qui nous en apprennent de belles sur nous-même, et qui font sans doute de nous une personne plus complexe, et donc plus intéressante que nous le croyions au départ.

De là sans doute le succès de la psychanalyse et des autres méthodes d'investigation et de développement de la personne : il n'y a pas en moi qu'un petit moi étriqué, il y a au plus profond de moi des abîmes insondables et complexes, faits de désirs refoulés et de pensées tarabiscotées. Certes, c'est un peu inquiétant, mais c'est en même temps passionnant. Vraiment, avec moi, je ne m'ennuie pas !

Pour certains neurobiologistes, la déliquescence du moi est plus importante encore que dans la théorie freudienne. Il n'existe même plus d'instance qu'on pourrait nommer un moi, un fédérateur du psychisme, mais seulement un « espace de travail neural », dans lequel se manifestent de tout petits « moi », des « zombies » parcellaires qui prennent en charge des fonctions, des comportements ponctuels. Par exemple, des données provenant des systèmes de la vision, de l'audition et de l'odorat, d'autres provenant des systèmes moteurs, d'autres encore tirées des banques mémorielles, des données émotionnelles, des données cognitives multiples, permettraient d'aboutir à une conclusion consciente : ce que je vois là est un tigre, et je ferais mieux de prendre mes jambes à mon cou !

En fait, la plupart des zombies travaillent en dehors du champ de la conscience et ne deviennent perceptibles qu'en cas de problème. Lorsque la tâche à résoudre nécessite la participation de plusieurs zombies, ils se retrouvent dans l'espace de travail neural, puis s'évanouissent de la conscience une fois leur tâche effectuée[34]. Si bien que cette conscience dont nous sommes si fiers ne serait alors rien d'autre qu'une série de moments fugitifs et évanescents, faits de zombies passagers[35].

Mais pourtant, dans ce moi, nous percevons une continuité : c'est sans doute parce que nous nous racontons des histoires. Certains psychologues voient d'ailleurs le moi comme la somme des histoires qu'on se raconte sur son propre compte[36], et à partir desquelles on élabore des scénarios de vie. Et pourquoi pas, si on veut bien inclure dans ces histoires que nous nous racontons, celles qui ont été racontées sur nous-mêmes dès avant que nous soyons nés, et que nous avons dû reprendre à notre compte, consciemment ou non. Celles qui définissent notre place dans notre famille et dans le monde.

On voit donc ce qui sépare mon moi de ma *persona* : mon moi est fait d'histoires dont je ne suis pas toujours l'auteur, tandis que ma *persona* est l'histoire de moi que je tente de raconter aux autres et l'image qui en résulte.

Si ces histoires n'ont pas besoin d'être strictement superposables, mieux vaut tout de même qu'elles ne diffèrent pas trop...

Éloges du mensonge et de l'hypocrisie

Ces histoires d'honneur, ou bien d'image sociale et de *persona*, n'ont pas bonne presse, par les temps qui courent. Car nous sommes avides d'authenticité. Être authentiquement soi, c'est certes avoir une vie conforme à sa nature, et donc chercher à découvrir les talents qu'on porte en soi et les développer. Mais c'est aussi (si on est un animal, on n'est pas que cela) avoir une vie conforme aux histoires qui nous tissent, des histoires dont on n'est que partiellement l'auteur. En somme, être authentique revient à faire ce pour quoi on est fait, et aussi accepter la destinée que d'autres nous ont tracée. L'authenticité n'est donc pas ce qu'on croit : elle laisse peu de place à la liberté et se révèle être un dur labeur.

Il était une fois un garçon prénommé Rodolphe et doué pour la natation. C'est bien normal, puisque son papa a lui-même, en son temps, été champion universitaire de natation et que sa maman adore l'eau. D'ailleurs, lorsque Rodolphe est né, son père l'a brandi en l'air en disant : « Je vous présente le futur champion du monde de 400 mètres nage libre ! »

Le petit Rodolphe, qui a appris à nager très tôt, qui remporte tous les championnats scolaires, entre tout naturellement dans une section « sports-études ».

C'est au moment où les choses commencent à devenir sérieuses que tout déraille. Inexplicablement, Rodolphe fait de bons temps à l'entraînement, mais perd les courses importantes. C'est donc dans la tête que ça ne va pas.

Et qu'est-ce qui ne va donc pas ? Rodolphe, né pour être champion de natation, refuse-t-il son destin ? Il y a de cela, en effet : ce destin, lui semble-t-il, n'est pas le sien, mais celui de son père, qu'il est en charge de réaliser. Ah, son père aurait tant aimé, lui, être un authentique champion de natation, et pas seulement à l'échelon universitaire ! Il vit les succès de son fils par procuration, ou plutôt, il vit au travers des succès de son fils. Quelle liberté reste-t-il donc, à ce fils ? Et si, supposons-le un instant, Rodolphe avait préféré être champion de golf, ou bien boulanger-pâtissier, ou bien expert-comptable ? Ces portes, son père les lui a fermées. Désormais, ce père tyrannique, il le hait, et il est donc tout à fait hors de question de lui offrir le plaisir d'une victoire dont lui, Rodolphe, est dépossédé par avance.

En serions-nous encore au Moyen Âge que ce genre de questionnement ne serait pas possible : comment un fils ne serait-il pas heureux de réaliser les ambitions paternelles ? Serions-nous encore dans un système clanique que ce genre de questionnement paraîtrait insensé : ce qu'un père commence, le fils doit le perpétuer. Quelle chance, quel bonheur de se voir offrir ainsi une voie toute tracée, qui permet de se réaliser pleinement et authentiquement !

Mais nous sommes aujourd'hui à une époque où chacun est sommé de trouver librement une voie qui n'appartient qu'à lui. Cela se paie parfois de bien des tourments.

L'un de mes maîtres disait : « Devenir adulte, c'est devenir capable de choisir librement ce que vos parents veulent pour vous. » Une telle définition a-t-elle encore un sens, aujourd'hui ?

Puisqu'il faut être authentique, et donc faire en sorte que sa *persona*, ses comportements sociaux, soient en correspondance parfaite avec sa vraie nature, mentir, dissimuler, faire preuve d'hypocrisie deviennent des fautes impardonnables. On doit au contraire exprimer cette « vraie nature » de façon transparente, sans artifice, au su et au vu de tous. Mais si on se comporte ainsi, ce n'est pas pour que les autres nous voient tels que nous sommes, c'est simplement pour être soi-même. Ce naturel n'est pas un acte de communication, il est la négation même d'une communication : on vit comme si les autres n'existaient pas.

En somme, ces vérités qu'on crie à tue-tête sont un témoignage de barbarie. On les assène sans se préoccuper le moins du monde de ce qu'elles feront à l'autre. Lorsqu'on est civilisé, on fait preuve de civilité et on se préoccupe alors de l'effet de ses paroles et de ses actes sur ceux à qui on s'adresse. On veille à ne pas détruire la relation qu'on entretient avec eux, à ne pas ravager leur façon de se représenter le monde.

Cette idée d'authenticité, apparemment si irréprochable, apparaît en définitive comme une croyance sur la nature humaine et sur les relations avec son prochain qui comporte un potentiel de toxicité de première grandeur. La franchise, la loyauté, la transparence totales, complètes, absolues, sont impossibles à mettre en œuvre sans se mettre en bien mauvaise posture vis-à-vis de ses semblables, et sans, parfois, les blesser irrémédiablement.

Ne me faites pas dire ce que je ne dis pas : il ne s'agit pas de mentir comme un arracheur de dents, il ne s'agit pas de se montrer fourbe et dissimulateur. Il s'agit tout simplement de se ménager la possibilité d'une vie intérieure, de préserver un jardin secret, une intimité. Rien bien sûr n'empêche de partager une partie de cette intimité si on le souhaite. Rien non plus ne s'oppose à ce que d'autres nous autorisent à pénétrer dans leur jardin secret.

La capacité à développer une vie intérieure à laquelle les autres n'ont en principe pas accès est ce qui permet de mentir. Et mentir est ce qui permet de jouer, de scénariser, et aussi, comme on va le voir un peu plus loin, de séduire.

Mentir nécessite qu'on soit capable de se mettre mentalement à la place de l'autre et de voir les choses à sa façon, c'est-à-dire de faire preuve d'empathie, puis de construire une histoire, en mots ou par notre comportement, qui prenne sens pour lui et à laquelle il puisse adhérer. Alors qu'énoncer la vérité ne nécessite guère de talent, un beau mensonge est donc une performance intellectuelle de haut niveau. En somme, le fait de mentir indique une profondeur de l'être, une vie mentale indépendante des autres.

Pour le dire avec les mots de Boris Cyrulnik, mentir, c'est savoir qu'avec un mot, un scénario, une mimique, une posture, je vais pouvoir modifier les représentations de l'autre et qu'ainsi je vais entrer dans son monde intime, dans son monde mental. C'est une performance intellectuelle extrême qui exige que moi, menteur, je puisse me représenter les représentations de l'autre[37].

Mentir permet de conserver une image honorable aux yeux des autres, ainsi qu'à ses propres yeux. Car la personne à qui on ment le plus, c'est bien entendu soi-même. Même si on le déplore, il faut bien se rendre à l'évidence : la plupart d'entre nous ne sont capables d'accepter des vérités sur eux-mêmes qu'au compte-gouttes, et dans ces conditions, se mentir relève souvent de la survie mentale.

Le jeu de la vérité est un jeu bien dangereux : il était une fois un couple d'amoureux, Sarah et Jarod, qui, au lieu de se raconter de belles histoires destinées à se séduire mutuellement, ont décidé de tout se dire, d'énoncer dans l'instant les vérités les plus crues, d'être totalement transparents l'un à l'autre, ainsi qu'envers eux-mêmes.

Dieu merci, ils n'y parviennent pas. Au début, bien sûr, ils font de louables tentatives : après avoir échangé les mots d'amour qui conviennent, ils se racontent aussi leur lassitude d'être l'un avec l'autre, leurs petites rancœurs, leur indifférence, leurs fatigues réciproques. Mais voilà : lorsque Jarod est fatigué de Sarah et que, gentiment, tendrement, et afin de lui marquer sa confiance, il le lui fait savoir, il se rend bien compte que ça ne lui fait pas plaisir. Ce dont Sarah, d'ailleurs, dans le même esprit de franchise, l'informe aussitôt. Si bien qu'il en vient à se dire qu'il ne faut pas abuser, et qu'il ferait bien, tout en étant totalement franc, de mesurer ses critiques. Sarah, de son côté, se sent tenue de fournir son lot de sentiments négatifs, car autrement Jarod pourrait penser qu'elle lui cache quelque chose. Elle les choisit cependant avec soin, car elle a remarqué que, parfois, Jarod les prend mal. Et puisqu'il s'agit aussi d'être totalement honnête par rapport à soi-même, de se livrer à une autocritique permanente, chacun doit trouver à dire sur lui des choses suffisamment déplaisantes, mais pas trop tout de même.

À ce régime, la vie devenant de plus en plus impossible, ils finissent par consulter un psychiatre. Qui leur apprend à se ménager une intimité, ainsi qu'à ménager leur partenaire, tout cela par la dissimulation et le mensonge.

Je me souviens aussi de Martha qui croit bon de dire tout ce qui lui passe par la tête et sur le visage de laquelle se reflètent toutes les émotions. Évidemment, cela lui crée bien des problèmes relationnels. En fait, je m'aperçois vite que l'idée même d'une vie intrapsychique lui est étrangère. Elle ne pense rien qu'elle ne dit pas, n'a aucune capacité de rétention d'information. Pour qu'elle puisse considérer qu'une pensée lui appartient, il lui est nécessaire de la formuler à quelqu'un. Autant dire qu'elle parle beaucoup, et surtout pour énoncer des éléments factuels. « Mais, et vous, qu'en pensez-vous ? » passé-je mon temps à lui demander. Ce qui la prend généralement de court.

Martha, qui est talentueuse et intelligente, a trouvé un moyen astucieux d'avoir malgré tout une pensée propre : elle a mis en place sur Internet un « web-log », c'est-à-dire un journal intime en ligne. Intime ? Oui, puisque son intimité est publique. Ce journal intime, ou bien extime, comme dirait Serge Tisseron, fonctionne comme un chœur antique, reprenant sur un mode différent ce que dit Martha. En somme, alors que la plupart d'entre nous ont ce qu'on appelle un dialogue intérieur, qui consiste à se parler à soi-même en faisant les questions et les réponses, Martha a un dialogue extérieur. Pour savoir ce qu'elle pense, au lieu de consulter sa petite voix intérieure, il lui suffit de prendre connaissance de ce que lui disent ses voix extérieures.

Ce genre de fonctionnement mental n'est pas, pour un psychiatre, sans inquiéter, tant il évoque la psychose. Mais il faut bien se rendre à l'évidence : Martha n'est pas toute seule, loin de là, à avoir besoin qu'on l'écoute, qu'on la regarde, qu'on lui parle, qu'on la filme, qu'on la caméscope, ou bien de se web-camer toute seule pour se sentir exister. Pour de telles personnes, l'idée même de mentir, ou même d'être un tant soit peu hypocrite, n'a pas de sens.

Comme on va le voir, l'idée même de séduction leur est tout aussi étrangère...

Et puis, cette croyance en une nécessité de transparence, ou parfois cette incapacité à se constituer un jardin secret aboutissent à galvauder ses pensées, ses souvenirs. Une histoire ou un souvenir racontés, un sentiment qu'on confie sont des cadeaux dont l'autre est redevable. Ces informations délivrées sont autant de leviers qui donnent à l'interlocuteur un pouvoir sur soi. On est donc pressé qu'il nous rende la pareille, qu'il confie à son tour des secrets d'importance équivalente. De secret en secret, de confidence en confidence, se tissent ainsi des liens qui constituent une intimité commune.

Il est bien difficile de se confier à quelqu'un qui ne se confie pas, car ce sont les confidences elles-mêmes qui constituent la monnaie d'échange. Sauf, bien entendu, lorsqu'il s'agit d'une relation psychothérapeutique : c'est alors le confident qui paie, et ce qu'il reçoit en échange, c'est essentiellement de l'attention, ainsi que la préservation de ses secrets intimes. Voire, dans certains cas, le développement de la capacité d'avoir des secrets intimes...

Revoyons les croyances irrationnelles à propos des relations humaines

Examinons maintenant notre récolte d'idées reçues, glanées au fil des pages, apparemment si pétries d'évidence, mais en fait irrationnelles et nuisibles à de bonnes relations avec autrui :

La première d'entre elles consiste dans un mouvement d'auto-accusation et de flagellation : je crois que *si tout va mal entre moi et les autres, c'est ma faute ou bien la leur*. Mais pourquoi accuser les autres ? *C'est avant tout parce que je ne suis pas assez bien qu'on ne s'intéresse pas à moi*. Lorsqu'on voit les choses ainsi, la solution la plus évidente consiste dans un travail infini d'amélioration de soi.

Je vous propose une autre façon de voir les choses : si cela se passe mal entre soi et les autres, ce n'est pas en raison d'une carence de sa personne, mais parce qu'on s'y prend mal sur le plan relationnel. La solution change alors de nature : rien ne sert de s'épuiser dans de vaines tentatives pour devenir parfait ; ce qu'il faut, c'est comprendre quelles erreurs relationnelles on peut bien faire, apprendre à tisser des liens avec les autres.

La deuxième croyance irrationnelle que nous avons repérée porte justement sur la stratégie de la relation : elle s'enracine dans l'idée que *plus on donne, et plus on reçoit, que la générosité est toujours récompensée*. Dans cette conception, pour se mettre dans les bonnes grâces des autres, il faut donc donner tant et plus.

Cette croyance conduit à négliger les lois de l'échange. On ne récolte que de l'inquiétude quant à ses intentions cachées, ou bien que de la haine face à une générosité écrasante, ou encore que du mépris face à tant de servilité. Pour ne pas tomber dans ces pièges relationnels, il est donc nécessaire de ne pas obliger l'autre dans de trop grandes proportions, de ne pas donner plus que l'autre ne peut rendre.

La troisième croyance irrationnelle peut s'énoncer : *surtout, pas de vagues*. Lorsqu'on rend un service, il convient de le faire dans la discrétion, voire dans le secret. *Critiquer l'autre envenime les relations, mieux vaut pardonner et oublier.*

Mais nier les difficultés relationnelles rencontrées ne conduit qu'à accumuler le contentieux qu'on a avec les autres. Ne pas demander de services, ne pas formuler clairement ce qu'on a fait pour l'autre, avaler des couleuvres, faire perpétuellement bonne figure autorisent les autres à continuer à se conduire mal à son égard et dévalorisent son image sociale, sa *persona*.

Il convient au contraire de savoir signaler ce qu'on nous doit, formuler ce qui nous blesse, tout en veillant à ne pas soi-même faire ce qu'on reproche aux autres : les critiques, les demandes, même objectivement fondées, nous placent en situation d'obligé si l'autre en tient compte. Réciproquement, demander des services, c'est entrer dans un système d'échanges qui sert et resserre les liens sociaux.

Cela nous conduit à notre quatrième croyance irrationnelle : *être en dette aliène sa liberté, et donc, l'idéal est de ne rien devoir à personne.*

Si cela est vrai du monde des affaires, cela ne l'est pas dans le monde relationnel ordinaire. Tout au contraire, dans ce monde-là, les dettes réciproques sont ce qui lie les êtres entre eux : quel plaisir de s'attacher des gens par notre gentillesse, d'être en relation avec des personnes qui nous sont reconnaissantes de ce que nous avons fait pour elles ! Et, dès lors qu'on se sait prêt à donner généreusement à son tour lorsque l'occasion se présentera, être relié à cet autre par ce qu'on lui doit fait de cette personne un objet d'affection.

La cinquième de nos croyances irrationnelles porte sur l'amour : *l'amour est tout*, tout est bon dans l'amour, et une fois qu'on l'a trouvé, il ne faut plus le lâcher. Il faut au contraire s'y enfermer, fermer la porte à double tour et jeter la clé dans la rivière.

Nous aurons l'occasion de revenir sur la nature de l'amour et sur ses multiples facettes. Pour le moment, contentons-nous de remarquer qu'un amour conçu de la sorte tourne vite à la tyrannie. Certains parents établissent avec leurs enfants des relations sur un mode fusionnel, empêchant leur progéniture de se construire et de s'émanciper. Certains amants s'enferment dans une relation passionnelle qui les coupe du reste de la société. Attention, danger !

Enfin, notre sixième croyance irrationnelle porte sur la franchise et la transparence. *Il convient de dire tout ce qu'on pense, tout ce qu'on ressent, de ne pas mentir ni dissimuler, d'être transparent à l'autre.*

Quelle bien mauvaise idée, qui plus est bien difficile à mettre en pratique ! Chacun a besoin de préserver un jardin secret, une intimité dans laquelle il se retrouve. Or, croit-on, si on ne dit pas tout, c'est que l'on ment, au moins par omission, et qu'on cultive l'hypocrisie.

Je vous propose une autre façon de voir les choses : ce qu'on extériorise doit être destiné à d'autres, doit s'inscrire dans une communication avec eux. Choisir ce qu'on donne à voir de soi, c'est témoigner du respect à l'autre. Se mettre à nu devant lui, c'est faire comme si l'autre n'existait pas.

La *persona* que l'on met en scène au profit de l'autre lui permet de nous considérer et, à partir de là, de prévoir nos comportements futurs. Mieux vaut évidemment que les autres anticipent de notre part des comportements honorables, ce qui nous oblige à les mettre en pratique. Les pensées personnelles, les croyances, les souvenirs, les histoires, les émotions ressenties, tout cela, dont nous sommes faits, représente autant de cadeaux qu'on fait à l'autre lorsqu'on les partage avec lui. Comme tout cadeau, ils obligent, et l'autre est alors tenu lui aussi de nous faire partager son intimité.

Quelques idées fausses à propos des relations humaines

1) Si ça se passe mal entre moi et les autres, c'est à cause de moi ; si je corrige mes imperfections physiques et morales, les autres s'intéresseront alors à moi.
2) La générosité est toujours récompensée ; plus on donne, et plus on reçoit ; plus on témoigne de l'intérêt aux autres, et plus ils nous témoignent de l'intérêt en retour.
3) Critiquer l'autre envenime les relations. Mieux vaut pardonner et oublier.
4) Être en dette aliène sa liberté, et donc, l'idéal est de ne rien devoir à personne.
5) L'amour est tout.
6) On doit dire tout ce qu'on pense, tout ce qu'on ressent, ne pas mentir, être transparent à l'autre.

Tout cela est-il si compliqué ? Dès lors qu'on garde à l'esprit que les cadeaux, les services fournis et rendus, les attentions et autres amabilités envers autrui les obligent, et qu'il faut donc prendre en considération ces obligations qu'on fait à l'autre et qui nous sont faites, on ne dispose pas d'une si mauvaise boussole. Ces obligations réciproques sont ce qui nous lie aux autres, nous relie à eux. Elles tissent une toile relationnelle qui est sentimentale sans être sentimentaliste : quel soulagement, en définitive, de concevoir le monde sentimental comme un espace de liberté, puisque les sentiments sont sans prix et n'obligent en rien !

Il en va de même de la séduction, qui constitue un mode relationnel fondé sur des bases antinomiques de celles que nous venons d'explorer. Les relations de séduction, contrairement aux relations fondées sur le don, le troc ou l'achat, n'ont pas de prix et n'obligent à rien. Il n'est d'ailleurs pas nécessaire qu'elles obligent, puisqu'elles contraignent.

CHAPITRE 2

Séduction et empathie

Vanessa a vingt-deux ans, une jolie frimousse, des yeux qui pétillent, un corps comme une liane, et plein de problèmes. Sans compter ses états d'âme. Tout d'abord, elle ne parvient pas à trouver l'amour. Les garçons qui lui plaisent ne s'intéressent pas à elle et ceux qui s'intéressent à elle ne lui plaisent pas. D'ailleurs, cela fait maintenant un bon moment qu'elle n'intéresse plus personne. Mais où sont passés les garçons ?

Lorsque je lui demande ce qu'elle fait pour se rendre intéressante aux yeux des hommes, elle me regarde, interloquée : Mais rien, bien sûr. Je veux qu'on m'aime pour moi-même. Si on veut que l'amour soit sincère et durable, mieux vaut être naturelle dès le départ. Que se passerait-il lorsque, après avoir usé d'artifices pour séduire, ma vraie nature finirait par apparaître ? On m'abandonnerait, et on aurait bien raison. Car comment aimer une truqueuse, une hypocrite, qui cherche à donner une image fausse d'elle-même ? La vérité finit toujours par faire surface, alors mieux vaut ne pas tricher, parce que ensuite ça fait encore plus mal.

Bon, lui dis-je, mais tout de même, comment doit-on s'y prendre pour faire naître cet amour tant désiré ? Vanessa réfléchit un petit moment puis m'explique son point de vue : Il n'y a pas trente-six moyens. Il faut s'intéresser à celui qui nous intéresse, chercher à mieux le connaître. Il s'agit de ne pas se laisser prendre aux apparences, à ce qu'il donne à voir. Non, il faut chercher à comprendre sa véritable nature. Et bien sûr, il s'agit de tout partager, de tout se dire, de ne pas avoir de secret l'un pour l'autre. Voyant tout l'intérêt qu'on lui porte, l'homme choisi comprendra l'amour qu'on ressent pour lui, et il nous aimera en retour.

J'insiste : Alors, est-ce que ça marche ? Vanessa doit reconnaître que non. Bien des hommes qu'elle juge intéressants restent mystérieusement indifférents. Et son appétit de l'autre, sa curiosité, ses élans de tendresse, au lieu d'être reconnus pour ce qu'ils sont, des témoignages d'amour, semblent apeurer les hommes avec lesquels elle commence une relation, au point que ceux-ci finissent par couper les ponts. Décidément, les hommes sont faibles, lâches, vils, ne s'intéressant qu'à la gaudriole et ne voulant pas du véritable amour. Baiser, voilà tout ce qui les intéresse. Et après, basta... Si elle ne veut pas passer le restant de sa vie seule, peut-être après tout devrait-elle chercher à se reconvertir en lesbienne...

Mais outre le fait qu'il n'y a aucune raison de penser que cela arrange en quoi que ce soit les affaires amoureuses de Vanessa, il n'y a pas non plus lieu de croire que la situation soit si désespérée. Non, simplement le discours sur l'amour et la séduction de Vanessa est sous-tendu par une tripotée d'idées irrationnelles, et ce sont en grande partie celles-là qui l'empêchent de nouer des relations satisfaisantes avec un partenaire.

Si Vanessa parvient à voir la séduction et l'amour sous un angle légèrement différent, peut-être les choses pourraient-elles s'arranger.

Je suis empathique : je comprends les sentiments et les points de vue des autres

Mais avant de nous y risquer, peut-être serait-il utile de développer certains concepts de base.

Il est des mots, comme *séduction* ou comme *amour*, qu'on emploie sans bien savoir ce qu'ils recouvrent. Il en est d'autres, pourtant essentiels si on veut comprendre les relations humaines, comme *empathie*, qu'on passe sous silence.

Commençons par ce dernier, qui est sans doute celui qui prête le moins à discussion. La capacité d'empathie est ce qui permet de percevoir le point de vue de l'autre. On peut distinguer plusieurs niveaux de perception : la *sympathie* consiste à ressentir des émotions en phase avec celles d'une autre personne. En quelque sorte, un mouvement de sympathie correspond à un mélange partiel avec l'autre, un flou dans les limites entre deux individualités.

Les émotions, en effet, sont contagieuses. Même si je ne sais pas pourquoi mes interlocuteurs rient à gorge déployée, ces rires sont communicatifs et me contaminent. Bientôt, moi aussi, j'éclate de rire. Enfin, pas toujours, car je résiste parfois : les rires en boîte de ces séries télévisées qui se veulent drolatiques cherchent à entraîner un rire de sympathie, mais ne font qu'entraîner mon antipathie...

De même, la sympathie que j'éprouve face à des gens tristes me pousse souvent à ne pas trop rechercher leur compagnie. Mieux vaut ne pas se laisser gâcher bêtement ses journées... Ou encore, pourquoi me laisser envahir par la colère de quelqu'un d'autre alors que je ne sais même pas quel est son objet ? On voit que la sympathie a ses limites : j'éprouve un peu de ce que les autres éprouvent, mais sans comprendre de quoi il en retourne.

L'empathie d'émotion[1], qui correspond à un niveau d'abstraction supérieur, me rend capable de me mettre à la place de l'autre, de comprendre l'émotion qu'il éprouve, sans pourtant la ressentir moi-même, ni forcément la partager. Je peux ainsi comprendre ce que l'autre ressent sans pour autant perdre mon propre point de vue.

C'est parce que je sais ce qu'est la souffrance que je comprends celle de l'autre. J'ai déjà eu du plaisir et je comprends que l'autre peut en avoir lui aussi. Cela me conduit à me comporter avec autrui comme j'aimerais qu'il se comporte avec moi, à ne pas lui faire ce que je ne voudrais pas qu'il me fasse, à prendre soin de lui comme je prends soin de moi-même.

Mais cette empathie émotionnelle n'est pas tout : mes capacités d'*empathie d'abstraction* me permettent de vivre dans un monde partagé[2], dans lequel je comprends les points de vue de l'autre, les multiples facettes sous lesquelles il se représente le monde. Grâce à mes capacités de symbolisation et au langage, les visions du monde de chacun me deviennent accessibles.

Le mot important est *comprendre* : lorsque je manifeste de l'empathie envers quelqu'un, je comprends ce qu'il ressent, je me figure son point de vue. Cette capacité à envisager les choses du point de vue de l'autre, à me représenter ses sentiments et le monde tels qu'il se les représente lui-même, est essentielle à toute communication humaine. À vrai dire, c'est même ce qui en fonde l'humanité.

Ah oui, j'oublie encore un léger détail : tout ce que j'ai dit dans le chapitre précédent sur le système du don et de l'obligation de rendre ne se conçoit que dans le cadre de relations empathiques.

Pour comprendre qu'un don fasse plaisir, il faut tout d'abord que j'en aie déjà reçu moi-même. C'est à partir de là que je peux imaginer le plaisir que mon cadeau, ma gentillesse, mes sourires feront à l'autre. Et c'est aussi parce que je suis capable de me mettre à la place de l'autre, parce que je me figure sa *persona*, que je comprends que ce que je fais pour lui l'oblige à faire quelque chose en retour, pour moi ou pour d'autres. Car énoncée en tenant compte du concept d'empathie, la *persona* de quelqu'un devient le modèle à partir duquel j'imagine cette personne, ses sentiments et ses points de vue.

Comme nous sommes des animaux sociaux, partager avec les autres ses sentiments et émotions, mais aussi ses points de vue, ses croyances, ses concepts, prendre en considération la circulation des échanges, faire en sorte que ces échanges soient équitables occupent une grande partie de notre temps. Nous avons soif de comprendre les autres et de nous sentir compris par eux. Nous avons besoin de savoir où nous en sommes avec eux.

Évidemment, c'est plus facile avec certains qu'avec d'autres : avec certaines personnes, je me sens immédiatement sur la même longueur d'onde. Dans l'ensemble, elles ressentent et pensent des choses analogues à mes sentiments et mes idées. Je peux donc me laisser aller sans grand danger à la sympathie, puis à l'empathie. Si je suis un brin pantouflard, je privilégierai les relations avec de telles personnes, qui me confortent dans mes propres points de vue ; mais si j'aime la nouveauté, je les trouverai bientôt un peu trop prévisibles et conventionnelles.

Il en est d'autres qui me font partager une vision du monde décalée par rapport à la mienne. Cela tient à une culture, un milieu, une éducation ou simplement à une tournure d'esprit différentes. Si j'ai le goût de l'aventure, j'apprécierai le renouvellement des idées auxquelles elles me conduisent, les perspectives nouvelles qu'elles m'offrent.

Aliénés, extraterrestres et hyperempathiques

Il arrive qu'on ait parfois affaire à des individus qui mettent en échec ses capacités empathiques, avec lesquels il s'avère impossible de partager quoi que ce soit. Leur vision du monde, leur logique, les sentiments qui les animent semblent incompréhensibles, et sans doute la réciproque est-elle vraie. Cette incapacité de déchiffrage fait habituellement considérer ces personnes comme des ennemis. En fait, peut-être est-ce le cas, mais comment le savoir puisqu'on est incapable de décrypter leurs émotions, leurs sentiments, leurs intentions, dans la mesure où ils en ont, ce qu'on est bien en peine d'affirmer ? Ces étranges étrangers représentent des « aliens », des extraterrestres ou des fous, des personnes sans point commun avec soi.

En fait, le système empathique ne fonctionne que lorsqu'il est réciproque : on ne comprend les autres que lorsqu'on s'accorde avec eux. C'est lorsqu'on a affaire à quelqu'un dénué de talent empathique qu'on a ce sentiment d'être face à un alien, quelque chose de radicalement étranger. C'est par exemple le cas lorsqu'on est face à une personne paranoïaque, enfermée dans un monde dont la logique échappe, et qui ne voit dans l'autre qu'un objet susceptible de la mettre en danger ; c'est encore le cas face à une personne perverse, pour qui les autres se réduisent à des objets à manipuler à son avantage et destinés à servir à sa propre jouissance.

Incapables d'influencer la vision du monde d'autrui afin d'être en phase avec lui, les aliens dont nous croisons la route n'ont le plus souvent d'autre ressource que le recours à la violence pour obtenir ce qu'ils désirent. Et cette violence ne les effraie pas, puisque la souffrance d'autrui ne leur est pas perceptible. Ou bien, au mieux, les aliens prévoient les réactions de leurs interlocuteurs sur le mode de l'action et de la réaction. Les motivations profondes, les désirs, les passions, toutes ces subtilités qui sont toujours liées à la fois à notre monde émotionnel et aux explications qu'on s'en donne, tout cela leur échappe. En fait, ils ne font guère d'effort pour s'y intéresser car, à leurs yeux, il n'est d'autre point de vue pertinent que le leur.

De par leur maladresse et leur brutalité, les aliens, qu'ils soient des aliénés ou des extraterrestres, s'avèrent bien peu à leur aise dans le monde relationnel complexe et sophistiqué qui est aujourd'hui le nôtre.

Les personnes hyperempathiques, qui adoptent le point de vue de l'autre au point d'oublier le leur, se situent à l'autre extrémité du spectre.

Tout d'abord, certaines personnes qui ne s'aiment pas, qui ne se respectent pas, qui ont une faible estime pour elles-mêmes, en viennent tout naturellement à penser que ce que pense l'autre est forcément plus juste, plus pertinent, plus intéressant que tout ce qu'elles pourraient penser par elles-mêmes. Mais, à force de se représenter le monde des autres, ces personnes ne se représentent plus leur propre monde. À force de s'identifier aux autres, elles perdent la possibilité d'avoir un point de vue qui leur est propre. De fait, les personnes hyperempathiques ne savent pas ce qu'elles pensent ni ce qu'elles ressentent, puisqu'elles ne s'y intéressent tout simplement pas[3].

Dès qu'il n'y a plus d'individu face à elles avec lequel elles peuvent entrer en empathie, ou dès qu'elles se retrouvent seules, elles sont confrontées au vide. Comme les personnes hyperempathiques ont le sentiment que rien ne les habite, que la vie est au-dehors, lorsque rien ni personne ne mobilise plus leur attention, la dépersonnalisation et la dépression guettent. Elles s'en protègent souvent par la mise en place de stratégies défensives, comme certaines conduites addictives ou certains comportements d'autoagression : la consommation de produits toxiques, la nourriture sous forme boulimique, la frénésie sexuelle, le démon du jeu, la fièvre acheteuse, le vol à l'étalage, le sport intensif, la douleur auto-infligée permettent de raviver un moment le sentiment d'exister.

Mais, dans l'ensemble, quand ils sont en bonne compagnie, les hyperempathiques sont joviaux et communicatifs, car c'est ainsi qu'on se fait accepter par les autres.

Leonard Zelig, le héros du film de Woody Allen[4], représente un splendide exemple d'hyperempathie. Dans le début du XXe siècle, le petit Leonard, martyrisé par ses parents et tourmenté par les antisémites, a développé un merveilleux talent mimétique qui lui évite le rejet et l'agressivité : il est républicain avec les républicains et démocrate avec les démocrates, gangster avec des gangsters, mais il est aussi capable de devenir trompettiste noir, chinois plus vrai que nature ou de prendre une centaine de kilos en quelques minutes lorsqu'il est mis en présence de personnes obèses.

À l'hôpital psychiatrique où on finit par l'emmener, il se présente comme un psychiatre très acceptable, et Mia Farrow, alias le docteur Eudora Fletcher, qui se passionne pour son cas, devra faire preuve de beaucoup d'astuce pour parvenir à guérir le fameux « caméléon psychique ». Le médecin et son patient désormais célèbre tombent amoureux l'un de l'autre, mais en raison du bruit fait autour de leur prochain mariage, son passé rattrape Zelig, qui rechute et disparaît. On suivra le docteur Fletcher dans sa recherche de Zelig, qu'elle finira par retrouver en chemise brune aux côtés d'Adolf Hitler...

Il n'y a pas que le docteur Fletcher qui se laisse prendre au piège par les personnes hyperempathiques : comme elles s'efforcent d'être pour leur interlocuteur le complément parfait, elles constituent de véritables pièges à psys. Les caméléons psychiques, qui ne savent pas qui ils sont, deviennent face à leur psy ce patient idéal, l'incarnation même de leurs théories. Remercions les patients hyperempathiques : c'est sans doute en grande partie grâce à eux qu'on bénéficie d'autant de théories psychologiques, défendues par autant de psys persuadés de leur validité !

Je fais des cadeaux à mes ennemis

Nos ennemis, à l'inverse des hyperempathiques, ne font pas de cadeau. Qui plus est, contrairement aux aliens et aux extraterrestres qui évoluent dans des mondes parallèles ne croisant le nôtre qu'occasionnellement, nos ennemis ne nous lâchent pas d'une semelle.

Ce qui fait d'eux nos ennemis, c'est le fait que leur perception du monde, leurs croyances et leurs valeurs, les objectifs qu'ils poursuivent sont incompatibles avec les nôtres[5]. Certes, on peut comprendre ses ennemis, mais cela ne les transforme pas en amis pour autant.

Il est de bon ton, aujourd'hui, de considérer que, dès lors qu'on parle ensemble, on finit par se comprendre, et que dès qu'on comprend le point de vue de l'autre, on cesse d'être ennemis. En somme, les divergences entre individus, entre communautés, entre pays ne seraient dues qu'à une insuffisance de dialogue et il n'y aurait pas de conflit qu'on ne pourrait résoudre au moyen de la parole, dès lors que chacun y met un peu du sien et fait preuve de bonne volonté. Dans cette acception, le concept même d'ennemi disparaîtrait, se réduisant alors à une simple insuffisance de communication. Cette vision qui bannit toute violence a priori se nourrit aussi de l'idée que tous les points de vue se valent, qu'ils sont tous respectables, qu'il n'en est pas de meilleurs que d'autres. Cet angélisme aboutit souvent à des impasses... et à une exacerbation de la violence.

Jean-Claude et Zoé ont loué un petit appartement du 15e arrondissement de Paris depuis un an. Ils sont un jeune et gentil petit couple, bien propre, discret, qui n'inonde pas le voisinage de décibels et dit bonjour dans l'escalier. Alors, pourquoi leur voisin du dessus les tyrannise-t-il ? Pourquoi transforme-t-il leur vie en enfer ? Il a commencé par faire brailler son téléviseur, puis cogne la nuit sur son plancher, qui est aussi le plafond de Jean-Claude et Zoé. Déplace-t-il des meubles, saute-t-il à la corde, danse-t-il la bourrée auvergnate ? Jean-Claude et Zoé se le demandent, tout en patientant, espérant que ce charivari finira par s'arrêter tout seul un jour.

Cela n'arrête pas, et même, cela empire : un peu à la façon des dix plaies dont, dans la Bible, Jéhovah gratifie les Égyptiens afin qu'ils rendent leur liberté aux Juifs, le couple subit « les mauvaises odeurs » dues à un objet indéfini et malodorant retrouvé à l'entrée d'un conduit de ventilation, les « inondations » causées par un lave-vaisselle en folie, les « ténèbres », occasionnées par une mystérieuse panne d'électricité, et le « vol de la cave » par des malandrins inconnus.

Jean-Claude et Zoé sont jeunes, innocents et timides. Comme leurs malheurs durent, que Jean-Claude est à nouveau dévoré par son psoriasis et que Zoé fait des crises de spasmophilie, qu'ils n'osent pas aborder leur voisin, Jean-Claude décide de participer à un groupe d'affirmation de soi où on lui apprend comment il convient de formuler une critique. Fort de sa nouvelle science, il monte voir son irascible voisin et lui détaille les quatre points d'une critique réglementaire : premièrement, il rappelle ce que leur voisin fait et qui leur nuit, deuxièmement il énumère les conséquences concrètes de ces conduites sur son épouse et lui-même, troisièmement il détaille ce que Zoé et lui ressentent en général et au sujet de leur voisin en particulier, quatrièmement, il demande à son voisin quelles solutions il pourrait proposer pour remédier à cet état de fait.

Le voisin écoute, dit qu'il n'a rien à dire, puis referme sa porte. Peu de temps après, la chatte de Zoé, Polka, est trouvée morte, empoisonnée. À nouveau, Jean-Claude monte au créneau, faisant valoir sa bonne volonté, sa recherche de solutions satisfaisantes pour les deux parties. Mais rien ne s'arrange, bien au contraire.

Ce n'est que lors d'une petite soirée entre habitants de l'immeuble qu'ils comprennent le fin mot de l'histoire : leur persécuteur a voulu acheter l'appartement dans lequel ils habitent au profit de sa fille, leur confie-t-on, mais son propriétaire a préféré le louer. Le terrible monsieur semble cependant ne pas avoir perdu tout espoir de convaincre cette personne de le lui vendre...

Jean-Claude et Zoé, comprenant qu'aucun argument ne sera en mesure de faire disparaître un conflit qui n'est pas le leur, choisiront la reddition : ils promettent à leur voisin de résilier leur bail et de déménager dès qu'ils en auront la possibilité. Fin des hostilités... du moins, en ce qui les concerne.

Mon exemple, qui illustre le fait que le dialogue n'apporte pas forcément de solution aux conflits, démontre-t-il suffisamment le caractère parfois irréductible de la notion d'ennemi ? Sans doute pas, puisque dans le cas de Jean-Claude et Zoé, tout est bien qui finit bien, et que si ennemi il y a, il s'avère être celui de quelqu'un d'autre.

Prenons donc le cas de Lucas et de Patrick, qui sont les meilleurs amis du monde jusqu'à ce qu'ils tombent tous deux amoureux de Claire. Ils deviennent donc de superbes ennemis, tant il est vrai que c'est parmi ses frères que se recrutent ses ennemis de la meilleure trempe.

Ce qui, au départ, débute comme un jeu, évolue en tragédie. Mais qu'est-ce qu'une tragédie après tout, sinon un conflit entre proches[6], d'autant plus intense qu'on aura été plus proches[7] ? Nos amoureux sont tous trois en classe préparatoire aux grandes écoles, une situation naturellement propice à la rivalité. Mais celle-ci s'exacerbe au point de les conduire à quelques bassesses : cours volés, calomnies et mensonges éhontés. Claire, qui jusque-là apprécie de se sentir l'objet de tous ces désirs, met enfin un point final à la compétition en désignant le vainqueur, en l'occurrence Patrick. Lucas, piteux, rate ses concours et part en province. Quant à Claire et Patrick, sans doute contaminés par la haine qui s'est déchaînée, ils finissent par se séparer quelque temps plus tard...

C'est bien le problème, avec les tragédies : elles finissent mal, et pour tout le monde. Lorsque les aspirations sont incompatibles, dès lors que se déchaîne la violence, l'issue s'avère fatale, immanquablement.

À moins que... À moins que l'un des protagonistes ne se montre généreux et désintéressé, qu'il fasse un don conséquent, qui désamorce le cycle de la violence. Car donner est sans aucun doute le moyen le plus efficace qui soit pour mettre un terme à la violence, puisqu'on met l'autre en demeure de devenir empathique et de se transformer en obligé. Donner ainsi, ce n'est pas pardonner, ni oublier ni tendre l'autre joue : ce qu'on désire, c'est entamer des relations équitables, d'égal à égal.

Bien entendu, ça ne marche pas à tous les coups : pour qu'un don serve de désamorçage à la violence, il est nécessaire qu'il soit fait de bon cœur, de façon *réellement* désintéressée. C'est là une condition indispensable pour que le récipiendaire ne puisse pas le confondre avec un troc, ce qu'il est naturellement tenté de faire. Contrairement au système du don, ni le troc ni les relations marchandes ne nécessitent de capacités empathiques, puisqu'il s'agit juste de savoir mesurer son intérêt en laissant l'autre s'occuper du sien. On peut donc troquer et commercer avec ses ennemis, ou bien avec les aliens et les extraterrestres, sans se comprendre et sans mettre fin à la violence.

Enfin, pour que le don fasse son effet, il faut qu'il soit accepté comme tel, ce qui sous-entend un récipiendaire capable d'empathie, ayant le sens de l'honneur et le souci de sa *persona*. Voilà sans doute pourquoi on n'est pas près de vivre dans un monde paisible.

La séduction commence par une violence

Comme c'est épatant, de faire la paix avec ses ennemis en les cueillant par surprise avec des cadeaux. Quand cela fonctionne, c'est magique : la violence, tout à coup, se trouve abolie. Le monde devient paisible, calme, serein, empreint d'harmonie et de félicité.

Quelle merveille ! À condition toutefois que cela ne dure pas trop longtemps.

Il était une fois une prise d'otages. En août 1973, Jen Erik Olsson, à peine évadé de prison, tente de commettre un hold-up au Crédit suédois de Stockholm. Malheureusement pour lui, il est vite repéré par la police. Il prend alors en otage quatre employés et se retranche avec eux dans la banque. Il obtient rapidement un premier succès : son compagnon de cellule, Clark Olofsson, est libéré et autorisé à le rejoindre.

La prise d'otages durera six jours. Six jours durant lesquels les médias rapporteront de bien étranges déclarations des otages : « Nous avons pleinement confiance dans les deux bandits, car ces voleurs nous protègent contre la police », diront-ils. Un revolver sur la tempe ? Pas du tout ! À l'issue de la prise d'otages, ces derniers s'interposeront entre leurs ravisseurs et les forces de l'ordre puis, par la suite, refuseront de témoigner à charge lors du procès, contribueront à leur défense et iront leur rendre visite en prison. L'une des victimes, tombée amoureuse de Jen Erik Olsson, finira même par l'épouser[8]...

Sous l'effet d'un danger vital, la victime cesse de percevoir la situation de son propre point de vue. Cela peut se comprendre, ce point de vue étant intenable puisqu'il oblige à se confronter à l'idée d'être torturé ou de mourir. Dépossédée de son point de vue, la victime peut aisément sombrer dans la sidération, la prostration, ce qu'on constate bien souvent dans ce genre de circonstances.

La nature ayant horreur du vide, un des moyens possibles pour remédier à la dévastation intérieure à laquelle on se trouve confronté est de se laisser subjuguer par la personne de son ravisseur. Car quoi de plus fascinant, ravissant, qu'un ravisseur, après tout ?

Dès lors qu'on est ravi, on est prêt à adopter le seul point de vue qui vaille : celui de ses bourreaux. Il suffit pour cela que ceux-ci se donnent la peine de présenter un point de vue qui se tienne à peu près, qui apparaît alors à la victime comme mieux que rien. Si le bourreau y met un peu du sien, expose sa vision des choses, plaide sa cause, en somme si, après vous avoir ravi, il sort un tant soit peu de son état d'alien, le syndrome de Stockholm peut se mettre en place.

Après sa conversion, la victime conserve parfois durablement sa nouvelle vision des choses : dans certains cas, plusieurs années après la situation traumatique, elle persiste à défendre les valeurs de ses anciens bourreaux[9], par exemple à se montrer critique vis-à-vis de la police, qui a fait la preuve de son inefficacité, et de la société, injuste et par là même à l'origine de toute délinquance.

Le syndrome de Stockholm aurait pu s'appeler le syndrome des Sabines, ce qui aurait sans doute eu plus d'allure, puisque l'événement remonte à l'époque de la fondation de Rome, vers le VIIIe siècle avant J.-C. Comme les premiers Romains manquaient de femmes, Romulus a l'idée de ravir celles des Sabins. Il organise donc de grands jeux, auxquels ces derniers sont conviés, ainsi que leur famille. Au signal convenu, les Romains raptent leur lot de Sabines, de préférence celles qui sont jeunes et belles.

Évidemment, au départ, les Sabines ne sont pas vraiment consentantes. Mais Romulus et les Romains, à force de cajoleries, savent calmer leur colère, voire, peut-être, retourner celle-ci contre leurs pères et frères qui n'ont pas su les protéger. C'est ainsi que les Sabines, ravies, deviennent d'aimantes épouses des Romains[10].

Les mégères ne sont pas si difficiles à apprivoiser[11]. Il était une fois à Padoue une jeune femme qui se nomme Katharina, qui est aussi insupportable qu'entêtée. Alors que sa douce sœur Bianca est courtisée par tout un tas de gentilshommes, personne ne veut se risquer à approcher Katharina. Mais comme elle est l'aînée, son père Baptista n'autorise personne à épouser Bianca tant que Katharina ne sera pas mariée.

Et comme Petruccio, gentilhomme de Vérone, arrive à Padoue avec un seul but en tête, épouser une femme riche, on se hâte de lui présenter la mégère. À cœur vaillant, rien d'impossible, se dit-il, et il accepte le pari consistant à séduire la belle mais orageuse jeune femme. Quelques jours plus tard, Petruccio épouse donc Katharina et, sans perdre de temps, la conduit à Vérone. Là il l'empêche, entre autres, de manger, de dormir et de se vêtir convenablement.

En un mot, il pratique ce qu'on appellerait aujourd'hui un lavage de cerveau en bonne et due forme, en la dépaysant, en la privant de ses points de repère habituels, tout en se montrant en permanence présent et attentif. Dès lors, sa cuirasse brisée, Katharina est transformée : complètement soumise à son mari, elle va jusqu'à répéter, à sa demande, toutes sortes d'inepties. Le couple retourne donc à Padoue et après avoir gagé avec Lucentio et Hortensio que sa femme est la plus soumise, Petruccio gagne son pari haut la main.

Bien sûr, avec la mégère de Shakespeare, nous sommes au XVIe siècle. Ce qui était déjà scandaleux à l'époque ne serait plus du tout tolérable aujourd'hui. Enfin, disons qu'il faudrait y mettre un peu plus de douceur, un peu plus de sentiment. Oh, à peine : Ricki, le héros du film de Pedro Almodovar, *Attache-moi*, qui veut être aimé de Marina, une actrice porno avec qui il a couché une nuit, l'enlève et la séquestre dans son propre appartement[12]. Contre toute attente, Marina, telle une Sabine, se laisse séduire par tant de fougue. Il faut dire que Ricki, qui est passablement fou, et qui d'ailleurs sort d'un hôpital psychiatrique, est touchant dans sa maladresse à se faire aimer. À moins, bien entendu, qu'il ne soit pas si maladroit que ça, et qu'il en sache plus long sur les mécanismes intimes de la séduction que bien des personnes ayant davantage la tête sur les épaules...

Car en quoi consiste la séduction ? C'est le fait d'être détourné de soi-même, puis recentré sur quelque chose d'autre qui séduit. Parfois, on est si avide de s'oublier qu'un rien suffit à nous séduire. Mais la plupart du temps, nous sommes bien trop occupés par nous-mêmes pour nous laisser enchanter. Si bien qu'il faut nous faire violence pour capter notre attention. Si on en croit les clichés, les femmes recourent à la magie, la sorcellerie. Elles usent de leurs charmes, ensorcellent, mettent en scène leurs appâts pour enivrer, attirer, fasciner, persuader, et en définitive instaurer un ascendant, attacher, réduire leur proie à merci. Quant aux hommes, selon les mêmes clichés, ils paradent, font les fiers-à-bras afin de capter l'attention, obliger la belle à les prendre en considération. Puis ils multiplient les assauts, font le siège de leur dulcinée, font étalage de leur flamme, de leur désir, jusqu'à ce que leur conquête, captivée, succombe et se rende.

Se laisser séduire consiste à l'inverse à s'abandonner. On est alors prêt à se laisser capturer. Et cette violence que le séducteur ou la séductrice nous a faite, on la pardonne bien volontiers tant on prend plaisir à s'oublier, à être séduit, envoûté, captivé par un autre.

Il était une fois un petit oiseau, un passereau vivant en Australie, qu'on nomme le jardinier satiné, ou *Ptilonorhynchus violaceus*. Au printemps, afin de séduire une femelle, le jardinier satiné prend une belle livrée noir bleuté du plus bel effet, tandis que la femelle, qui n'a pas quant à elle à séduire, mais à être séduite, peut se contenter de sa livrée ordinaire, d'un vert olive assez terne. Mais à quoi sert-il d'être beau s'il n'y a personne pour vous contempler ? Notre passereau construit donc une sorte de scène de théâtre, faite de brindilles colorées, ainsi qu'un décor qu'il peint en bleu au moyen de boulettes végétales humectées de salive et de baies écrasées. Il dispose aussi devant cette scène une sorte de loge faite de deux murs de brindilles, dans laquelle la femelle peut venir se placer, pour assister au spectacle en toute sécurité. Les femelles viennent assister à son show, une par une, mais à vrai dire pas qu'au sien : elles ont tendance à faire le tour des shows avant de se décider. Comme il y a de la concurrence, il convient donc de se donner de la peine, et le jardinier satiné ne la ménage pas. Dès qu'une femelle s'installe dans la loge, notre jardinier satiné se livre à sa parade sexuelle, qu'on pourrait analyser comme une suite de roucoulades variées, de courbettes et de danses, de regards directs, puis souvent, d'un simulacre de combat, histoire de montrer tout ce dont il est capable. Certains mâles, séducteurs doués, peuvent copuler avec de nombreuses femelles, jusqu'à 25 fois par saison, tandis que d'autres ont tendance à rester en rade[13]...

Mais revenons à Vanessa, bien en peine de jardinier satiné. Personne, à aucun moment, n'aurait-il cherché à vous séduire, lui demandai-je. Mais non : personne. Enfin, si, tout de même : il y a eu ce Cédric, il n'y a pas si longtemps. Il a une petite voiture de sport, se donne de grands airs, fait le beau dans des vêtements très mode, l'a emmené dans des endroits branchés. Mais plus il se met en quatre, et plus Vanessa s'agace. On ne l'aura pas avec de si pauvres artifices !

Mais alors, que voudriez-vous qu'il fasse ? demandai-je. Pas vous violenter, bien sûr... Mais, peut-être, vous offrir des fleurs, vous chanter des chansons, vous écrire des poèmes, jouer de la balalaïka sous vos fenêtres, se livrer à un match de tennis sous vos yeux, afin que vous vous mettiez à penser davantage à lui qu'à vous ? Mais non, il n'y a rien que Cédric puisse faire pour séduire Vanessa, qui refuse de se laisser capturer. Car Vanessa, peu assurée d'elle-même, a bien trop peur de se perdre à ce jeu-là. Au lieu de s'abandonner, elle passe son temps à tenter de tout contrôler. Et s'il y a bien deux choses qui sont antinomiques, c'est le contrôle de soi et le fait de se laisser séduire. Se défiant de la séduction, qui oblige à s'abandonner, Vanessa se réfugie dans la seule forme de communication qui lui paraît sans danger, la communication empathique.

De toute façon, me confie Vanessa, ces petits jeux de séduction ne m'intéressent pas, car ce que je désire, c'est rencontrer l'amour. Ah, l'amour, quelle histoire ! Mais patience, nous nous pencherons bientôt sur l'histoire de l'amour et toutes les histoires qui s'ensuivent.

Séduction et empathie sont deux modes de communication irréductibles

Tout oppose séduction et empathie : alors que l'empathie permet de comprendre les émotions et les points de vue de l'autre, donne accès à son intimité, confère le sentiment d'un partage, permet des dons qui obligent, la séduction est au contraire une violence sans partage, qui répond à la loi du tout ou rien, qui ne fonctionne que dans l'instant présent.

Du côté de l'empathie, on trouve ce que les anciens Grecs appellent *philia*, c'est-à-dire l'amitié tendre, sans possessivité, inconditionnelle[14], qui est censée unir la mère à son enfant. On trouve aussi ce qu'ils appellent *agapè*, et que les Romains appellent *caritas*, que nous avons traduit par charité. Il s'agit d'un sentiment de bienveillance, de prévenance, de courtoisie, d'un amour oblatif et désintéressé, celui qu'un homme est censé ressentir pour son frère. Philia comme *agapè* se passent de motivation : le fait de comprendre l'autre suffit pour qu'on ressente des sentiments positifs à son égard.

Oui, mais, et la passion, dans tout cela ? Et le désir, et le sexe ? La démarche empathique ne s'y prête pas et il faut les chercher du côté de cette autre forme de communication que constitue la séduction. Contrairement à l'empathie, celle-ci ne doit pas grand-chose à la psychologie. À vrai dire, comme l'intellect semble compter pour si peu dans ce ravissement, la tentation est grande d'y voir un mécanisme d'un autre ordre, qui ferait appel à une autre partie du cerveau, plus sombre, plus primitive, mais si réjouissante lorsqu'elle s'empare de nous.

Rappelons que nous autres *Homo sapiens* sommes à la tête de trois cerveaux et non pas d'un seul : selon la célèbre théorie de Paul MacLean, qui date de 1970, nous avons le premier en commun avec les poissons et les reptiles, le second avec les mammifères dits inférieurs, et le troisième avec les autres primates[15].

Ces trois parties du cerveau diffèrent radicalement les unes des autres, tant par leur chimie que leur structure, et correspondent chacune à une logique différente, une forme d'intelligence distincte[16]. Bien entendu, ces cerveaux sont interconnectés, mais chacun opère plus ou moins indépendamment des deux autres, et il n'est pas rare qu'ils ne s'harmonisent pas, ce qui est à l'origine de bien des complications.

Le cerveau reptilien, situé à la base du cerveau, est le plus primitif ; il a un fonctionnement rigide, automatique et ritualisé, sans possibilité d'apprentissage. Pour certaines choses, cela vaut mieux, comme par exemple le contrôle du cœur, de la respiration et des autres fonctions de base, et aussi pour promouvoir, à des moments plus ou moins bien choisis, la mécanique élémentaire de reproduction de l'espèce.

Le cerveau paléomammalien, ou système limbique, en position centrale, permet les émotions, est le passage obligé des processus de mémorisation et des apprentissages. C'est par lui qu'on ressent la peur, la colère, la douleur, ainsi que le plaisir et la joie. C'est ce cerveau qui confère une tonalité affective aux souvenirs, qui permet qu'on les mémorise, puis qu'on les retrouve et qu'ils soient à disposition.

Considérons comme une tentante métaphore que l'association de ces deux cerveaux préside à cette forme de communication qu'on appelle la séduction[17]. Ce serait cette partie primitive du cerveau qui reconnaîtrait certains signaux déclencheurs de comportements sexuels ou de défense à partir de quelques caractéristiques de base : ce cerveau-là n'est pas difficile à leurrer[18]...

Quant au troisième cerveau, dit néo-mammalien ou néocortex, constitué des circonvolutions cérébrales à la surface du cerveau, il représente les deux tiers du poids du cerveau humain. Il faut bien tout cela pour, entre autres choses, maîtriser le langage, échafauder toutes sortes de scénarios et de concepts qui permettent de se représenter le monde et d'agir sur lui. C'est le néocortex qui est capable d'élaborer un monde imaginaire et conceptuel complexe, sophistiqué et nuancé, de concevoir des sentiments, des points de vue, des idées, des croyances qu'on peut partager avec d'autres par le biais de l'empathie.

Il serait cependant simplificateur, pour ne pas dire erroné, de cantonner la séduction, le désir et la sexualité aux cerveaux archaïques et de faire du néocortex un ange. Quand on séduit, on ne manque pas de faire flèche de tout bois : les stratégies complexes et élaborées sont bien venues, comme on le verra un peu plus loin. Les parties les plus archaïques du cerveau seraient davantage à considérer comme jouant un rôle de « motivateur » et tout se passe comme si le néocortex se mettait en quelque sorte à leur disposition.

Établir une relation empathique, c'est donc être apte à distinguer ce qui est soi de ce qui n'est pas soi, reconnaître en autrui un semblable, une personne susceptible de ressentir des émotions et des sentiments comparables aux siens, quelqu'un qui, lui aussi, construit des représentations du monde, pas forcément identiques aux siennes, mais du même ordre, et sur lesquelles on est susceptible d'agir. « Si j'étais à sa place, je ressentirais ceci, je me dirais cela, je verrais les choses ainsi. Si je veux influer sur ce qu'il ressent, sur ce qu'il pense et sur ce qu'il imagine, voilà ce qu'il faut que je fasse. »

Ce travail mental concerne essentiellement *Homo sapiens* et, à une moindre échelle, ses cousins primates. Mais ce n'est pas parce qu'on est apte à quelque chose qu'il faut s'y cantonner. Les animaux et nous-mêmes disposons d'autres moyens pour appréhender la réalité, certes plus primitifs, fondés non pas sur un processus de représentation, mais sur un mécanisme d'identification, qui ont parfois leur avantage. Ils permettent, non plus une représentation, mais une perception immédiate, non verbale, non mentalisée, de l'objet : il est nous et nous sommes lui. Cela nous renvoie à cette période de la vie, qui va de la naissance à trois mois, où le nourrisson ne différencie pas encore clairement le dedans du dehors, le soi et le non-soi[19]. Et comme avec tous les processus archaïques, nous y prenons un immense plaisir.

C'est tout le problème de Vanessa : en recherchant une relation de compréhension mutuelle, elle donne la primauté à son néocortex qui, grâce à un complexe travail de mentalisation, lui permet de se représenter les sentiments et les pensées d'autrui. Elle manifeste certes par là même un haut niveau de sophistication mentale, mais ce refus de laisser le champ libre à des modalités plus archaïques l'empêche de se laisser leurrer, de charmer et d'être charmée. Quel dommage...

La séduction est une capture

On peut aussi rapprocher la séduction d'un autre système de pensée, lui aussi archaïque, la pensée magique. Pour les magiciens que nous ne nous autorisons plus guère à être, les choses sont intimement liées, non séparées, et agir sur une partie, c'est agir sur le tout. Par exemple, si j'établis un lien entre mon voisin et une poupée de chiffons, lorsque j'enfoncerai des aiguilles dans la poupée, cela devrait affecter mon voisin.

La situation hypnotique constitue un autre exemple de ce mode d'appréhension de la réalité. Les moyens qui conduisent à la transe hypnotique sont bien connus : l'immobilité physique atténue notre centrage sur nous-mêmes. La concentration sur des stimuli sensoriels répétitifs et rythmiques, des odeurs, des sons, des attouchements, des images, nous empêche de rester centrés sur notre individualité. Nous sommes alors prêts à nous laisser capturer par un élément qui n'est pas nous et devenir lui.

Bien des animaux peuvent être hypnotisés assez facilement : pour hypnotiser une poule, par exemple, il suffit de tracer un trait sur le sol, d'immobiliser le volatile et de le disposer de telle sorte qu'il voie le trait dans sa longueur. On peut alors le lâcher : il restera immobile, en contemplation devant une simple ligne[20].

La particularité du processus hypnotique consiste dans le fait qu'une fois abolies les frontières entre nous et l'objet sur lequel nous nous sommes focalisés, nous ne parvenons plus à rétablir spontanément lesdites frontières. À vrai dire, peut-être n'y tenons-nous pas tant que ça et, identifiés à l'objet de notre attention, nous prenons plaisir à rester capturés par lui.

En fait, l'hypnose se passe aisément de l'hypnotiseur : un feu qui ronronne dans l'âtre, l'eau d'un ruisseau ou d'une rivière captivent notre attention et nous immobilisent. Nous cessons d'être nous pour devenir ce feu, ces flammes, cette eau. Une musique, surtout si la mélodie est répétitive, peut prendre possession de nous de la même façon. Nous nous oublions, nous sommes transportés, nous sommes la musique. Puis quelque chose, une injonction, un événement extérieur viennent rompre le charme, nous nous ébrouons et redevenons nous-mêmes.

Lorsque nous tombons sous le charme, nous avons alors le sentiment de nous mélanger, de ne faire plus qu'un avec le monde. Rien ne peut nous réjouir davantage que cet abandon de nous-mêmes : nous sommes ce feu, cette cascade, cette musique, cette foule, cette personne fascinante. Nous en avons une connaissance immédiate, intuitive, non distanciée. Nous n'avons plus à nous contenter de nos sentiments et de nos pensées étriqués, nous pensons et ressentons autre chose qui n'est pas nous. Pour un temps, nous quittons notre solitude, abolissons nos limitations, recréons l'unité du monde, faisons à nouveau un avec lui : quelle jouissance ! Tous autant que nous sommes, nous ne demandons que cela : nous laisser capturer, charmer, ensorceler.

L'hypnose est partout, et nous adorons cela ! Mais le terme d'hypnose qui fait référence au sommeil est bien mal choisi puisqu'il correspond à un mode particulier de connaissance du monde qui nécessite qu'on soit pleinement éveillé. Sans doute vaudrait-il mieux parler de relation de capture : *captivare* signifie saisir, prendre possession, attacher de force.

Et plutôt que de parler d'hypnose, pourquoi ne pas employer tout simplement le terme de séduction ? L'hypnotiseur ne fait rien d'autre que nous séduire, après tout : il nous conduit à focaliser notre attention sur un objet qui sert de leurre et à abolir les frontières entre nous-mêmes et cet objet. Le mélange des sensations, des pensées permet dès lors que les suggestions de l'hypnotiseur soient traitées par le sujet sous hypnose comme ses pensées propres, sans possibilité de distanciation. Le séducteur fonctionne de même : il capture notre attention, abolit notre esprit critique, nous conduit à désirer fusionner avec l'objet de séduction.

Nous le désirons tant que nous participons activement à notre propre capture qui, autrement, serait impossible. Ce qui nous attire irrésistiblement, c'est retrouver ces sensations océaniques qui nous ont bercés durant notre vie fœtale, puis dans les bras de notre mère. Les objets, les personnes, les situations qui nous séduisent sont les leurres dont nous nous servons pour entrer en résonance avec ces sensations et ces émotions, élaborées plus tard en sentiments. Si bien que, ce qui nous importe, ce n'est pas ce qui nous séduit, c'est le fait même d'être séduit. Qu'importe le leurre, pourvu qu'on ait l'ivresse !

Certains objets qui capturent notre attention, certaines personnes qui font fonction de leurre sans même le savoir sont dits séduisants. D'autres charment de façon plus intentionnelle : on les dit séducteurs. Dans tous les cas, nous voilà captivés, capturés, engloutis, par un son, une odeur, une caresse, un geste, un rythme, un mouvement, une vision, une histoire. Dans tous les cas, quel bonheur d'être sous influence, d'être dérobés à nous-mêmes, pilotés par notre animalité. Mais passer d'un état mental sophistiqué à un autre, plus primitif nécessite une violence. Cette violence est parfois palpable, comme dans le cas d'une séduction non désirée, et parfois plus impalpable : face à une personne qui ne fait rien de plus pour nous plaire que d'exister, une grâce nous saisit, nous bouleverse, et brutalement nous cessons de la voir avec les yeux de la raison pour la percevoir comme un leurre séduisant.

Voilà donc tout ce dont Vanessa se prive, à refuser d'abandonner sa rationalité, même pour quelques instants. Elle a somme toute bien tort, sous prétexte qu'elle est une jeune fille brillante et instruite, de ne pas se laisser séduire par de grands airs et une petite voiture rouge, de refuser de se laisser aller à perdre la tête. Cécile, l'héroïne du film *Bimboland*[21], qui a pourtant elle aussi de l'instruction, sait quant à elle reconnaître ses faiblesses. Ethnologue à la recherche d'un sujet de thèse, elle décide de s'intéresser aux mœurs d'une tribu particulière, celle des Bimbos, la tribu composée de ces jeunes femmes futiles et parisiennes qui n'ont, semble-t-il, rien dans la tête, mais tout dans les gambettes, et qui ne semblent vivre que pour séduire.

Elle aura ainsi l'occasion de constater que la séduction obéit à un savoir-faire, à des codes précis, une magie qui lui fait défaut, qui s'apprennent et se travaillent. Et elle aura l'intelligence d'accepter de faire son miel de ces savoirs archaïques et insoupçonnés, qui ne se trouvent pas dans les livres, en tout cas pas dans ceux qu'elle lit. Cette corde ajoutée à son arc lui sera bien utile pour séduire son maître de thèse, Gérard Depardieu !

La séduction est une tromperie diabolique

Mais, tout de même, à s'abandonner à des mécanismes mentaux aussi primitifs, ne s'abêtit-on pas ? La studieuse Cécile a-t-elle raison de s'abaisser à imiter la charmante mais évaporée Aure Atika, alias Alex ? Gagne-t-elle vraiment au change à régresser de la sorte ? Et même si cette séduction finissait par fonctionner, ne serait-elle pas fondée sur un mensonge ? Si bien que, lorsque ce mensonge finirait par être dévoilé, les yeux de la personne qu'on aurait cherché à séduire se dessillant, elle ne pourrait que nous mépriser et se détourner de nous.

Cette idée, selon laquelle l'abandon de la rationalité ravale au rang de la bête, fait régresser plus ou moins définitivement à l'état animal, nous vient de loin. Certes, nous acceptons aujourd'hui mieux qu'hier le fait que nous ne sommes pas que des êtres humains, mais aussi des animaux. Si cela paraît moins déshonorant et moins inquiétant qu'il y a quelques siècles, c'est sans doute parce que nous avons pris conscience qu'il n'est pas si difficile somme toute de faire l'aller-retour entre ces deux états et que, peut-être, il y a un temps pour chaque chose. Car se faire bête permet de laisser de la place au désir et autorise la jouissance, ce qui n'est pas négligeable.

Les religions judéo-chrétiennes ne l'entendent pas de cette oreille. Sans doute les judéo-chrétiens ont-ils peur, tout comme Vanessa, que, dès lors qu'on cède un pouce de terrain, on cesse de s'accrocher à sa rationalité, on soit définitivement emporté, possédé par son animalité.

Le mot même de séduction évoque l'idée de détournement du droit chemin, de faute et de corruption. Le séducteur, jusqu'au XVIIe siècle, est celui qui fait tomber en erreur, et qui ne peut être autre chose qu'un démon. Le latin *seducere* signifiait « emmener à l'écart », « séparer », « diviser » ; *ducere* signifiait « tirer à soi », conduire, mais aussi tromper ; *subducere* avait le sens de tirer par en dessous, soustraire, voler, saper le fondement des choses, retirer secrètement, enlever à la dérobée, furtivement[22].

Les jeux sont d'ailleurs faits dès les premières pages de la Bible. La toute première scène de séduction est celle d'Ève, captivée par le serpent. Ce dernier lui fait miroiter le fruit défendu et Ève, puis Adam cèdent à la tentation. Quand Yahvé demande à Ève : « Qu'as-tu donc fait ? », elle répond : « Le serpent m'a séduite. J'ai mangé. »

C'est de la pomme qu'il s'agit, bien entendu. On connaît la suite : le séducteur ainsi que ses victimes seront punis par Yahvé. Le serpent sera maudit et devra ramper désormais sur son ventre, tandis qu'Adam et Ève gagneront leur pain à la sueur de leur front. Car la faute n'est pas seulement celle du séducteur. Le séduit a le choix de succomber ou bien de résister. Séducteur et séduit forment un couple de complices, qui ne peuvent rien l'un sans l'autre.

La séduction, du point de vue de la Bible, repose sur une tromperie, la présentation d'un leurre. Le séducteur tente le séduit, qui n'est que trop ravi de succomber. Mais, pour ne pas succomber, encore faut-il parvenir à distinguer le leurre de la chose réelle.

A priori, les choses semblent simples : ce qui différencie la vérité de Dieu du leurre satanique est que la première est pleine, réelle, alors que le leurre est par définition un objet vide, une pure apparence sans contenu véritable. En théorie, la vérité de Dieu doit s'imposer comme une évidence. Mais comment faire pour ne pas confondre l'authenticité de la parole de Dieu avec le leurre que propose Satan qui, on le sait, est particulièrement rusé et fourbe, habile à tromper ? Satan, ou Lucifer, le plus beau des Anges, sait mieux que quiconque travestir les apparences, les magnifier, les parer de fausses vertus.

Cette distinction entre le leurre diabolique et la vérité de Dieu constitue une sérieuse difficulté, au centre de la problématique des mystiques : en effet, ceux-ci ont une appréhension de Dieu immédiate et intuitive. Charmés par Dieu, séduits, comment peuvent-ils être certains de l'authenticité de ces transports ? Tout cela n'est-il pas trop beau pour être vrai ? Comment différencier les charmes divins de ruses diaboliques ? Les mystiques chrétiens s'en inquiètent constamment : sont-ils ravis par Dieu ou bien mystifiés par le Diable ? Thérèse d'Avila précise par exemple que, si les idées paraissent bonnes, mais qu'on éprouve « une inquiétude dont on n'arrive pas à découvrir la cause..., je me demande si ce n'est pas qu'un esprit en sent un autre[23]. » La distinction, comme on voit, est subtile, à la limite de l'indécidable.

Il convient tout d'abord de se méfier des belles paroles, enjôleuses et ensorceleuses. La parole vraie est celle où les mots et leur sens sont en adéquation, tandis que la parole trompeuse est celle où les mots sont détournés de leur sens et où nous entendons autre chose que ce qui est dit. Dans la tradition biblique, la rectitude du langage, essentielle, est le contraire de la séduction. Lucifer, justement, s'y entend pour pervertir le langage, jouer sur les mots. Mais là encore, le séducteur ne serait rien sans l'aide de sa victime, qui, au lieu d'écouter ce qui lui est véritablement dit, n'entend que ce qu'elle veut bien entendre, préfère les belles histoires à la vérité toute nue, dépouillée d'artifice.

Pour distinguer le vrai du faux, si on ne peut donc se fier à son ouïe, on ne peut pas davantage faire confiance à sa vue. Les apparences, à l'évidence, sont trompeuses. Il convient donc de se méfier tout particulièrement des images, qui ne sont rien d'autre que des apparences creuses, sans réalité. « Tu ne feras pas d'images », tel est le second commandement biblique, repris et développé à des degrés divers dans les différentes religions monothéistes[24].

Cette méfiance face aux images, aux belles paroles, est-elle à mettre sur le compte d'une peur d'être dupés, induits en erreur parce qu'on ne saurait pas distinguer fictions et réalité ? Mais qui s'y trompe ? Même aujourd'hui, où la technique permet d'obtenir des reproductions de plus en plus fidèles, personne n'est dupe. La réalité matérielle reste, pour le moment du moins, parfaitement distinguable de ses représentations en deux ou trois dimensions.

En fait, le danger est bien plus pernicieux, et c'est sans doute cela qui inquiète Juifs, chrétiens et musulmans : le problème ne réside pas dans une improbable confusion entre la réalité et la fiction, mais dans le fait que, dans bien des cas, quand nous avons à choisir entre les deux, nous préférons la fiction à la réalité, l'idole au lieu du Dieu véritable, le leurre plutôt que l'objet réel.

Et c'est bien normal, après tout : images et belles paroles sont faites tout exprès afin de nous plaire, de nous séduire. La réalité, quant à elle, est souvent rugueuse, imparfaite, peu en adéquation avec nos attentes. Nous aimons tant qu'on nous raconte des histoires, nous avons tant envie d'y croire...

Résumons-nous : Satan, pour nous séduire et s'emparer de nous, nous fait miroiter un leurre spécialement conçu à notre intention, qui correspond précisément à nos désirs les plus chers. Le diabolique de la chose est qu'il n'y a pas d'échange honnête : la personne séduite donne, se donne, mais ne reçoit rien en échange, ou si peu. Conclure un pacte avec le Diable se termine toujours au détriment de la personne séduite.

Ainsi, par exemple, le docteur Faust se voit-il payé en monnaie de singe : que représentent vingt-quatre ans de plaisirs si on doit les payer de la damnation éternelle ? Mais le Diable se contente après tout de refléter les désirs du docteur Faust : le leurre diabolique n'est qu'une forme de miroir, dont l'attraction n'est nourrie que par les désirs du séduit.

Ce dont il faut donc se méfier, c'est de ses désirs. Car désirer, c'est déjà prêter le flanc aux tentations diaboliques, risquer d'être leurré, séduit et détourné du droit chemin.

On comprend donc que Yahvé ait puni principalement les séduits, Adam et Ève, qui ne demandaient qu'à succomber à la tentation. Dès lors, l'histoire de la Chute s'écrit autrement : c'est celle d'un gentil petit couple bien sage destiné à s'ennuyer pour l'éternité dans un Paradis terrestre un peu trop propret, dans lequel il ne se passe pas grand-chose. Comblés, ils ont les choses avant même de les désirer. Tout n'est donc qu'uniformité et ennui, sans que rien, jamais, fasse saillie. Une chose, une seule, est interdite. Comment faire autrement que désirer la seule chose à laquelle ils n'ont pas accès, être fascinés, envoûtés, séduits par elle, ne plus penser qu'à cela ? On peut supposer qu'Adam et Ève fantasment un bon moment sur ce que peut bien être la chose en question. Celle-ci, inconnaissable, inaccessible, leur reste étrangère et est donc fascinante. Quelle déception, sans doute, une fois qu'ils l'ont, qu'ils en prennent connaissance ; mais il est alors trop tard. Le leurre n'apparaît en tant que leurre qu'une fois qu'il a produit son effet. C'est justement cela, la connaissance dont il est question.

On séduit en mettant en place un leurre

Pour le mâle du papillon *Eumenis semele*, une femelle est un objet de couleur très foncée et qui volette de façon irrégulière. Tout objet foncé que l'on approche de lui et à qui on imprime un mouvement dansant le fera réagir aussi bien qu'une véritable femelle. L'épinoche est quant à elle un petit poisson ; le mâle a une livrée nuptiale bien particulière : à la saison des amours, sa gorge et la moitié inférieure du corps se colorent en rouge. Si bien qu'une épinoche mâle attaquera tout objet possédant ces caractéristiques, même si sa forme ne rappelle que grossièrement un poisson.

Qu'est-ce qu'un bon leurre ? Il n'y a pas que le Diable qui le sache. Le leurre est un message à l'intention de la personne ou de l'animal à capturer, destiné à refléter ses désirs, un artifice trop beau pour être vrai. Le séduit, qui tient à l'être afin de réaliser ses désirs, se garde bien de le démasquer, ce leurre : il ne s'agit pas d'en tuer la magie. Il ne craint pas, bien au contraire, de se laisser prendre au piège d'un leurre outrancier, hyperréaliste qui, exagérant les traits significatifs, apparaît comme plus vrai que le vrai.

Le pêcheur, pour capturer une truite, n'aura pas peur d'utiliser une cuiller métallique qui, tournoyant dans l'eau, brillera bien plus intensément que les minuscules proies qui constituent l'ordinaire de ce poisson. Ou bien il pourra aussi pêcher la perche à la dandinette au poisson d'étain : il dandine alors le leurre métallique de haut en bas en le faisant monter et descendre, jusqu'à ce que la perche gobe l'hameçon, ce qui ne manque pas d'arriver, dès lors que perche il y a.

L'homme aussi peut se pêcher à la dandinette. Une femme, pour séduire un homme, se fabriquera un bon leurre en soulignant jusqu'à l'outrance sa poitrine, la minceur de sa taille et la courbure de ses hanches. Elle n'hésitera pas à allonger artificiellement sa silhouette en se juchant sur d'improbables talons hauts, soulignera ses yeux et sa bouche par le maquillage. Ce même maquillage servira aussi à gommer les petites imperfections qui pourraient rappeler à ses proies sa qualité de personne humaine, imparfaite et mortelle. Quels beaux appâts ! La voilà désormais plus femme que femme, et son leurre mis en forme, reste à le dandiner...

Comme un leurre ne fonctionne que dans la mesure où le leurré le désire, il s'agit donc de dandiner devant lui ce à quoi il aspire. Mais comment connaître le leurre qui convient ? On peut, comme le dragueur, utiliser sempiternellement la même technique en espérant que l'appât finira par rencontrer sa proie. Mais quelle pauvre méthode que de séduire n'importe qui et, somme toute, d'être plus choisi qu'on ne choisit !

Séduire ceux qui font l'effort de nous séduire est moins risqué, puisqu'ils s'intéressent déjà à nous, et bien plus satisfaisant. Mais, tout de même, il faut bien que quelqu'un commence. Aussi, pour élaborer un bon leurre, taillé sur mesure pour sa proie, le mieux est sans doute de l'observer et d'en savoir le plus possible sur ses mœurs, ses habitudes et, surtout, ses désirs. Le séducteur s'aperçoit-il que la personne à séduire aime ceci ou cela ? Il aménage son leurre en conséquence. Le vicomte de Valmont, dans *Les Liaisons dangereuses*, lorsqu'il cherche à séduire la présidente de Tourvel, qui a de la religion et une bonne âme, s'applique à en donner toutes les apparences.

Mais je n'ai pas besoin d'être pervers comme Valmont pour me jeter sur un monceau de livres d'égyptologie lorsque je m'aperçois que la délicieuse Huguette en est passionnée. Je m'intéresse à ce qui l'intéresse pour lui plaire, bien sûr. Mais aussi, tout ce qui l'intéresse m'intéresse, en tout cas tant que dure mon intérêt pour Huguette.

Communication sur le mode de la séduction	Communication sur le mode de l'empathie
Le séducteur met en scène un leurre fascinant. Le séduit le nimbe de ses désirs.	Représentation des émotions et des points de vue de l'autre.
Communication mettant en jeu de la violence, du désir, la sexualité.	Communication mettant en jeu le don, l'amitié, la réciprocité dans les échanges.
Communication ludique, apportant du plaisir.	Communication sur un mode sérieux.
Immédiateté.	Liaisons durables.

Récapitulatif des principales caractéristiques des modes de communication fondés sur la séduction et sur l'empathie.

Les pervers séduisent, mais sont à plaindre

Mais si séduire consiste à faire violence à l'autre pour le distraire de lui-même et le centrer sur le leurre que nous lui donnons à voir, alors la séduction ne se réduit-elle pas à de l'hypocrisie ? Car où sont les sentiments authentiques, dans tout cela ? Se montrer séducteur, ce serait devenir un affreux manipulateur prêt à tout pour atteindre son objectif, dépourvu de sentiment et sans considération pour ce que ressent l'autre. En d'autres termes, la séduction, à défaut d'être diabolique, ne serait-elle pas fondamentalement de nature perverse ?

Quelle tentation de voir les choses ainsi : Lucifer, le maître des leurres, se sentant en perte de vitesse, se serait humanisé en myriades de pervers manipulateurs. Dès lors, la séduction ne relèverait plus du curé ou du rabbin, dépassés par les événements, mais du psy. Séduire et être séduit ne seraient plus des fautes morales, mais des signes de dérangement mental.

En voilà une idée ! Autant reprocher à l'eau de mouiller. La séduction n'est rien d'autre qu'une forme de communication, au même titre que l'empathie, même s'il s'agit là de quelque chose de plus primitif. Et en tant que forme de communication, elle n'est ni bonne ni mauvaise ; tout dépend du but poursuivi.

Si on a tendance à confondre séduction et perversion, c'est sans doute parce que les pervers, du fait qu'ils ne s'encombrent pas d'empathie, chez qui nulle émotion partagée ne vient brider les talents de chasseur, se révèlent d'excellents séducteurs. Mais on pourrait tout aussi bien dire que les aveugles font d'excellents musiciens : ce n'est pas parce qu'on aime la musique qu'il faut se crever les yeux. Et si on peut prendre des leçons de séduction auprès des pervers, il n'y a cependant pas lieu de les imiter, ni de les envier.

Et puisque j'ai cité *Les Liaisons dangereuses*, poursuivons dans cette direction : il était donc une fois une belle marquise perverse et de Merteuil et un beau vicomte pervers et de Valmont, qui, afin de tromper leur ennui, organisent une compétition de libertinage. Pour Madame de Merteuil, la jeune et innocente Cécile de Volanges n'est qu'un objet dont on peut user pour se venger d'un ancien amant, Gercourt. Elle demande donc à Valmont de séduire et de pervertir Cécile, de lui ravir son innocence afin de ruiner son mariage avec Gercourt. Mais Valmont est trop occupé par un autre défi, celui qui consiste à séduire la présidente de Tourvel, une jeune femme dévote et vertueuse. Après quelques péripéties, il finit cependant par accepter de mener les deux séductions de front, tandis que la marquise, de son côté, ne reste pas inactive. Le jeu ne s'arrête pas à la séduction, mais va jusqu'à la destruction des objets séduits : la présidente de Tourvel, séduite et déshonorée, perd l'esprit avant de mourir, Cécile de Volanges décide de prendre le voile, tandis que son amant, Danceny qui, au passage aura tué en duel Valmont, s'exile dans l'île de Malte. Quant à Madame de Merteuil, elle est à la fois démasquée et défigurée, atteinte de petite vérole.

Les pervers s'amusent des autres. On pourrait même dire qu'ils y sont contraints par leur ennui. Car, privés de capacité d'empathie, de ce talent qui consiste à comprendre les autres en s'accordant à eux, et donc se sentant bien vides, que leur reste-t-il, sinon utiliser les uns et les autres comme jouets ? Et séduire ne représente-t-il pas l'un des jeux les plus amusants qui soient ? À condition, bien sûr, qu'il n'y ait pas de temps mort, faute de quoi l'ennui refait surface, un ennui mortel.

Le problème, avec les pervers, c'est qu'ils ne restent pas entre eux. S'ils le faisaient, que pourrait-on leur reprocher ? De jouer sans y mettre de sentiment ? La belle affaire ! Certes, jouer ainsi sans discontinuer s'avère quelque peu infantile, mais après tout, qui cela dérange-t-il ? Qui, sinon les non-pervers, c'est-à-dire les névrosés que nous sommes pour la plupart, qui ne jouent pas à ce jeu-là. En somme, lorsqu'un pervers rencontre un névrosé, ils ne se trouvent pas à armes égales. Le pervers joue à séduire, le névrosé s'applique à comprendre l'autre sur un mode empathique. Sauf si, malgré sa névrose, et pour son plus grand bénéfice, il parvient à faire preuve d'un brin de perversité[25].

Mais on pourrait tout aussi bien dire que le problème avec les névrosés, c'est qu'eux non plus ne restent pas entre eux. Les pervers, de même que les aliens, leur semblent des leurres parfaits, sans intériorité, tout en surface. Si bien que rien ne semble plus séduisant aux yeux des pauvres névrosés que ces êtres opaques et énigmatiques.

Pourtant, les pervers sont bien à plaindre. Donnons-nous cette peine, puisque, en bons névrosés, nous sommes capables d'empathie : il était une fois un séducteur. Pour son malheur et celui des autres, il est dépourvu d'empathie. C'est parce qu'il ne comprend pas les autres, qui de ce fait ne l'intéressent pas tellement, qu'il occupe son temps à séduire, ce qui constitue un passe-temps des plus excitants. Mais que faire des personnes séduites ? Au XVIIe siècle, les jeunes filles qui se laissent séduire ont une fâcheuse propension à vouloir qu'on les épouse... C'est d'ailleurs ce que Don Juan leur raconte, afin de mieux les appâter, elles, leur famille et leurs amis. Car pour séduire, on est bien obligé de mettre en place un leurre qui réponde à l'attente du leurré, et à cette époque une promesse de mariage fait partie de la panoplie.

Mais le problème, avec le mariage, est qu'il est définitif, en tout cas au XVIIe siècle. La seule ressource de Don Juan consiste donc à prendre piteusement la fuite avant d'en arriver là, pour mieux pouvoir recommencer ailleurs. Un beau jour, alors que ce pauvre Juan Tenorio vient de séduire la belle Ana de Ulloa et tente de fuir le jour des noces, il tue malencontreusement le père de celle-ci, le Commandeur don Gonzalo de Ulloa. Ce qui lui vaudra par la suite bien des complications avec la statue funéraire dudit Commandeur, qui poursuivra sa vengeance par-delà la mort[26].

Les séducteurs ne font pas que séduire et c'est pour ça qu'on les aime

Tous les séducteurs ne sont pas de froids et pauvres pervers. Le resplendissant chevalier Gauvain, par exemple, chevalier de la Table Ronde, monté sur son cheval Gringalet, vit de folles aventures... amoureuses. Car, Gauvain, surnommé en breton « *dafod aur* », langue d'or, a plutôt tendance à courir le guilledou. En fait, son leurre est tellement au point qu'il n'a guère à se donner de mal : dès qu'il apparaît et décline son identité, les demoiselles lui offrent leur pucelage et les dames le surplus. On lui attribue la conquête de la belle Orgeleuse[27] et tout occupé qu'il est à séduire la « Demoiselle aux manches petites », il en oublie même un duel en cours[28].

On ne peut s'empêcher de trouver le léger Gauvain plutôt sympathique, tellement moins ennuyeux que son collègue, le sérieux et pur Perceval, qui court après le Graal. Mais comme tout cela n'est pas très moral, il faudra trouver des explications à cette mauvaise conduite : Gauvain serait l'enfant du péché, le fils du roi Loth et de la fille de la reine Ygerne, la mère d'Arthur, à moins qu'il ne soit le fils de la fée Morgane. En quelque sorte, une tare lui serait attachée, ou bien il serait enfant de sorcière.

Quoi qu'il en soit, Gauvain ne l'emporte pas au paradis : la morale est sauve puisqu'il est finalement tué par Mordred, ou bien par Lancelot, selon les versions. Tout cela ne l'empêche pas d'être beaucoup pleuré[29].

Gauvain est donc un Casanova. Ou plutôt, mieux vaudrait dire que c'est Jean-Jacques Casanova de Seingalt, qui n'est pas un personnage de roman, mais une personne ayant réellement existé, qui est un Gauvain. Né dans la Venise du XVIIIe siècle de parents comédiens, Casanova est un aventurier qui roule sa bosse à la recherche de bonnes fortunes. On le soupçonne d'avoir été espion à la solde de divers gouvernements, ou agent secret de la franc-maçonnerie... Arrêté dans sa ville natale pour escroquerie, parasitisme et libertinage, il s'évade de prison. Réfugié à Paris, il y monte, avec l'appui de financiers, mais aussi de mathématiciens comme d'Alembert, une loterie qui deviendra la Loterie royale, puis la Loterie nationale.

L'aventurier qui sent le soufre : quoi de plus séduisant ? Casanova se vante d'avoir, de 1735 à 1774, séduit cent vingt-deux femmes en trente-neuf ans. Certes, il s'agit d'amours passagères, mais non point perverses, car Casanova se livre à ses conquêtes et partage avec elles son intimité, si bien qu'il conserve, après la satisfaction des sens, des liens d'amitié avec nombre d'entre elles.

Les Casanova de roman, du genre de James Bond, d'Indiana Jones, de Bob Morane ou de Corto Maltèse, pour citer les premiers qui me viennent à l'esprit, les femmes les aiment bien, parce qu'ils ne sont pas pervers. Baratineurs, infidèles, et donc immoraux, certes, mais ils ont le cœur tendre, et le font savoir en ne se contentant pas de séduire, mais en partageant empathiquement leurs sentiments, en donnant accès à leur intimité. Ce faisant, ils prennent des risques, mais ne sont-ils pas des aventuriers, justement ?

Tandis que les pervers restent englués dans une relation de séduction à laquelle la violence est la seule échappatoire, ceux qui ne sont pas pervers, et pas trop névrosés non plus, jouent au jeu de la séduction, mais comme ils possèdent aussi cette merveilleuse capacité qui consiste à s'accorder à l'autre pour participer à son intimité, ils sont tentés de l'utiliser, tant cela élargit la palette relationnelle.

Cela rassure, aussi, car à la longue, n'avoir affaire qu'à un leurre finit par inquiéter. Une question taraude : pourquoi ? Quelles sont ses intentions ? Que me veut-il, que me veut-elle, qu'espère-t-il, qu'espère-t-elle obtenir de moi en me captivant ? Ne s'agit-il là pour lui, pour elle, que d'un jeu anodin, d'un passe-temps, ou bien se pourrait-il que ces jeux de séduction constituent le prélude à une relation durable ?

Le film d'Adrian Lyne, *9 semaines 1/2*[30], constitue un bon exemple de relation fondée sur la séduction, à la limite de la perversion, qui tourne court faute d'empathie. Kim Basinger, alias Elisabeth, et John (Mickey Rourke) vivent une folle histoire d'amour, ou plutôt se livrent à des jeux de séduction bien amusants. Se leurrant l'un l'autre, ils multiplient les plaisirs amoureux, jouant délicieusement avec leurs fantasmes. Vient le moment où Elisabeth souhaite connaître le John véritable, et pas seulement le leurre si efficace qu'il a créé à son intention. Elle fouille ses affaires, explore ses placards, lui rend visite sur son lieu de travail afin de découvrir quelle personne il est vraiment.

Mais John se refuse à passer de la séduction à l'empathie. Sans doute s'amuse-t-il trop, tient-il trop à l'enchantement procuré par le leurre, à la passion qui les tient tous deux. Il présente à Elisabeth une fin de non recevoir et tente de cantonner leur relation à une séduction mutuelle.

Déçue, sans doute inquiète à l'idée de trop s'attacher à quelqu'un dont elle ne sait, en définitive, quasiment rien, Elisabeth décide de rompre. John se rend compte alors de son erreur : il fait machine arrière, entreprend de s'ouvrir, de se livrer, confie tout de go à Elisabeth des bribes de son passé, de son enfance. Mais, pour Elisabeth, le charme est rompu et il est trop tard pour démarrer une relation empathique. L'histoire d'amour cesse donc au bout de 9 semaines 1/2.

Telle est l'erreur de John : il ne veut pas être compris par Elisabeth, ni la comprendre, car comprendre l'autre, ses sentiments, ses motivations, ses points de vue, désenchante. Certes on comprend mieux, mais du coup, on cesse d'être sous le charme. Mais d'un autre côté, ne pas comprendre, rester dans une éternelle relation de séduction, finit par devenir inquiétant : on ne sait pas à qui on a affaire et l'autre, ce pervers, cet alien, finit par angoisser. Certes, séduire est ludique, mais vient un moment où on désire que la relation devienne sérieuse, empathique, humaine.

De fait, la séduction est comme la logique d'Alphonse Allais : elle mène à tout, à condition d'en sortir[31]. Quoique, après tout, on puisse dire la même chose de l'empathie... Si bien que le problème réside en définitive dans le fait qu'on ne peut être au four et au moulin : la séduction et l'empathie sont deux formes de communication qui s'opposent et qu'on a bien de la peine à pratiquer simultanément. Séduire fonctionne d'autant mieux qu'on propose un leurre acceptable, mais aussi qu'on laisse le séduit projeter ses désirs sur ce leurre qu'on lui dandine. Il y verra ce qu'il désire, puisque c'est lui qui en détermine en partie la nature. Ce qui revient à dire que le séducteur a tout intérêt à se nimber de mystère, à se rendre inintelligible, opaque. La vérité oblige à dire que, lorsqu'on se séduit mutuellement, on ne se comprend pas. Car pour se comprendre, il convient de s'ouvrir à l'autre et, dans un mouvement empathique, de partager avec lui son intimité.

Mais ne dramatisons pas : si séduction et empathie ne peuvent coexister dans un même moment, ils peuvent parfaitement se succéder alternativement. Les plus habiles passent ainsi leur temps à alterner empathie et séduction. À certains moments, ils s'ouvrent à l'autre, abaissent leurs défenses, partagent leurs sentiments, leurs points de vue, se rendant en quelque sorte lisibles, déchiffrables aux yeux de l'autre. Ils passent alors avec l'autre de merveilleux moments d'intimité réciproque, dans un climat amical, de confiance mutuelle. Puis, à d'autres moments, lorsqu'ils veulent séduire à nouveau, ils se ferment, deviennent incompréhensibles. Redevenus leurres, ils charment à nouveau, envoûtent, fascinent, suscitent désir et passion. Et ainsi de suite...

Vaut-il mieux commencer par une belle amitié, sur un mode empathique, dans laquelle on tentera par la suite d'injecter du désir par le biais de la séduction, ou bien vaut-il mieux rechercher une relation de séduction mutuelle qui s'agrémentera ensuite d'un partage des intimités ? Quoique les deux soient possibles, si on a le choix, je conseillerai pour ma part de séduire et de se laisser séduire en premier, car c'est là une stratégie bien moins risquée. La relation de séduction obéit à la loi du tout ou rien et ne se conjugue qu'au présent — on est séduit ou on ne l'est pas — et est donc toujours à recommencer. Si bien qu'elle n'engage à rien, et est à considérer comme un jeu. Elle est une relation de pouvoir, d'emprise grisante sur l'autre, de délicieuse soumission au pouvoir de l'autre.

Certes, on sait combien les jeux sont des choses importantes, qui s'avèrent parfois mortels. Mais les accidents de montagne ne découragent pas les alpinistes, ils conduisent simplement à prendre ses précautions. La prudence veut qu'on évite les pervers, et aussi, d'une façon générale, tous ceux qui ne semblent pas immédiatement sensibles à son charme. Malgré tout, on ne gagne pas à tous les coups, et les marivaudages valent parfois des plaies et des bosses.

C'est somme toute moins douloureux que de s'investir affectivement dans une relation qui avorte. Ce n'est sans doute pas par hasard qu'on parle d'*investissement* affectif. Car si une relation de séduction n'engage à rien, ce n'est pas le cas d'une relation empathique. Dans ce dernier cas, la relation obéit aux lois de l'échange, telles que nous les avons envisagées dans la première partie de ce livre : on livre à l'autre de précieux secrets chargés d'affects, et on compte bien ne pas être payé en retour en monnaie de singe, avec du vide ou des mensonges creux.

Rappelons encore que mieux vaut ne pas donner davantage que l'autre qu'il n'est prêt à rendre. Si une pauvreté de partage suscite déception et ennui, une trop grande profusion aboutit à donner le sentiment qu'on accule l'autre dans un piège, ce qui risque de lui faire prendre ses jambes à son cou !

En somme, question séduction, on n'en fait jamais trop, question relation empathique, il faut savoir doser.

Les histrions ne séduisent pas tant que ça

Les pervers ne sont fréquentables par les névrosés qu'à leurs risques et périls. Mais les hystériques le sont-ils davantage ? Quoique, pour les psychiatres, l'hystérie a cessé d'exister en tant que telle : elle a été démembrée en « personnalités histrioniques » en ce qui concerne une certaine façon d'être au monde, et en « troubles somatoformes », ou en « troubles factices » pour ce qui est des manifestations corporelles de l'hystérie. Le gros avantage que je vois dans cet abandon de toute référence à l'utérus[32] est de permettre aux hommes un accès plus facile à ces façons d'être. Somme toute, pour un homme, mieux vaut être un histrion qu'un hystérique. Pour une femme aussi, sans doute. Cela tombe bien car il y a de la demande.

La première idée qui vient, face aux histrions, est de se dire qu'ils sont les champions de la séduction, qu'ils en incarnent l'idée. Certains ont même voulu purement et simplement assimiler la séduction à l'hystérie, voyant la nécessité de séduire pour se faire aimer comme une incapacité à aimer vraiment. À les en croire, il suffirait de laisser jouer un charme naturel, d'être séduisant sans être séducteur. On échapperait ainsi au mensonge de la séduction et on établirait des relations authentiques[33]. Mais c'est oublier que la séduction est une forme ordinaire de communication, qui a ses mécanismes propres. Et c'est aussi une position bien désespérante pour ceux qui, dépourvus de ce fameux charme naturel, seraient alors des laissés-pour-compte de la séduction.

Ulla a vingt-cinq ans, un visage de madone, la gentillesse et la naïveté qui vont avec. Kevin est petit, pas spécialement beau, divorcé deux fois, et son aîné de dix ans.

Mais quelle prestance ! Il est beau parleur, avocat à la cour comme à la ville, et elle succombe à son charme. Après quelques semaines d'amours errantes, elle vient habiter chez son amant et là commencent les ennuis. Où donc est passé le charme que Kevin a déployé pour la séduire ? Maintenant qu'il est assuré d'être le centre géométrique de la vie d'Ulla, il s'emploie à séduire ailleurs. Avant de sortir entre amis, Kevin s'assure qu'Ulla est suffisamment belle pour lui faire honneur, mais le reste de la soirée, il se désintéresse d'elle et fait le beau auprès des autres femmes, ou bien s'efforce d'être le centre de l'attention générale en racontant toutes sortes d'aventures de vacances ou de prétoire. Il est certes un peu grandiloquent, on ne croit pas à tout ce qu'il raconte, mais après tout, c'est un avocat et le spectacle anime la soirée, si bien qu'il est toujours le bienvenu.

Cela fait maintenant six mois qu'Ulla cohabite avec Kevin et elle commence à avoir une idée plus précise du personnage. Elle a pris conscience du fait que la séduction que déploie Kevin tous azimuts n'a d'autre but que d'assurer son pouvoir sur les autres. Les gens sont pour lui des objets à conquérir, dont il ne sait que faire ensuite, si ce n'est les reconquérir. Ses serments d'amour, ses marques d'intérêt sont si théâtrales qu'elle se demande parfois comment elle a pu s'y laisser prendre et comment il se fait que cela continue. Peut-être est-ce parce que Kevin, au fond, lui fait de la peine : il est si fragile, sous ses grands airs. Parfois, avec elle, dans l'intimité, il change de rôle et devient une sorte de copine avec laquelle on peut discuter toilettes, chiffons et séduction. D'autres fois, il semble comme un petit enfant qui quémande de la tendresse. Mais cela passe si vite qu'elle en vient à se demander si ce ne sont pas là d'autres rôles destinés à la séduire sur un autre plan, ou bien s'il n'essaie pas sur elle des techniques de séduction qu'il utilisera ensuite avec d'autres personnes.

Qui est le vrai Kevin ? Que pense-t-il, que ressent-il ? Ulla serait bien en peine de le dire, et sans doute, elle s'en rend compte, Kevin aussi. Peut-être n'y a-t-il pas de vrai Kevin après tout, juste une suite de rôles qu'il endosse en fonction des circonstances.

Ce qui désespère Ulla est le sentiment qu'elle ne redevient intéressante aux yeux de Kevin que lorsqu'elle se lasse de cette facticité et qu'elle semble sur le point de rompre. Kevin refait alors son numéro avec brio, en y mettant des cris et des larmes, toutes les apparences d'un profond désespoir, ceux d'un homme séduit et abandonné ; il alterne alors les menaces de violence ou de suicide, les serments d'amour, les pitreries, les cajoleries. Comme tout ne semble pas totalement feint dans ce désespoir, que le seul élément indubitablement authentique chez Kevin semble être son malheur, même s'il ne fait qu'en jouer, Ulla cède et reste, redevenant alors conquise et inintéressante. Jusqu'à la prochaine fois...

Mais sa lassitude augmentant, et Kevin s'en rendant compte, son jeu s'alourdit. La dernière fois qu'elle a fait sa valise, Kevin a quant à lui fait un malaise puis, ayant repris connaissance, lui a confié sur un mode dramatique qu'il est allé voir le médecin récemment et qu'il se demande s'il n'est pas la proie d'une longue et douloureuse maladie. Elle est dubitative : est-ce là un mensonge de plus ? Mais, si c'est vrai, en totalité ou en partie, comment l'abandonner ? Elle lui accorde donc un nouveau délai...

Si l'histrion s'acharne à séduire, c'est surtout parce qu'il ne parvient pas à établir de communication, ni sous la forme d'une séduction réciproque ni sur le modèle de l'empathie. N'ayant de cesse de monopoliser l'attention, il s'efforce de charmer, de captiver, d'envoûter, ne craignant qu'une chose : qu'on l'oublie. Ce qui finit par arriver, car, comme il refuse de se laisser séduire, l'interlocuteur se lasse de cette relation à sens unique. L'histrion se trouve alors dans l'obligation d'en faire tant et plus : la séduction se fait provocante et inappropriée aux circonstances, les histoires inventées pour se rendre intéressant tendent à devenir des tartarinades, le leurre mis en place pour séduire est si théâtralisé que les ficelles en deviennent un peu trop apparentes.

Ce qui ne va pas, chez l'histrion, c'est qu'il a besoin de séduire pour exister, mais qu'il ne peut pas se permettre d'être séduit, car il se sent trop fragile, trop influençable, trop perméable, et a peur de se perdre s'il se laisse captiver par l'autre. C'est parce qu'il veut séduire sans se laisser séduire que l'histrion se fait manipulateur. Mais tandis que le pervers sait être calculateur, machiavélique, l'histrion, futile, n'a guère de suite dans les idées, et ne fait que se mettre en avant. Il raconte un jour une chose, le lendemain une autre.

De fait, il manque de fiabilité : il ne vit que pour et par l'instant présent. Des relations durables, fondées sur des échanges équitables, qui s'enracinent dans la relation empathique, lui sont étrangères. Des histrions, on ne voit finalement que leurs entreprises de séduction, qui, comme elles ne sont pas partagées, en deviennent obscènes[34]. En bref, les histrions ne font pas dans la dentelle, c'est même à cela qu'on les reconnaît.

C'est embêtant, tout de même, de séduire sans se laisser séduire : cela veut dire qu'il n'y a pas de communication. Ce qui fait des histrions davantage des victimes que des maîtres de la séduction. D'ailleurs, c'est souvent la montagne qui accouche d'une souris, et les histrions, vite démasqués, doivent faire des efforts de plus en plus pharaoniques pour attirer l'attention, doivent se montrer de plus en plus histrions.

Dictateurs, gourous et publicitaires

L'autre jour, comme je regardais la télévision, je me faisais cette réflexion banale : comment se fait-il que l'intervieweur parle plus que l'interviewé ? La réponse est simple : il est mieux entraîné et il joue sur son terrain. Il n'y a guère d'échange, dans ces discussions ; on assiste plutôt à deux discours parallèles, qui se veulent également séducteurs. L'interviewé a quelque chose à vendre, un livre, un film, une politique. L'intervieweur a à se vendre. L'impression générale est une foire aux m'as-tu-vu.

Rêvons un instant d'un intervieweur qui donnerait la parole à, disons, un marchand de fruits et légumes qui aurait à vendre sa salade. Ce serait un marchand qui saurait fasciner son public, au point qu'on serait ravi de son spectacle. Il serait peut-être maladroit, emprunté, hésitant, mais cette maladresse rendrait la salade encore plus belle. Quel beau leurre que cette salade qu'il nous dandinerait ! L'intervieweur, lui aussi sous le charme, n'aurait pas peur de montrer son ravissement, ce qui plairait tant au marchand de salade que celui-ci poursuivrait sans se lasser. Et nous, spectateurs de l'un et de l'autre, trouverions que tous deux font la paire et plébisciterions l'émission. Le fait qu'elle soit théâtrale, artificielle, convenue, ne serait pas pour nous gêner, car ce serait cette mise en scène qui permettrait que nous soyons séduits par ces personnes qui se séduisent mutuellement. C'est fou, tout de même, ce qu'une telle émission serait civilisée.

Montrer des séduits pour séduire est un vieux truc de télévision : bien des hommes politiques qui désirent apparaître comme rassurants et civilisés ont compris l'intérêt qu'il y a à théâtraliser leur prestation en parlant, non pas au public derrière la caméra, mais à des journalistes qui leur posent des questions intelligentes et qui semblent intéressés par les réponses, à défaut d'être subjugués. Cette mise en scène leur évite les discours en solitaires, qui doivent être forcément barbares pour se faire entendre, qui certes séduisent, mais engendrent aussi des réveils difficiles.

Je ne sais pas trop pourquoi je parle de télévision, car en la matière, qu'importe le médium. Il peut tout aussi bien s'agir de radio, de congrès politiques ou professionnels, de podiums de supermarchés ou d'estrades de foire. Un discours destiné à la raison ne peut se concevoir que sous une forme indirecte : on s'adresse à un tiers, présent ou imaginaire, et le spectateur assiste à ce spectacle. Il se représente la représentation, ce qui lui permet de conserver un sens critique.

Mais justement, le spectateur, du coup, critique et ergote, ou bien n'écoute pas. Tandis que si le discours a lieu en prise directe, les yeux dans les yeux ou dans l'œil borgne de la caméra, tout bascule. Pour peu que le parleur se fasse violent, intrusif, dérangeant, il se met à séduire et transforme le spectateur en victime du syndrome de Stockholm.

Il ne s'agit plus d'un spectacle auquel on assiste, mais d'une violence dont on est la victime. La plupart du temps, le spectateur, ravi, en redemande. Quelle jouissance que de se laisser rapter en direct par cette voix, cet œil, qui s'adressent à vous, rien qu'à vous. Cela donne envie de voter pour le rapteur, ou d'acheter sa salade.

Toutefois, le problème du bonimenteur est que sa séduction n'opère que dans l'instant présent, ce qui la rend passagère. Si les yeux se dessillent, qu'on réfléchit au lieu d'être fasciné, on en vient à regretter son vote, à recracher la salade.

La conclusion est simple : dictateurs véritables ou apprentis, tyrans au petit pied, camelots en tout genre qui optez pour la séduction barbare, il ne faut jamais relâcher votre effort et laisser votre proie reprendre son souffle. Imposez-vous par tous les moyens à son esprit, soyez présent à chaque instant à sa vue, à son oreille.

Le mieux, sans doute, du point de vue du séducteur, est de séquestrer le séduit. On peut pour cela mettre sur pied un mouvement de jeunesse ou, à défaut, une université d'été qui, en fondant les individualités en une foule, faciliteront grandement le fonctionnement des mécanismes cérébraux les plus archaïques, c'est-à-dire ceux à base de séduction. L'important est de ne pas laisser de temps morts, qui pourraient être mis à profit pour revenir à des comportements mentaux plus sophistiqués, et donc plus critiques. Des chants et des musiques, des spectacles fascinants sont aussi ce qu'il y a de mieux. Sans compter, évidemment, les belles histoires à la logique circulaire serinées à l'infini au micro. Les enfants adorent qu'on leur raconte toujours les mêmes contes de fées pour les endormir. Leur néocortex n'y croit pas, bien sûr : ils ne sont pas idiots. Ce qui ne les empêche pas, hypnotisés, de s'y couler avec délectation, laissant tout esprit critique au vestiaire.

Supposons un instant que vous vous sentiez une vocation de chef de secte. C'est un bon métier, qui peut rapporter gros, mais qui demande beaucoup d'investissement personnel. Certaines qualités naturelles sont requises pour le poste : il faut savoir séduire, fasciner, leurrer en racontant des histoires à dormir debout, qui ne trompent d'ailleurs pas les disciples, car ce sont eux qui veulent y croire.

Contrairement à une idée répandue, il ne faut pas être histrion, car alors on se priverait d'un élément important de séduction : la capacité à être séduit par ceux qu'on séduit. Car si les disciples doivent être séduits par leur gourou, ils doivent pouvoir constater qu'eux aussi le séduisent, ce qui les séduit encore plus, les conforte dans l'idée que cette séduction est parfaitement honnête. Le gourou doit donc savoir se laisser aller au désir qu'il ressent pour ses ouailles : il lui faut coucher, peut-être pas avec tout le monde, mais suffisamment pour faire la preuve qu'il est authentiquement séduit par ses disciples. Le job est donc accaparant, mais surtout au départ, car lorsque la secte est constituée, on obtient un épatant effet de boule de neige : les disciples séduits par le maître suscitent par mimétisme de nouveaux séduits. Le gourou peut alors s'octroyer des RTT sans crainte, et ce d'autant plus qu'il aura pris la peine d'affaiblir ses disciples, en les privant de sommeil, en leur donnant une nourriture insuffisante en protéines, en leur faisant faire toutes sortes de tâches occupationnelles qui ne leur laissent pas le loisir de réfléchir.

Ces méthodes se pratiquent depuis des milliers d'années. Elles sont certes primitives, mais n'ont rien perdu en efficacité. On peut cependant leur faire un certain nombre de reproches : il faut un gourou, un bon, ce qui n'est pas si facile à trouver. Ensuite, mis à part quelques exceptions notables qui font des pages de livres d'histoire, la méthode reste désespérément artisanale. Même si les premiers fidèles peuvent être aisément transformés en gourous assistants, il faut se donner bien de la peine pour conserver tout ce petit monde sous le charme. L'entreprise est fragile, elle se monte aussi délicatement qu'une mayonnaise, et le risque existe toujours que les yeux se dessillent en masse.

Et puis, peut-être votre objectif est-il moins ambitieux ? Peut-être avez-vous juste de la salade à vendre ? Vous pouvez certes vous inspirer du modèle précédent, mettre sur pied une secte des adorateurs de votre produit, un fan-club, avec un logo, une tenue vestimentaire, des chansons, des cris de ralliement, des slogans, des mascottes, des totems, des autocollants, des loteries, des récompenses. Cela marche assez bien sur les petits et les grands. Mais là encore, on fait dans l'artisanat. Je vous conseillerais donc volontiers, pour résoudre votre problème, de faire de la publicité. Mais sans doute y avez-vous déjà pensé.

Si on ne peut pas toujours séquestrer les clients afin de mieux les endoctriner, il reste possible de les séduire à répétition au moyen de spots télévisés, de jingles radiophoniques, d'images chocs ou choquantes sur les murs, qui parlent aux parties archaïques du cerveau.

Les processus mentaux de représentation, qui permettent un esprit critique, se laissent aisément damer le pion au profit des processus d'identification, donnant lieu à une communication sans critique ni recul. Rien n'est plus simple en fait que de favoriser l'identification. Prenons l'exemple du message publicitaire radiophonique : la première chose à obtenir est l'attention de l'auditeur. Pour cela, il faut l'amuser avec quelque chose de drôle, ou l'émoustiller avec des sons érotiques, ou le choquer en disant quelque chose de révulsant, bref, il faut le surprendre. Ce qu'il y a de bien, c'est que cette séquence d'accroche n'a nullement besoin d'être en rapport avec le produit à vanter, ce qui facilite le travail du publicitaire.

Ensuite, sans doute avez-vous remarqué que le message publicitaire est plus fort en décibels que l'émission dans laquelle il s'insère. Il est aussi fréquemment répété sur deux tons, par exemple l'un dans les graves, l'autre immédiatement après dans les aigus. Une voix de femme alternant avec une voix d'homme fait l'affaire. Le rythme aussi est important : un message formulé une fois de façon lente, et une autre fois sur un mode rapide devient inévitable. Ces petites astuces empêchent la personne à séduire de fermer son oreille et son cerveau au message : si on se rend sourd au message lent et grave, le message rapide et aigu s'imposera à nous, et vice versa. Les ritournelles, les musiques joyeuses et entraînantes, ou bien guerrières, ou encore érotiques, sont là pour émotionner et aider ainsi la mémorisation du message.

Quelques secondes suffisent pour faire abandonner sa rationalité. On est sous le charme. Comme tout cela est agréable ! On peut difficilement s'empêcher de songer à toute la peine que se sont donnée nos séducteurs, tous ces publicitaires qui nous ont concocté ce message si élaboré, si merveilleusement agencé. Ils y ont passé du temps, le marchand y a sacrifié tant d'argent ! Et tout cela pour qui ? Pour nous, pour nous séduire, nous envoûter. Nous le sommes, car ces attentions nous font nous sentir importants. Il n'y a pas à dire, nous comptons aux yeux de tous ces gens-là. Ils ont dû longuement et intensément penser à nous pour élaborer un piège aussi efficace, dans lequel nous ne pouvons faire autrement que de nous laisser tomber. C'est là le moins qu'on puisse faire. Ah oui, il y a encore une chose que nous pouvons faire pour les remercier de nous avoir pris au piège : acheter la salade lorsqu'on la verra, ce qui ne sera pas difficile car elle nous rappellera ce délicieux moment de publicité qu'on nous aura fait passer, cet abandon si agréable des processus de représentation au profit des processus d'identification.

Je me fais ma pub

Si je raconte tout ça, ce n'est pas juste histoire de causer. C'est parce que le modèle de communication publicitaire a contaminé les relations individuelles. Chacun se voit comme un objet dont il est chargé de faire la promotion.

Je ne parle pas de la publicité gratuite que nous aimons tant faire pour les marques qui nous ont séduites, la façon dont nous exhibons avec joie et ostentation des petits crocodiles, des petits bateaux, des virgules, des triples bandes, des M majuscules, des lions, des losanges, toutes sortes d'initiales qui ne sont pas les nôtres, des noms stylisés de fabricants, des logos à la pelle dont nous finissons par être couverts de la tête aux pieds, qui parsèment les objets que nous utilisons, que nous dévorons en même temps que notre nourriture, qui en font partie au point de lui donner son goût.

Non, ce dont je parle est cette attitude qui consiste à vanter ses mérites sur un mode publicitaire, à se mettre en scène sur le mode d'un histrion saisi par la bosse du commerce.

Cette attitude est désormais admise, et même fortement conseillée dans le monde du travail. Lorsqu'on postule pour un emploi, il convient, disent les conseillers en communication, de célébrer nos mérites, sans omettre d'exhiber quelques failles décoratives, juste histoire de mettre en évidence nos qualités de modestie et de lucidité. « Je suis un type épatant, j'ai un CV du tonnerre, je suis motivé pour le poste, achetez-moi car je le vaux bien. »

Une fois dans la place, il faut poursuivre ses efforts d'autopromotion : les collègues et les supérieurs seront tenus au courant de ce qu'on entreprend et que, d'ailleurs, on mène à bien brillamment. Il ne s'agit pas qu'on nous oublie. On risquerait alors de ne pas nous confier les tâches pour lesquelles nous sommes manifestement taillés et de les octroyer à un collègue qui est notre concurrent. La promotion, l'augmentation de salaire nous échapperaient alors fatalement. Insister sur tout ce qui fait de nous un collègue ou un subordonné idéal, et passer sous silence ses carences vont de soi. Nous ne sommes plus au temps du catholicisme triomphant, lorsque la vanité était un péché, lorsqu'il fallait se montrer modeste et attendre patiemment que ses mérites soient reconnus. L'autocritique maoïste a elle aussi fait long feu. Reste la vision protestante à la sauce américaine : Dieu est dans le camp des gagnants et, donc, tous les coups sont bons pour gagner.

Pourquoi abandonner au vestiaire son tempérament de gagneur et ne pas appliquer les mêmes règles dans la sphère privée ? Là encore, les conseillers en communication le recommandent : appliquez dans la vie de tous les jours les savoir-faire appris dans le cadre de votre vie professionnelle, vous serez surpris du résultat. « Je suis belle ou beau, je suis sexy, aimable et facile à vivre, je suis aussi épatant(e) qu'au bureau. Avec moi, vous êtes tranquille, c'est de l'amitié premier choix, de l'amour garanti. »

Mais après tout, mettre en place un personnage social, une *persona* bien peaufinée, un leurre de toute beauté, et l'agiter sous les yeux des autres, n'est-ce pas ce qu'il convient de faire pour les séduire ? Certes, mais il convient aussi de ne pas s'empêcher d'être séduit par la personne qu'on séduit, faute de quoi il n'y a pas de communication, mais une attitude de séduction histrionique et solipsiste, ou bien une attitude perverse et manipulatoire.

Parfois, les choses vont encore plus loin : les autres cessent d'être intéressants. Même capter leur attention ou les manipuler perd de son intérêt. On court le risque d'en venir là lorsqu'on fait de la maîtrise et de l'indépendance ses maîtres mots. On compte alors avant tout sur soi-même car on est son meilleur ami. Ou même si ce n'est pas tout à fait vrai, on essaie en tout cas de ne pas se tirer trop de balles dans le pied. On conçoit la vie comme un petit bonhomme de chemin que l'on doit parcourir au mieux. Il faut pour cela réaliser ses désirs profonds sans se laisser distraire par ceux des autres, afin de parvenir au bonheur. Il faut donc garder le contrôle de son existence, ne pas s'engager de façon trop définitive au risque d'aliéner sa liberté. Le mieux est donc de rester sur son quant-à-soi et de se méfier du chant des sirènes de toutes sortes qui ne désirent qu'une chose : nous empêcher de nous réaliser pleinement.

Dans une telle idéologie, où l'on voit les autres comme des individualités indépendantes qui suivent des chemins parallèles au nôtre, le mieux est de les fréquenter du bout des lèvres sans s'engager. Ils sont au mieux des compagnons de route. Les séduire, c'est un peu malhonnête, puisqu'on risque de les détourner de leur chemin. Quant à se laisser séduire, c'est ce qu'il faut éviter à tout prix.

À l'extrême, on aboutit alors à des relations humaines fondées sur l'affirmation de soi, une affirmation de soi solipsiste, sans partage, sans communication véritable, ni sur le mode de la séduction ni sur le mode de l'empathie.

Mais, à se priver ainsi des frissons de la séduction, des joies du partage empathique, on finit vite par s'ennuyer. Les autres, tout occupés à faire leur propre promotion, se moquent de la vôtre. Seul avec un moi qui s'étiole à force de solitude, incapable de déterminer quels sont ces fameux « désirs profonds » qu'on est censé concrétiser, il y a de quoi déprimer, ou se droguer, ou boulimiser, ou s'étourdir dans des jeux stériles, ou devenir violent, ou se flinguer, et c'est bien ce qui se passe.

Quel dommage ! Agir sur l'autre en le charmant est un si grand plaisir, qui ne le cède que devant le plaisir de laisser l'autre agir sur nous en nous charmant. Et le comprendre, comme c'est intéressant, comme cet autre m'en apprend de belles ! Bien sûr, à ces jeux, je ne suis plus moi-même, puisque je suis dans une interrelation. Mais j'y suis, ma foi, si bien que j'y reste !

Luce, en fille de son époque, est bien décidée à réussir sa vie. Elle n'a pas perdu de temps et a fait un parcours sans faute : bonnes études, bon premier job, bon deuxième, bons loisirs bien remplis avec de la culture et du sport, vie sexuelle avec orgasmes correspondant aux descriptions des manuels. Elle se vend bien et les acheteurs ne manquent pas. Alors, qu'est-ce qui a déraillé, pour la conduire aux portes de la dépression et de la toxicomanie ?

Lorsqu'elle est allée voir un psy, elle le lui dit franchement : « Quelque chose manque, mais je ne sais pas quoi. » Un peu plus tard, la question devient : « Ce que j'ai est beaucoup, somme toute, mais est-ce cela que je veux ? »

Elle a toujours été une bonne fille appliquée et a fait ce qui doit être fait. Puis elle s'est étonnée que le bonheur ne soit pas venu la visiter, comme il est prévu. Trois ans passent à la recherche d'un désir qui serait authentiquement le sien, mais qui reste introuvable.

C'est en désespoir de cause qu'elle atterrit dans mon cabinet. Il faut qu'il se passe quelque chose. Comme je n'ai pas la moindre idée de la façon dont elle pourrait s'y prendre pour dénicher son désir, je lui propose, en attendant que cela lui vienne, d'occuper notre temps à voir comment elle se débrouille avec les autres.

Bien, me dit-elle. J'ai de la famille, des amis, des amants, ça roule. Vraiment ? Oui, sauf que les gens m'ennuient, en définitive. Découvrir que séduire est ludique, qu'à se laisser séduire on gagne des frissons, et que les gens sont intéressants dès lors qu'on s'y intéresse, qu'on ne perd pas au change si on ose demander son dû, est toute une aventure.

Beauté diabolique, beauté angélique

> « Miroir, miroir joli,
> Qui est la plus belle au pays ?
> Le miroir répondit :
> Madame la reine, vous êtes la plus belle ici,
> Mais, par-delà les monts d'airain,
> Auprès des gentils petits nains,
> Blanche-Neige est mille fois plus belle. »
>
> *Blanche-Neige*,
> Conte des frères Grimm

Est-il nécessaire d'être beau pour séduire ? Comme j'ai défini les choses, la réponse est non : un leurre efficace captive en faisant saillie. Les laids font saillie et séduisent, s'ils se donnent la peine de dandiner leur leurre. Les violents, les pervers, les aliens font saillie et séduisent, s'ils se donnent la peine de contraindre leur proie.

Les beaux gosses et les belles nanas font tout autant saillie et dans bien des cas leur beauté ne les rend pas manchots. Mais aussi, ils partent avec d'autres avantages, qui résident dans un certain nombre d'idées toutes faites sur la beauté.

Ces idées toutes faites sont de deux sortes : la beauté séduit parce qu'elle est diabolique, et les personnes séduisantes le sont parce que leur beauté apparente reflète leurs qualités intérieures. Avec de pareilles idées, il n'est pas étonnant que la majorité des gens croie que, pour séduire, on a tout intérêt à être beau, et même que, sans la beauté, séduire s'avère impossible...

Nous avons déjà évoqué la première idée toute faite, le côté diabolique de la beauté. Quoique la religion judéo-chrétienne n'en ait pas après la beauté, mais après la séduction. Il n'y a rien de mal à être beau, tant dans l'Ancien Testament que dans la doctrine chrétienne. À condition qu'on n'en fasse pas mauvais usage, qu'on ne l'utilise pas pour leurrer. Ce qui, tout de même, est bien tentant.

Non, ceux qui en avaient plus sérieusement après la beauté, ce sont les Manichéens. Manès le Babylonien, qui vivait au IIIe siècle après Jésus-Christ, est un disciple de Jésus le Nazaréen. Il a une façon tranchée de voir les choses : la matière constitue le Mal, les Ténèbres, tandis que l'Esprit est le Bien, la Lumière. Pour les Manichéens, la présente condition humaine est le résultat d'un mélange, qui trouve son origine dans la chute de l'Homme primordial vaincu par le Diable : une partie de l'âme, d'essence divine, se trouve de ce fait asservie par la matière. L'âme humaine, prisonnière de la matière, est déchue.

C'est donc la matérialité d'origine diabolique qui, éveillant une concupiscence démoniaque, pousse à s'accoupler et procréer. La beauté charnelle est sulfureuse, une manifestation du Diable, et ce d'autant plus qu'elle a tendance à dénaturer la seule beauté qui compte, celle de l'âme. La séduction de la chair, dont la procréation fait son lit, conduit à prolonger le douloureux et honteux emprisonnement des âmes lumineuses dans la matière, retarde le moment où ces âmes, se séparant enfin de leur gangue, peuvent retrouver la pureté originelle.

Le Salut consiste donc à combattre ses appétits charnels, à devenir lucides et détachés des contingences matérielles. Il faut pour cela ne pas forniquer, ne pas procréer, ne pas posséder, ne pas cultiver ou récolter, ne pas tuer, ne pas manger de la viande ni boire du vin. Si on y parvient, le moment de sa mort permet de se fondre dans le paradis originel de la Lumière, la paix du Nirvana. Si on échoue, on est condamné à renaître dans un nouveau corps.

Les idées manichéennes feront leur chemin : on les retrouve pratiquement à l'identique dans toute l'Europe du Moyen Âge, par exemple aux XIIe et XIIIe siècles en terre albigeoise, chez les Cathares, qui croient eux aussi que le désir charnel est inspiré par Satan[35].

Certes les Manichéens n'ont plus pignon sur rue et les Cathares, à l'issue de leurs démêlés avec la Sainte Inquisition, se sont évanouis en fumée. Mais on voit bien que leurs idées ont la vie dure. C'est un peu grâce à Manès le Babylonien que nous avons des femmes fatales aussi belles et aussi vénéneuses, qui séduisent autant par leur beauté que par l'odeur du soufre avec lequel elles se parfument.

Dans la filmographie du film *Femme fatale* de Brian de Palma[36], l'héroïne est décrite comme « une séductrice à la beauté vénéneuse, une tentatrice, une sirène, imprévisible et délicieusement cruelle ». Pour faire une « femme fatale » (cela se dit en français, même dans les pays de langue anglaise), il ne suffit pas d'être une belle et fascinante aventurière, il faut aussi être perverse et se complaire dans le malheur, le sien et celui des autres, qu'on se fait un plaisir d'engendrer. C'est en cela qu'on est diabolique, dans la lignée des sorcières du Moyen Âge. Malheur à qui tombe sous son charme !

La croyance en la nature diabolique de la beauté est en concurrence avec une autre croyance, qui semble lui être diamétralement opposée, ce qui n'est pas vraiment le cas, car en fait ces deux croyances se complètent pour mieux nous éviter de succomber à la tentation de séduire. Cette seconde croyance consiste dans l'idée qu'on peut en croire ses yeux : les apparences ne sont pas trompeuses, elles révèlent notre nature profonde, si bien que « ce qui est beau est bon, et que ce qui est beau est récompensé[37] ». Il va de soi qu'à l'inverse, la laideur doit être punie.

N'avons-nous pas été bercés de ces contes dans lesquels les gentils sont beaux et les méchants sont laids ? Blanche-Neige, innocente et serviable, est plus belle que sa marâtre, que la jalousie enlaidit. La beauté de Blanche-Neige est bien près de causer sa perte, puisque la méchante Reine veut sa mort. Après de nombreuses péripéties et tentatives d'assassinats, la méchante Reine prend la forme d'une vieille femme, laide et méchante, ce qui correspond à sa vraie nature, pour empoisonner Blanche-Neige. Celle-ci est ensuite ressuscitée par le baiser d'un Prince, envoûté par la beauté de la belle endormie[38].

Et que penser de l'histoire de *La Belle au Bois Dormant* ? Le Prince réveille la Princesse innocente d'un baiser, ils vivent ensuite « heureux jusqu'à leur mort[39] ». Ils sont tous les deux beaux, bien sûr, puisque bons. Dans cet autre conte des frères Grimm, *Blanche-Rose et Rose-Rouge*, le beau Prince est transformé en un ours effrayant par un méchant nain, contrefait de nature. Mais fort heureusement, le Prince parvient in extremis à tuer son bourreau et redevenir lui-même. Il peut alors épouser Blanche-Rose, tandis que Rose-Rouge épouse le frère du prince.

Les méchantes fées, les sorciers et sorcières, les vilains nains, qui sont tous vieux et laids, possèdent le pouvoir d'instaurer une tromperie : par un mauvais sort, ils rendent laides des personnes pourtant gentilles. Le sort peut être parfois levé par un amour qui saura voir la beauté intérieure au-delà de la laideur apparente, ou bien par de bonnes actions qui rendront impossible la persistance de cette anomalie : une personne bonne dans un corps laid.

Inversement les bonnes fées, ou bien Dieu, ont ce pouvoir de remettre en conformité la nature profonde des êtres et leur apparence. Les personnes bonnes et justes sont alors belles, tandis que la noirceur intérieure des personnes méchantes devient visible aux yeux de tous.

Dans *La Belle et la Bête*[40], pour échapper au sort qui l'enlaidit, le Prince doit parvenir à se faire aimer de la Belle dans son état de laid et, qui plus est, sans séduire par son intelligence. Rude tâche ! Ce sera grâce à sa bonté, qui trahit sa beauté intérieure, qu'il y parviendra. À la fin, le sortilège levé, l'ordre naturel des choses est rétabli : beauté intérieure et beauté extérieure sont à nouveau remises en concordance. Tout est bien qui finit bien.

Dans un autre conte de Grimm, *La Mariée blanche et la Mariée noire*, Dieu, se fâchant contre la méchanceté d'une paysanne et de sa fille, les rend « noires comme la nuit et laides comme le péché », tandis que la belle-fille, serviable et bonne, reste « belle et immaculée ». Qui plus est, leur laideur rend la mère et la fille encore plus cruelles et méchantes : leur âme s'accorde ainsi un peu plus à leur apparence.

C'est d'ailleurs bien ainsi que les choses se passent, contrairement à ce qui est généralement dit dans les contes de fées et les histoires de sorcières : ce n'est pas l'apparence qui trahit la noirceur de l'âme ou qui reflète sa beauté, c'est plutôt l'aspect extérieur qui conditionne les comportements sociaux. On est bon parce qu'on est beau, on est méchant parce qu'on est laid. C'est ce qu'on appelle l'effet Pygmalion[41].

Tout sourit aux personnes belles, à commencer par les gens qui les entourent. Des sociologues, s'intéressant aux effets de l'apparence corporelle, montrent que, dès l'école maternelle, les enfants beaux sont privilégiés. Les enseignants leur portent davantage d'attention, et leurs petits camarades recherchent leur compagnie. Plus tard, les personnes belles trouvent plus aisément du travail et celui-ci est mieux rémunéré. Les personnes du sexe opposé s'intéressent davantage à elles. Être ainsi choyé par les uns et les autres donne confiance en soi. Et avoir confiance en soi prédispose à faire confiance aux autres, à se montrer sympathique, attentionné et généreux. On a aussi tendance à considérer que, puisque les portes vous sont ouvertes et qu'on est bien accueilli partout, il n'y a nulle raison de limiter ses ambitions.

Inversement, les personnes laides sont rejetées dès le plus jeune âge et cela leur aigrit le caractère. Les laids ont le sentiment qu'ils doivent surmonter un handicap, et qu'ils doivent trimer dur pour se faire accepter par les autres. Ils n'ont guère confiance en eux-mêmes, doutent de pouvoir réussir. Malgré tous leurs efforts pour se montrer aimables, ils se font le plus souvent damer le pion par une personne belle et pas forcément méritante. Comment, alors, ne pas concevoir de la jalousie, de l'envie, de la rancune, de la colère face à toutes ces personnes belles à qui tout réussit ? Comme le disait un personnage de conte de fées, tant qu'à être laids, soyons aussi méchants !

Des beaux qui s'estiment et ont confiance en eux, des laids qui se dénigrent et dépriment sont dans l'ordre normal des choses. Mais que se passe-t-il lorsqu'on change de catégorie, qu'on est laid et que l'on devient beau, ou réciproquement ?

Il était une fois un vilain petit canard. Comme il est vilain, il est mordu, bousculé et nargué, à la fois par les canes et les poules. Le pauvre caneton ne sait pas où se fourrer, il est désolé d'avoir si piètre allure et d'être la risée de toute la cour des canards. Rejeté de tous, il erre de-ci de-là, tentant de se faire accepter par les uns et par les autres. Un hiver passe et notre canard survit tant bien que mal sous les frimas. Au printemps, à bout de ressources, voyant un groupe de superbes cygnes, il vole vers eux, s'attendant à être massacré. Mais non, il a grandi et est lui-même devenu un cygne magnifique, auquel on fait fête[42].

L'histoire s'arrête-t-elle vraiment là ? Notre ex-vilain canard parvient-il vraiment à assumer sa nouvelle condition ? Devient-il résilient et s'exclame-t-il simplement : « Quelle chance j'ai eue, tout au long de mon histoire, et comme je suis heureux d'être ce que je suis[43] ! »

Rien n'est moins sûr. Certains ex-vilains canards continuent à être rongés par le doute : il doit y avoir erreur, on me trouve beau et aimable, on me fête, mais tout cela est sans doute l'objet d'un malentendu. Je sais bien, moi, qu'en réalité je suis un vilain canard, et les yeux de ceux qui me prennent pour un cygne ne vont pas tarder à se dessiller.

Lætitia est un bon exemple d'ex-vilain petit canard. Lorsqu'elle vient me voir, elle est un beau cygne de vingt-cinq ans et d'environ un mètre soixante-quinze, qui pèse cinquante-cinq kilos, blonde, les yeux vert d'eau, les pommettes hautes, le menton bien dessiné et un petit nez charmant. Être ravissante est d'ailleurs son métier : elle est mannequin de profession.

Mais voilà : elle ne croit pas en sa beauté. Bien sûr, je suis techniquement belle, me dit-elle. On me le dit, et je le vois bien dans le miroir, ou sur les photos. Mais est-ce vraiment moi ? Tout au fond de moi, je sais qu'il y a erreur sur la personne.

Lætitia, qui pense que sa beauté n'est qu'apparence, qu'elle n'est pas en conformité avec sa nature profonde, a du coup bien des problèmes dans ses relations avec les autres : elle n'estime guère ceux qui l'admirent qui, selon elle, ne la voient pas comme elle est vraiment. À l'inverse, elle court après ceux qu'elle laisse indifférents, qui, en ne cédant pas à son charme, font preuve de bon goût et de perspicacité. C'est ce que j'ai appelé le syndrome de Groucho Marx. Ce dernier aurait dit un jour quelque chose comme : « Jamais je n'accepterais de faire partie d'un club qui voudrait d'un individu tel que moi pour membre », ce qui devient, pour ce qui nous occupe : « Jamais je ne pourrais aimer quelqu'un qui aurait mauvais goût au point de m'aimer[44]. »

La beauté est une marchandise

Lætitia, qui va voir un psy, pourrait, à la place, se faire opérer d'un bout de nez, d'oreille ou de sein, qu'importe : cela pourrait marcher tout aussi bien. Car prendre cette décision, consulter un chirurgien esthétique, souffrir pour être belle aboutissent à faire de cette beauté un acte volontaire. On est alors belle, ou beau, parce qu'on a pris la peine de le devenir. Assuré de sa beauté, on peut alors l'assumer et séduire sans remords. Ce qui ne veut pas dire que d'autres problèmes ne surgissent pas...

Ludovic, tout comme Lætitia, est déjà beau, mais n'a, selon lui, pas grand-chose dans la culotte ; de ce fait, il ne s'autorise pas à séduire. Son petit pénis l'a obligé à épouser une femme de seconde catégorie, pas très belle, pas très intelligente, divorcée avec deux enfants. Ces deux enfants l'ont rassuré : ils sont bons à prendre, car ils le placent en position de père malgré son incapacité.

Mais les choses n'ont pas suivi ce plan lamentable : sa femme se contente parfaitement de son petit pénis — ce qui d'ailleurs la dévalorise encore davantage aux yeux de Ludovic — et un enfant est né de leur union. S'estimant déjà un peu plus, Ludovic trouve alors le courage de consulter un chirurgien spécialiste de l'esthétique pénienne, qui lui bricole un pénis de taille plus honorable. Dès lors, le comportement de Ludovic change : se sentant un homme, un vrai, il s'autorise à séduire, un peu, beaucoup, puis à qui mieux mieux. Son problème a désormais basculé dans son contraire : comment s'arrêter ? Un beau pénis comme ça, il faut bien qu'il serve.

Ce n'est pourtant pas avec son pénis que Ludovic séduit, puisque, à ce stade des choses, il le laisse là où il est. C'est avec la représentation de son pénis : l'image qu'il s'en fait lui permet de se sentir viril, voire même l'y contraint, et lui fait adopter des conduites de séduction dont il ne serait pas cru capable avant l'opération. Car, bien entendu, c'est avec un aspect extérieur strictement identique que, avant l'opération, Ludovic ne séduisait personne, et qu'après l'opération, il a les femmes à ses pieds.

Mais depuis qu'il se croit doté de tous les attributs du cow-boy Marlboro, la séduction opère sans frein. Ce qui se conçoit aisément : les comportements de séduction sont pour Ludovic des territoires vierges et inexplorés. Complexé depuis son plus jeune âge, il s'est soigneusement tenu hors du champ de la séduction, n'a pas appris comment séduire, ni comment s'arrêter de séduire.

Depuis que la beauté est bien davantage angélique que diabolique, qu'on croit pouvoir juger les gens sur leur bonne mine, l'apparence devient fondamentale. Être belle ou être beau, c'est être quelqu'un de bien ; paraître jeune et fringant, c'est être effectivement une personne dynamique et active. Et on n'attend plus après Dieu ou les bonnes fées pour remettre en conformité son apparence et sa nature, mais après le chirurgien esthétique.

Mais peut-on vraiment dire les choses comme ça ? Il y a une grande différence entre Dieu et les bonnes fées d'un côté, et les chirurgiens esthétiques de l'autre (outre le fait que Dieu ne se prend pas, quant à lui, pour un chirurgien esthétique). Avec Dieu ou les bonnes fées, la beauté s'obtenait au mérite, alors qu'avec le chirurgien esthétique, elle s'achète.

C'est un autre monde, celui dans lequel on peut acheter ce dont on a l'air. La beauté s'assimile alors à un capital, qui provient d'un gisement naturel, ou bien qui s'obtient par le labeur. Dès lors qu'on a de quoi se payer de la beauté, comme elle est un sésame qui conduit à l'opulence, on conçoit que le chirurgien esthétique soit un prestataire de services très demandé.

Des parents offrent à leur rejeton sa première opération de chirurgie esthétique pour ses dix-huit ans. Quoi de plus naturel, puisque les diplômes ne suffisent pas à la réussite, voire qu'on a de meilleures chances de les obtenir si on est beau[45] ? Avoir des rides, pour une femme, signifie aujourd'hui qu'elle n'a pas les moyens de les faire effacer à coups d'injections de toxines botuliques[46] ou de collagène, de graisses, de faire un peeling ou du laser. Pour l'homme, on se pose encore la question : garde-t-il ses rides pour avoir l'air sérieux ? Mais ce genre d'idées n'aura bientôt plus cours. La seule raison de conserver ses rides sera la pauvreté et l'échec qu'elles signifient.

Pour les deux sexes, rien ne peut justifier qu'on garde un supplément de poids, mis à part peut-être un snobisme poussé à l'extrême. Quand on vit dans l'aisance financière, on peut se payer des nutritionnistes, des légumes frais et des cours de gymnastique. Quand on est très riche, on peut accoupler un diététicien et un cuisinier, et avoir son coach pour mettre en musique le travail musculaire. Quand tout cela ne suffit pas, on en revient au chirurgien[47].

L'apparence ne renseigne plus sur l'âme, ni sur la personnalité, mais seulement sur le statut socio-économique. Nous sommes dans ce monde décrit par Michel Houellebecq[48] dans lequel il existe deux formes de richesses : celle fondée sur l'argent, et celle fondée sur la beauté. La capacité à séduire dépend de l'une et de l'autre, ces deux richesses pouvant se compenser mutuellement : une femme jeune, jolie et pauvre, un homme riche, vieux et laid ne sont pas désassortis. Les vrais pauvres sont ceux qui ne possèdent ni la richesse ni la beauté, qui sont les laissés-pour-compte du système, et qui n'ont d'autre ressource que la violence, celle du meurtre ou du suicide. Dans ce monde, dans lequel les rapports humains sont fondés sur la seule séduction, on ne peut demander à quelqu'un de voir au-delà des apparences, car dans cet au-delà, il n'y a rien à voir. Les gens sont ce dont ils ont l'air, ni plus ni moins[49].

Mais comme aussi, la fortune est capricieuse, il n'est pas rare de subir des revers : la bourse fluctue, les entreprises aussi, et les opérations de chirurgie esthétique ne donnent pas toujours les résultats escomptés. Des tas de gens, qui sont riches et intelligents, ne parviennent pas à maigrir durablement et souffrent de troubles du comportement alimentaire. Ouf ! Certes, ce n'est pas vraiment la justice, plutôt la loterie. Mais elle met du baume au cœur des pauvres et, souvent, presque toujours, les décide à patienter.

La beauté est donnée

Si la beauté est une richesse, comment savoir combien on a en portefeuille ? Les Grecs, encore eux, avaient leurs idées là-dessus. Pour eux, la beauté est une affaire de proportions. Le corps et le visage doivent avoir une symétrie aussi parfaite que possible et former un tout harmonieux. Les proportions idéales sont calculables et il devient donc possible de définir des canons de la beauté[50].

Ces canons de la beauté mathématique sont sévères : peu de corps, voire aucun, présentent la symétrie et les proportions idéales. Mais c'est bien normal : les corps réels sont forcément imparfaits. Ils ne font que tendre vers un modèle de beauté hors de portée des mortels.

Ce genre d'idées sur la beauté permet d'en comprendre aussi certains inconvénients : les personnes approchant la beauté parfaite nous confrontent à un absolu, une forme de transcendance. On est ébloui, émerveillé par elles, à tel point qu'on ne peut plus les considérer comme des alter ego. Les personnes trop belles en deviennent inhumaines[51]. Elles paralysent, font peur. Comment se comporter avec elles, comment leur parler ? Tel est fréquemment le destin de la Beauté sublime : admirée, certes, mais ô combien solitaire ! Les seuls qui osent s'y frotter sont les pervers, pour qui les gens sont des choses, et qui aiment les belles choses. Les gens trop beaux sont donc souvent entourés de deux catégories de personnes : celles qui sont timides et gauches, avec du fromage blanc dans la tête, et celles qui sont perverses, cherchant à les séduire pour les posséder. Il faut souvent aux gens trop beaux du temps et l'expérience de plusieurs désillusions pour comprendre quels sont les bons choix.

Mais revenons à la façon dont la beauté se définit. La croyance en des canons objectifs de la beauté aboutit à de curieuses conclusions : il n'existerait alors qu'une seule forme de beauté. Si les Grecs sont beaux, peut-on être japonais et beau ? Ou bien, pour être belle, une Japonaise ou une Chinoise doivent-elles faire débrider leurs yeux et se teindre en blonde ? Pour être beau, une Noire, un Noir doivent-ils se blanchir la peau et se faire décrêper les cheveux ?

Un tel ethnocentrisme a choqué les sociologues, qui se sont employés à vérifier s'il n'y avait pas plutôt plusieurs façons d'être beau. Certains, emportés par leur élan, ont abouti à la conclusion qu'on est d'autant plus beau qu'on est représentatif de la population dans laquelle on évolue[52]. En quelque sorte, la plus belle des Laponnes est donc la Laponne la plus moyenne, la plus Laponne de toutes les Laponnes.

Voilà donc que, pour être beau, il n'est plus nécessaire de répondre à une harmonie mathématique ou de se conformer à un modèle sans rapport avec sa nature, il suffit d'être le plus moyen. Merveilleuse idée, si rassurante, si bien pensante ! On passe ainsi d'une beauté transcendantale à une beauté démocratique. Mais on voit bien qu'élire une reine de beauté ne consiste pas à voter pour la personne la plus moyenne car, dans ce cas, Miss France serait sans doute petite, grassouillette et entre deux âges !

Une autre idée, séduisante, est que la beauté est une mode. Il existerait des catalogues de modèles de beauté, qui ressortiraient régulièrement, puis finiraient par se démoder. Par exemple, la beauté masculine idéale, représentée aujourd'hui par un corps fin, gracile, musclé sans excès, est aussi celle qui prévalait au milieu du XIXe siècle. Chacun s'efforcerait de suivre la mode, dans la mesure de ses possibilités[53].

Certes, c'est bien ce à quoi on assiste. Mais dans ce catalogue des beautés possibles, il semble qu'aujourd'hui, on tente surtout de faire des assemblages de bric et de broc. Ce qui semble décider de la beauté, c'est une amplification de certains caractères des visages et des corps. C'est en cela que la beauté moderne s'éloigne de la beauté classique : alors que cette dernière est harmonieuse, une beauté moderne doit présenter une dysharmonie, une exagération de certains traits, de certaines formes.

Par exemple, comme une bouche pulpeuse, une poitrine avantageuse sont considérées aujourd'hui comme des caractères liés à la beauté, certaines femmes en sont venues à penser qu'elles seront d'autant plus belles que leur bouche sera plus pulpeuse ou que leur poitrine sera plus avantageuse. Il faut avoir une belle poitrine pour être belle, donc je serais encore plus belle avec une encore plus grosse poitrine !

C'est la même logique qui fait désirer s'amincir à l'infini. Puisque la minceur conduit à la beauté, mincir encore et encore ne peut que rajouter à la beauté, qui n'est jamais suffisante. Alors que l'indice de masse corporelle optimum du point de vue de la santé est de 22,4 pour la femme (22,7 pour l'homme), la femme préférée des hommes est aujourd'hui de 20,4. Les femmes sont encore plus exigeantes vis-à-vis d'elles-mêmes puisque la silhouette qu'elles jugent idéale correspond à un IMC de 19,3, avec un rapport taille/hanche très faible, inférieur à 0,7. Ainsi, une femme d'un mètre soixante-huit aurait un poids optimum pour sa santé de soixante-trois kilos ; mais elle plairait davantage aux hommes si elle faisait cinquante-sept kilos et ne se plairait à elle-même qu'avec cinquante-quatre kilos !

Ce corps ultramince et longiligne n'est pas dans la nature de la majorité des femmes, et n'appartient naturellement qu'à quelques êtres d'exception. Si bien que, fort logiquement, la plupart des femmes se trouvent trop grosses. Tandis qu'à l'âge de sept ans, encore peu influencés par les standards de la mode, les petites filles comme les petits garçons ont une bonne opinion de leur physique, il n'en va plus de même à l'adolescence : 60 % des filles se trouvent trop grosses et 20 % seulement sont satisfaites de leur corps. Chez les femmes adultes, cela se détériore encore : 70 % des femmes en France se trouvent trop grosses, contre 30 % des hommes[54].

En somme, la beauté moderne, engluée dans l'idéologie de « l'encore plus », vire à la caricature : les femmes, si elles le pouvaient, additionneraient les signes de beauté sans se préoccuper de l'aspect d'ensemble. D'ailleurs, certaines, qui le peuvent, donnent corps à ce fantasme, avec l'aide de la médecine et de la chirurgie esthétiques, et se mettent à entasser ultraminceur, peaux lisses et déridées, grosses poitrines, fesses musclées, mollets ronds, nez droits, oreilles bien modelées, mentons volontaires ou coquins. De plus en plus, les hommes ne courent pas loin derrière. Pour les plus riches d'entre eux (et les plus fous), le résultat obtenu parfois désarçonne, tant il semble fait de bric et de broc. Ah, ce Picasso, quel précurseur !

On voit que la beauté ne se laisse pas saisir aisément. La difficulté qu'il y a à dégager des critères objectifs de beauté a conduit à privilégier une autre approche, plus fonctionnaliste, centrée sur l'idée que la beauté doit bien avoir son utilité. Elle est alors vue comme un signal qui permet de repérer certaines qualités recherchées.

Cette théorie fait bien mon affaire : c'est une autre façon de dire que la beauté est la condition d'un bon leurre. Et qu'est-ce qu'un bon leurre, sinon celui qui donne à voir ce que désire la personne à leurrer ?

Autrefois, du temps où les hommes désiraient des femmes qui pourraient porter leurs enfants tout en sachant se rendre utiles, on les leurrait à force de teint frais, éclatant, de rose ou de pêche, grâce à un œil vif, de dents blanches et d'haleine fraîche, qui signalent la jeunesse et la bonne santé. Un bassin large, une poitrine abondante, qui laissaient espérer la fertilité, étaient séduisants et perçus comme attributs de la beauté.

Et comme on n'aimait pas les complications, on se laissait aussi leurrer par un port de tête altier, un maintien, des gestes gracieux, harmonieux, décidés, qui faisaient espérer un bon équilibre psychologique, alors que la maladresse, les gestes hésitants étaient compris comme le reflet de problèmes intérieurs, qui ne demanderaient sans doute qu'à s'extérioriser tôt ou tard.

Quant aux hommes, ils n'avaient pas à être beaux, puisqu'ils devaient être forts, costauds, virils, en avoir dans le pantalon, pour nourrir leur petite famille et défendre leur foyer. Quoique, du coup, les femmes aient eu tendance à trouver beaux les hommes riches et puissants.

Ces visions des choses ont pris un sérieux coup de vieux : cela fait déjà longtemps que les hommes préfèrent les juments pur-sang aux percheronnes, et que les femmes admirent Leonardo DiCaprio davantage que Aldo Maccione. En ce qui concerne les femmes, la qualité reflétée par la minceur est sans doute la volonté, puisque la minceur exigée est antinaturelle et ne s'obtient dans l'immense majorité des cas, de façon toute temporaire d'ailleurs, que par un effort permanent de contrôle sur l'alimentation, ainsi que par des efforts physiques réguliers.

Pour les deux sexes, les critères de beauté s'homogénéisent et ce sont la féminité, le caractère androgyne, ainsi que la jeunesse et la minceur qui sont les signaux considérés comme les plus pertinents. Nombre de qualités d'autrefois se sont muées en défauts, et vice versa. Cette homogénéisation entre les sexes est aussi une mondialisation des critères de beauté, puisque les modèles africains ou asiatiques subissent l'influence du modèle occidental et lui empruntent certaines de ses caractéristiques, sans forcément cesser de conserver ce qui fait leur spécificité.

Un autre élément qui montre bien le côté indécidable de la beauté est ce que les sociologues appellent l'effet de halo[55] : on ne prête qu'aux riches et aux puissants, qui se nimbent d'un halo qui fait qu'on les trouve plus grands et plus beaux que nature. Ce qui met encore une fois en évidence cette confusion permanente entre la beauté objective, en définitive impossible à définir, et l'utilisation qui est faite de cette beauté en tant que leurre, afin de séduire.

Il est facile de séduire grâce à ses défauts

Peut-être d'ailleurs est-ce là l'explication de cet appétit d'exagération : il s'agit moins de se faire belle ou beau que de se faire séduisant. Une bouche rendue plus lippue par des injections de silicone ou de collagène, ou bien simplement agrandie et coloriée par le maquillage, est un signal destiné à faire saillie et accrocher le regard. Une poitrine rendue plus agressive par le bistouri du chirurgien ou projetée en avant par un astucieux soutien-gorge hypnotise, au point que le mâle a parfois bien de la peine à forcer son regard à remonter jusqu'au visage et renouer une relation empathique. Cette bouche agrandie et artificiellement charnue, ces seins proéminents, qui miment la turgescence des lèvres et des mamelons d'une personne sexuellement excitée, véhiculent un message : je suis sexy.

La bouche-signal, les seins outrés ne rendent pas belle, ils séduisent.

Tout défaut des traits et des formes peut être utilisé pour séduire, puisqu'il fait saillie et hypnotise. C'est ce que faisaient, avec davantage de subtilité, les femmes du XVIIe siècle en s'inventant un grain de beauté artificiel, en déposant une mouche, qui était un petit morceau de taffetas noir, sur leur visage ou sur leur gorge. La mouche, en captant l'attention, en hypnotisant, rendait la belle non pas plus belle, mais irrésistible. Voilà qui sans doute mettra du baume au cœur de tous ceux et de toutes celles qui se plaignent de leurs petits défauts physiques. Certes, ces défauts ne les embellissent pas mais, bien utilisés, ils peuvent servir à la séduction. Pour ce faire, il ne faut pas les cacher, mais les exhiber, les mettre en scène.

Pour Isabelle, je représentais la dernière station avant l'autoroute, l'arrêt-pipi avant la chirurgie esthétique. Elle aurait été belle s'il n'y avait pas eu son nez. Elle aurait aimé avoir celui de Cléopâtre, mais elle avait celui de Cyrano. Elle venait me le montrer pour que je lui dise qu'un tel nez est un malheur à éradiquer. Mais quoi de plus contrariant qu'un psy ? C'était bien sa faute, aussi : pourquoi n'avait-elle pas couru directement chez le chirurgien ? Je lui dis donc que je me moquais de son nez, mais que je ne me moquais pas d'elle ; que si elle avait du temps à perdre, on pourrait peut-être tenter de comprendre ce qu'elle faisait avec son nez.

Ce nez, bien sûr, elle tentait de le cacher. Mais comme il se voyait au milieu de sa figure, ses tentatives de dissimulation ne faisaient que centrer davantage l'attention des autres sur son appendice. Comme l'empathie humaine consiste à partager ses émotions et ses points de vue avec ses semblables, il en résultait que les autres se mettaient à penser de son nez ce qu'elle en pensait elle-même. Pensez à votre nez, et les autres ne voient plus que lui. Pensez que votre nez est vilain, et les autres le voient vilain.

En somme, le problème résidait moins dans le nez lui-même que de ce qu'elle faisait de son nez. Mais alors, qu'en faire, si on ne s'en plaint pas et si on ne le fait pas disparaître ? S'en servir pour séduire, peut-être. Ce nez, après tout, ô combien dérangeant, quel leurre à dandiner ! Autant le dire tout de suite, Isabelle n'aboutit à cette idée qu'après un long chemin. Mais dès lors qu'elle fut capable de s'en saisir, son nez devint son emblème. On ne disait plus d'elle qu'elle eût été jolie sans son nez, mais qu'elle était une fille qui avait du chien et qui savait ce qu'elle voulait. C'était bien la preuve qu'il ne restait plus de son nez qu'un leurre. La magie du nez opérait, au lieu du chirurgien.

On peut séduire en faisant flèche de tout bois

Tout cela nous conduit à nous intéresser aux moyens à mettre en œuvre afin de séduire. Rappelons-en une fois encore les grands principes : pour séduire, il faut faire jouer des mécanismes d'identification, cesser de comprendre l'autre, et plus encore cesser de se rendre compréhensible à ses yeux. À cette fin, tout est bon : la violence, qui coupe court à l'empathie, ou bien l'hypnose et la fascination. Restera alors à dandiner un leurre désirable, qui enchantera la proie, ravie d'être détournée d'elle-même et de ce qui l'occupe d'habitude. Un bon leurre est ce que la proie désire et, comme justement elle le désire, elle y met du sien pour aider le séducteur à le confectionner. Enfin, rappelons que la séduction ne se conjugue qu'au présent, et selon un mode de tout ou rien : on est séduit, on ne l'est pas, ou bien on ne l'est plus. Mais ce qui a marché une fois peut tout aussi bien fonctionner à nouveau...

Pour séduire, il faut donc faire violence à l'autre. Mais l'utilisation de la violence physique est démodé. Au XIIe siècle, Raimbaut d'Orange pouvait conseiller, pour faire la conquête d'une femme, de lui donner des coups de poing sur le nez car, selon lui, c'était cela qu'elles aimaient[56]. Il n'y pas de raison de ne pas croire Raimbaut d'Orange, qui savait sûrement de quoi il parlait. Les dames auxquelles il avait affaire ne manquaient pas de succomber à son charme, quoique sans forcément apprécier le procédé pour autant. On a d'ailleurs vu, avec le syndrome de Stockholm, que le kidnapping pouvait se révéler un moyen de séduction efficace encore aujourd'hui.

Toutefois, je ne le recommande pas. Même des violences simulées ne sont plus recommandables. Ce qui gêne, sans doute, est que la relation de séduction est inégalitaire par nature : certes, les gens prudents ne se laissent séduire que par ceux qu'ils savent pouvoir séduire ou qu'ils ont déjà séduits, mais il y a malgré tout, à un moment donné, et même si on permute à la demande, un séducteur et un séduit. La relation empathique, qui est l'occasion d'un partage des sentiments et des points de vue, ne présente pas cet inconvénient : on peut s'y situer dans une relation d'égalité.

Les violences simulées, qui permettaient aux hommes de se prendre un instant pour Raimbaut d'Orange et aux femmes de se croire violées, on y jouait encore il n'y a pas si longtemps. « Non, non ! » s'exclamaient les femmes, pas trop fort tout de même pour ne pas ameuter les voisins. « Si, si », répondaient leurs amants en souriant gentiment.

Jouer à ce jeu-là est devenu des plus risqués. Car même lorsque dans l'instant les deux protagonistes s'amusent comme des petits fous, rien ne dit qu'un instant plus tard, dégrisés, désenvoûtés, ils n'analyseront pas les événements d'une façon totalement différente.

En fait, qui croire ? Pour reprendre ma métaphore construite à partir du cerveau étagé de MacLean, tout se passe comme si les parties les plus archaïques du cerveau et le néocortex racontaient l'histoire chacun à sa façon. Côté cerveau archaïque, cela pourrait se dire de la façon suivante : je l'ai séduite, et elle n'a pas dit non, bien au contraire, puisqu'elle s'est laissé faire avec plaisir, dit le séducteur. La violence de son désir m'a fait perdre la tête, dit la séduite. Ou bien encore, en permutant les sexes : elle m'a séduit à mon corps défendant, la traîtresse, mais comment lui résister, et pourquoi lui en vouloir ?

Mais les mêmes histoires sont décodées différemment lorsque le néocortex se les représente : il a abusé de moi, bien que j'aie pourtant dit non d'une voix claire, intelligible, et à plusieurs reprises ; j'ai donc été violée. À contre-sexe, comme dans le film *Harcèlement*[57] cela donne : elle a abusé de moi malgré mes protestations dûment enregistrées, dit Michael Douglas, alias Tom ; j'ai donc été violé, votre honneur. Et prétendre le contraire serait faire preuve de sexisme...

Il y a donc des violences simulées, destinées à éveiller des fantasmes certes politiquement incorrects, mais bien amusants tout de même, et des violences réelles, des abus de position dominantes, des manipulations perverses. Et c'est désormais en justice que s'établissent les distinguos.

Fort heureusement, il existe bien d'autres moyens de séduire, plus subtils, qui permettent d'enchaîner plus aisément sur une relation empathique quand on se sera lassé, temporairement espère-t-on, de la relation de séduction.

On commencera par soigner l'apparence physique. Les produits de beauté sont d'ailleurs davantage des produits de séduction. Et une bonne part de la garde-robe féminine semble servir davantage à la séduction qu'à protéger des frimas. Les bijoux, piercing et autres inscriptions corporelles ? Certains en ont besoin pour affirmer une appartenance, et en définitive pour se sentir exister. Mais aussi, quels merveilleux moyens de focaliser l'attention !

Ce n'est pas vraiment la beauté qui séduit, c'est sa mise en scène. Ce n'est pas vraiment le manque de beauté qui empêche de séduire, c'est l'absence de mise en scène. Quoi de moins séduisant qu'une femme obèse, pensent beaucoup de femmes obèses. Elles ont tort : depuis que certaines d'entre elles se sont réunies en associations, elles se sont rendu compte qu'elles suscitaient chez certains hommes une fascination dont il n'était pas difficile de profiter. Comme le mouvement est né aux États-Unis, on a baptisé ces hommes du nom de « *fat-admirors* », ou FA pour les connaisseurs[58]. Mais là encore, le syndrome de Groucho Marx vient souvent gâcher la fête : je veux qu'on m'aime pour moi-même, pas à cause de mon poids, s'écrient certaines. Je veux être aimée, mais pas par ceux qui m'aiment. La vie est bien compliquée...

Que peut-on faire d'autre que mettre en scène son physique ? Hypnotiser l'autre en le regardant au fond des yeux. Mais attention : tous les regards ne tuent pas ! Seuls ceux qui sont indéchiffrables parce qu'ils constituent de parfaits miroirs sont véritablement dangereux : l'autre n'y comprend rien, ne voit que le reflet de son propre désir. C'est sans doute cela, l'histoire de la Méduse : il ne fallait pas regarder cette Gorgone dans les yeux, car on y découvrait ses propres désirs et on en restait pétrifié.

Autrefois, les belles dames de Venise dilataient leurs pupilles au moyen de quelques gouttes de belladone, pour se faire *belle donne*, c'est-à-dire de « belles femmes ». Elles avaient alors un regard trouble et envoûtant, comme absent, un regard dans lequel il n'était pas possible de lire quoi que ce soit. Rien n'est plus séduisant que le fait de se sentir regardé avec insistance, et de ne rien comprendre à ce regard, de ne pouvoir en déchiffrer l'intention. Dans ce regard à la fois vide et pesant, ce regard qui tue, on peut projeter les idées de son choix, et pourquoi pas, ses propres désirs et fantasmes, que l'on prête à l'autre. Certaines personnes très myopes le savent bien, qui ne chaussent ni leurs lunettes ni leurs verres de contact, afin de pouvoir vous regarder sans vous voir et devenir des Gorgones. Voir ou séduire, il faut choisir...

Le contraire du regard qui tue, c'est le regard scrutateur, acéré, qui permet de comprendre l'autre, de deviner ses intentions. La pupille est alors resserrée, en myosis. Ce regard-là est un scalpel investigateur, au service de la logique et de la rationalité. On ne peut pas tout faire à la fois...

Pour séduire, ne négligeons pas l'odorat : les papillons mâles, capturés par les phéromones des femelles, accourent sur de grandes distances. Lorsqu'ils arrivent à proximité des belles, ils sécrètent à leur tour une autre hormone, aphrodisiaque, qui décide la femelle à l'accouplement.

Cela fait longtemps que les femmes savent capturer les hommes grâce à leurs odeurs corporelles, par exemple à l'époque élisabéthaine, en leur offrant des pommes d'amour, c'est-à-dire des quartiers de pomme pelés et maintenus sous leurs aisselles pour qu'elles s'imprègnent de leurs odeurs. On peut aussi confectionner des filtres d'amour à base de sécrétions intimes, que l'on fera absorber à la personne à séduire, ou bien à reséduire, en vue d'un « retour d'affection », comme disent les sorciers et les sorcières à la petite semaine.

Cela vous semble un peu dégoûtant ? Vous préférez envoûter par des odeurs à l'eau de rose ? Faites attention tout de même, lorsque vous vous parfumez, à ne pas vous tromper de flacon : la tendance en parfumerie est d'y ajouter des stéroïdes odoriférants, de l'androsténone dans ceux des hommes en vue d'attirer les femmes, et de l'androsténol dans ceux des femmes pour attirer les hommes[59].

Les parfums produisent leurs effets sans qu'il soit besoin d'en être conscient : lorsqu'on pulvérise un peu d'androsténone sur un siège de la salle d'attente d'un dentiste, les femmes s'y assoient plus souvent tandis que les hommes vont s'installer ailleurs, sans qu'aucun soit capable d'expliquer pourquoi. Simplement, ce siège leur avait paru attirant, ou bien répulsif[60]. Pourquoi s'en étonner ? On sent avec ses bulbes olfactifs, et il n'y a pas de partie du cerveau qui soit plus archaïque...

Cela ne suffit pas ? Emmenez votre future conquête dans une boîte de nuit, qui est une machine à mettre en condition en vue d'une séduction : car les sons rythmés, les musiques répétitives et envoûtantes, les basses puissantes qui saisissent les reins, les images coloriées, kaléidoscopiques, sur un fond sombre sont un moyen idéal pour empêcher toute distanciation, abolir tout esprit critique. Reste alors à dandiner votre leurre dans une lumière stroboscopique. Ce serait le diable si cela ne marchait pas. Ou plutôt, ce sera le Diable si ça marche.

Les boîtes de nuit ont un inconvénient : outre qu'on a bien du mal à lancer des regards qui tuent, vu le manque de lumière, on ne s'y entend pas, vu le nombre de décibels. Comment alors chanter, réciter des poèmes et raconter de belles histoires ? Des histoires sans fin, circulaires, ou mieux encore, spiralées, qui n'ont pas besoin d'être vraies pour envoûter, prendre possession de l'autre.

Shahriyar, roi de Perse, se défie des femmes infidèles. Échaudé par la sienne, mais aussi ne voulant pas renoncer aux joies du sexe, ayant aussi de la moralité, il décide d'épouser chaque jour l'une de ses sujettes et de la faire décapiter sitôt après la nuit de noces. La fille du vizir, Shéhérazade, se propose, mais elle est moins suicidaire qu'il n'y paraît : au petit matin, Shéhérazade raconte à sa petite sœur Dinarzade une belle histoire... sans prendre la peine de la finir. Le roi écoute, bien sûr, et comme il est tenu en haleine, il patiente jusqu'au lendemain pour connaître la fin de ces histoires qui s'enchaînent sans fin, durant mille et une nuits.

Shéhérazade connaît toutes les ficelles du métier : elle sait parler d'une voix envoûtante, varier les plaisirs en passant de la prose à la poésie, chanter et danser. Elle sait aussi maintenir l'attention en variant les histoires, qui vont des aventures d'Ali Baba et des quarante voleurs à celles de Sindbad le Marin, en passant par Aladin et sa Lampe merveilleuse. Les récits s'enchaînent dans les récits sur un mode concentrique, hypnotique. Il y a de la magie, et même de la science-fiction, par exemple des voyages à travers le temps à la rencontre des archanges ordonnateurs de l'Univers, il y a du sang, des larmes, des assassinats, il y a des histoires de famille et d'inceste, il y a des épopées guerrières, il y a a[61]...

Mais surtout, Shéhérazade sait que si on veut fasciner, envoûter, séduire, il ne faut rien expliquer : la psychologie se situe irrémédiablement du côté de l'empathie et tue la séduction. Elle sait se cantonner à décrire des désirs et les comportements qui en découlent, se gardant bien d'évoquer des sentiments comme l'angoisse ou la culpabilité, encore moins des valeurs morales. De ce fait, dans cet univers décortexifié, tout est simple : on tombe amoureux dès le premier regard, sans état d'âme, on se bat pour obtenir ce qu'on désire, puis on en jouit, tout simplement[62].

Shahriyar, Dinarzade et nous-mêmes ne nous mettons donc jamais à la place des personnages. Nous les contemplons, fascinés. Qu'ils en ont, de la chance, de ne pas être encombrés de cette malédiction qu'on nomme empathie, pensons-nous alors. Évidemment, le soir même, nous en redemandons. Et encore, et encore...

Revoyons les croyances irrationnelles concernant la séduction

Malgré tous les bons conseils de séduction des journaux féminins, mais aussi masculins, séduire pose problème. En a-t-on le droit, est-ce bien comme cela qu'il faut s'y prendre avec les autres, et comment y parvenir ? À la base de bien des déboires, se trouvent toute une série de croyances irrationnelles concernant la séduction que nous allons pouvoir reconsidérer à présent.

La première croyance concerne la nature même de la séduction et peut s'énoncer : *la séduction est un processus automatique et spontané.* Les bonnes âmes conseillent de se comporter aussi naturellement que possible, de ne pas jouer la comédie, de ne pas mentir, d'être authentiquement soi-même en espérant que cela suffira à susciter l'intérêt de l'autre.

Il faudrait donc se montrer sympathique, franc et loyal, s'intéresser sincèrement à l'autre, à ce qu'il est profondément, et attendre patiemment qu'il fasse de même. De toute façon, si cela n'y suffit pas, il n'y aurait pas grand-chose à regretter : cet autre n'était pas le bon, voilà tout.

Le fond de l'affaire, c'est qu'on croit qu'*être séduisant est bien, mais que chercher à séduire est mal,* puisque cela conduit à tromper l'autre sur sa nature véritable. Dans cette optique, on est séduisant, on naît séduisant, ou si ce n'est pas le cas, il n'y a pas grand-chose à y faire. Il n'est pas question d'user d'artifices pour améliorer son physique, ou du moins il ne faut pas en abuser, puisqu'il s'agit de mensonges : *si on séduit par des artifices, qu'on trompe l'autre sur soi-même, alors la relation qui en résulte sera faussée et inauthentique.*

Si bien qu'on en vient à croire que *les personnes naturellement belles séduisent automatiquement ; les personnes laides ou moins belles ne peuvent pas séduire quoi qu'elles fassent.*

Voilà bien des pensées déprimantes, et pas seulement pour les gens disgraciés par la nature. Car, de toute façon, qui est suffisamment beau, ou belle ?

Quel dommage de voir les choses ainsi, car on risque d'attendre longtemps, à refuser de se mettre en scène pour leurrer ceux qui nous plaisent ! Séduire est une action qui dérange, et qui consiste à captiver, capturer, tenir l'autre en son pouvoir.

Mais alors, séduire n'est guère sympathique, diront certains. Ils auront raison : séduire est un acte radicalement différent de ce qui fonde la sympathie, qui est une contagion émotionnelle, et de ce qui fonde l'empathie, qui est une compréhension des sentiments et des points de vue de l'autre. La relation empathique crée des obligations, qui tissent les liens sociaux. Ce mode de communication aboutit à des relations amicales, qui engagent dans la durée.

Alors que l'empathie est un processus sophistiqué, séduire correspond à un mode de communication archaïque. Ce côté primitif n'est pas sans charme : il s'agit avant tout d'un jeu instantané, d'une source de plaisir, indispensable pour faire naître le désir et permettre, éventuellement, les rapports sexuels. Quand on séduit, on ne cherche pas à être compris, et quand on est mutuellement séduits, on ne se comprend pas. Dans l'instant précis où on communique au moyen de la séduction, on ne peut pas être amis, mais on a une chance d'être amants... quitte à redevenir amis quelques instants plus tard. Quoi qu'il en soit, on ne manquera pas de prendre plaisir dans l'exercice de ces liens de fascination.

Les moralistes prétendent encore que le désir de séduire n'est rien d'autre que la manifestation d'un désordre mental, une forme de l'hystérie, c'est-à-dire une incapacité à aimer véritablement l'autre, sans doute en raison de la trop grande attention que l'on se porte à soi-même. À moins qu'il ne s'agisse d'un désordre plus grave encore, de l'ordre de la perversion, qui consiste à ne voir dans les autres que des objets destinés à assouvir sa jouissance.

De là à penser que *séduire, c'est manipuler l'autre ; et se laisser séduire, c'est être manipulé*, il n'y a qu'un pas. Mais la manipulation n'est effective que lorsque la séduction n'est pas réciproque. Se laisser séduire n'est pas un signe de faiblesse, mais un plaisir, qui présente l'avantage de rendre séduisant. C'est bien en cela que la séduction est une forme de communication !

Quelques idées fausses à propos de la séduction

1) La séduction est un processus automatique et spontané.
2) On séduit en étant sympathique, franc et loyal, en s'intéressant à l'autre, à ce qu'il est profondément.
3) Être séduisant est bien, chercher à séduire est mal.
4) Si on séduit par des artifices, qu'on trompe l'autre sur soi-même, alors la relation qui en résulte sera faussée et inauthentique.
5) Les personnes naturellement belles séduisent automatiquement ; les personnes laides ou moins belles ne peuvent pas séduire quoi qu'elles fassent.
6) Séduire, c'est manipuler l'autre ; se laisser séduire, c'est être manipulé.

CHAPITRE 3

Pour en finir avec le Grand Amour

> « Il n'y a pas d'amour dont on ne soit meurtri
> Il n'y a pas d'amour dont on ne soit flétri
> Et pas plus que de toi l'amour de la patrie
> Il n'y a pas d'amour qui ne vive de pleurs
>
> Il n'y a pas d'amour heureux
> Mais c'est notre amour à tous deux. »
>
> Louis Aragon,
> *Il n'y a pas d'amour heureux*, 1943

Le problème, avec les mots-valises, est qu'on met dedans des tas de choses qu'ensuite il faut se coltiner. La plupart de ces choses ne servent à rien, et elles sont bien lourdes à porter ! Quant aux choses utiles, on s'aperçoit que ce sont justement celles-là qu'on aura oubliées dans son armoire. Le mot « amour » fait partie de ces mots-là : encombrés par l'amour-passion qui mobilise toutes nos énergies pour notre malheur, il ne nous reste plus guère de place pour aimer à la petite semaine et se contenter de ces petits bonheurs. C'est dommage car, lorsqu'on sait en jouir, ces derniers durent plus que l'amour-passion, qui se veut pourtant éternel.

Quand on est pris par l'amour...

Quels sont les sens qu'on lui prête, à ce mot d'amour ? Passons vite sur l'amour du sport ou de la musique, et sur les amours de petits chapeaux. L'amour de soi, l'amour propre ? Il faut en avoir pour pouvoir en donner aux autres, mais ce n'est pas ce qui nous occupe pour le moment. Il y a aussi l'amour empathique qui, comme on l'a déjà vu, prend la forme de l'amitié tendre, de l'affection généreuse et désintéressée, celle de la mère pour son enfant, et que l'on prête aussi aux frères et aux sœurs, qui ne nous le rendent pas forcément. L'amour de bienveillance pour son prochain, désintéressé et chrétien, inspiré par l'amour de Dieu, ne sont pas non plus notre sujet dans cette partie du livre.

L'amour physique, celui que l'on fait, ne l'est pas davantage : il requiert qu'on séduise et qu'on soit séduit, ce qui permet le désir et conduit à faire l'amour. Aphrodite n'était pas vraiment la déesse de l'amour, mais plutôt celle de la séduction, ainsi d'ailleurs, ce qui va bien ensemble, de la ruse et de la méchanceté perverse. Vénus, sa version latine, elle aussi provoque le désir en se faisant belle et en usant de ses charmes, ce qui la conduit à présider à la vie sexuelle, à être la protectrice des prostituées et de bien des hommes politiques, comme Sylla, Pompée, ou César, qui n'ont pas hésité à se placer sous la protection de la déesse afin qu'elle les aide à accéder au pouvoir et, sans doute, à y rester.

L'amour qu'il nous faut aborder maintenant, c'est l'amour absolu, fiévreux, ardent, qui conduit à la violence et à la folie. Nous changeons donc de registre... et de divinité. Cet amour-passion n'est pas l'affaire d'Aphrodite ou de Vénus, c'est celle d'un dieu d'une autre trempe : Éros est une puissance primordiale, qui réunit, intègre et unifie les principes opposés, qui rétablit l'unicité du monde, tandis que son contraire, Thanatos, le principe de mort, sépare et désorganise. Par Éros, le masculin et le féminin, l'un et le multiple ne font plus qu'un, les êtres et les choses cessent d'être distincts, différenciés.

La séduction est ludique ; le désir et les jeux sexuels qui en découlent ne prêtent guère à conséquence, si ce n'est faire des enfants, ce qui n'est pas bien dramatique et qui, de nos jours, est facilement évitable. Mais l'amour-passion, c'est autre chose. Il est délirant, irrésistible, possessif, tragique.

Les Grecs s'en désolaient : l'amour-passion était alors plutôt vu comme une chose redoutable. La seule chose raisonnable à en faire était d'en tisser des tragédies, qui donnent à voir les pièges de l'existence dont il faut, autant que possible, se garder.

Dans la plupart des cultures, c'est d'ailleurs ainsi qu'on voit les choses : l'amour-passion est comme une mauvaise fièvre, qui guérit spontanément, avec le temps, ou bien qui se soigne en se changeant les idées, en voyageant, en faisant du sport, en travaillant davantage, ou encore, comme un clou chasse l'autre, en sortant avec d'autres partenaires.

La plupart du temps, donc, rien de bien méchant. Quelquefois, cependant, il y a des complications : les amants pris par la passion se mettent à faire de grosses bêtises. Des couples se brisent, des enfants souffrent, des familles se brouillent, des hiérarchies sociales sont mises à mal. Sans compter les affaires qui périclitent, les patrimoines qui se divisent et s'étiolent. Tout cela est-il bien raisonnable ?

Cette vision catastrophique de l'amour-passion est aussi partiellement la nôtre. Mais elle est en concurrence avec une autre vision de l'amour, vu comme un idéal, auquel nous nous devons tous d'aspirer, et qui nous fait admirer ceux qui y succombent. Certes, tout le monde est bien d'accord pour admettre que tout cela ne vaut sans doute que des ennuis, mais qu'importe, puisque l'existence trouve sa justification dans l'intensité de la passion. Ceux qui auront connu le grand amour, au moins une fois dans leur vie, n'auront pas vécu en vain. Quant aux autres, ceux qui se contentent de séduire et de se laisser séduire, puis d'en jouir, qui font leur miel de rapports empathiques, de compréhension mutuelle avec leurs partenaires et le restant de leurs semblables, eh bien, bizarrement, c'est eux qu'on plaint.

Stéphanie n'attend pas qu'on la plaigne, elle se débrouille très bien toute seule pour cela. Elle a pourtant tout pour être heureuse. Elle est une jeune femme active et épanouie dans son travail, est mariée depuis six ans avec Jérôme, un homme sympathique et facile à vivre, qui ne répugne pas à faire sa part de tâches domestiques, et ils ont eu trois enfants, certes turbulents, mais mignons à croquer. Elle a aussi ses parents, qui sont en bonne santé, qu'elle voit régulièrement, et un frère et deux sœurs, qu'elle voit à l'occasion. La vie qui résulte de ces choix est certes un peu fatigante, mais ô combien enrichissante !

Jérôme, elle l'a connu à la faculté et tous deux sont désormais profs, lui de mathématiques, elle d'histoire-géo. Leur vie sexuelle est plutôt réussie, quoique Stéphanie la trouve un peu monotone ; ils s'intéressent aux mêmes choses, mais ont sur elles des points de vue suffisamment divergents pour occasionner ces petites controverses qui empêchent de s'ennuyer. Jérôme, par exemple, est plutôt du genre social-démocrate, alors que Stéphanie, plus romantique, a de la sympathie pour la gauche du parti socialiste. En somme, ils se ressemblent beaucoup, se comprennent bien, et forment un couple sans histoire.

« Tout va bien, trop bien, même », me dit Stéphanie, l'air renfrogné. Ce qui manque, c'est un Grand Amour, les feux de la passion. Stéphanie a le sentiment que ce grand amour, elle ne l'a jamais rencontré. Certes, elle aime Jérôme, et elle pense que lui aussi l'aime, mais ce n'est pas ça, le grand amour. Jérôme est un amour, mais n'est pas le Grand Amour : elle n'a pas épousé la bonne personne. Elle n'a pas vécu cette belle histoire sans laquelle, selon elle, la vie ne vaut pas vraiment la peine d'être vécue, à laquelle elle continue à aspirer, à laquelle elle a droit. Le problème est qu'elle se fait un peu vieille maintenant, et qu'elle a des responsabilités. Elle ne se console pas de ne pas l'avoir eue plus tôt, son histoire d'amour : saisie par le coup de foudre, elle aurait alors frémi, tremblé, palpité. Puis elle aurait épousé son amant, et la relation qui se serait établie entre eux aurait été du genre de celle qu'elle a avec Jérôme. Alors que, si elle tombe amoureuse maintenant, quel gâchis s'ensuivrait !

Si bien qu'elle ne sait plus trop quoi espérer : trouver enfin le Grand Amour, ce qui l'obligerait fatalement à s'embarquer dans une histoire malheureuse, ou bien ne pas le trouver, et devoir se contenter de l'ordinaire de sa vie ?

Cela peut arriver à tout le monde, de voir les choses ainsi : il y a quelque temps de ça, j'avais vu au cinéma une belle histoire d'amour dans laquelle deux êtres prédestinés l'un pour l'autre se courent après de réincarnation en réincarnation. Ils se ratent dans l'Égypte ancienne, puis dans la Rome antique, puis au Moyen Âge, puis sous la Révolution, mais finissent enfin par se rejoindre et vivre leur amour à notre époque.

Sortant du cinéma, je m'étais dit que moi aussi, j'avais sans doute une âme sœur qui languissait après moi, quelque part sur cette terre. À cette époque, j'étais déjà marié et mon épouse et moi avions un enfant en bas âge. Mais j'avais rencontré ma femme de façon banale et n'avais pas le souvenir que des clochettes aient retenti lors de notre rencontre. Ce ne devait donc pas être la vraie âme sœur. Peut-être devrais-je me montrer plus attentif et dévisager davantage les femmes que je croisais : ce serait vraiment trop bête de passer à côté de l'âme sœur sans même m'en apercevoir.

Puis je me demandai ce que je ferais si je croisais mon âme sœur, là, maintenant, dans la rue. Je la verrais, la reconnaîtrais, et il en serait de même pour elle. Comme hypnotisé, je l'aborderais et elle me donnerait son numéro de téléphone. Son mari, mon épouse se demanderaient ce qui se passe. Bien entendu, il me faudrait divorcer, et elle aussi. Certes, ce serait dommage de saborder un couple, deux couples qui marchent bien, de faire le malheur au passage de quelques enfants, mais comment faire autrement ? Les lois de l'amour sont ainsi, elles ne se discutent pas. Sur ces réflexions, je cessai de dévisager les passantes.

Platon raconte une bien belle histoire[1] : les hommes avaient autrefois deux faces, quatre jambes et quatre bras. Ils étaient de trois sexes : doublement masculin ou féminin, ou bien androgynes, faits de l'assemblage d'une part féminine et masculine. Présomptueux, ils s'attaquèrent aux dieux qui, pour les punir, les sectionnèrent en deux parties. Ceux qui résultent d'une coupure des androgynes sont des hommes et des femmes qui, se sentant incomplets, cherchent depuis lors à se réunir dans l'amour afin de rétablir un court moment la complétude. Ceux qui sont le résultat de la césure d'un homme ou d'une femme font de même, mais recherchent l'amour du même sexe. C'est justement le rôle d'Éros de permettre cette réunion, cette fusion.

Cependant, n'importe quel homme et n'importe quelle femme ne forment pas un tout. Pour chaque homme, chaque femme, il existe une autre moitié qu'il s'agit de trouver. À chaque Prince sa Princesse, à chacun sa chacune.

Dans une publicité télévisée pour une marque de café, on voit un homme et une femme, chacun dans un train arrêté en gare. Leurs regards se croisent : deux âmes sœurs se reconnaissent. Mais l'un des deux trains démarre, et l'autre ne va pas tarder, partant dans le sens contraire. Après s'être reconnues, ces deux âmes sœurs vont-elles passer le reste de leur vie à se languir romantiquement l'une de l'autre ? Non : car une fois le train parti, la femme constate que l'homme est resté sur le quai. Il n'a pas de bagage : sans doute les a-t-il laissés dans le train qui vient de démarrer, avec le reste de son passé. Quelle importance ? Les deux personnes prédestinées se sont trouvées, leur vie commence réellement à ce moment-là.

Parfois, l'homme n'a pas la présence d'esprit de descendre du train. Il met alors des petites annonces dans les journaux : « Je t'ai vue dans le métro le 6 juin 2003 à 12 h 45 station Maubert-Mutualité. Je ne pense plus qu'à toi. Tu es blonde avec des yeux verts. Je suis brun avec une barbiche. Téléphone-moi ! »

L'amour véritable doit être malheureux

Être malheureux de ne pas l'être assez est tout de même une drôle d'idée. Pourtant Stéphanie sait séduire et se laisser séduire, ce qui nourrit son désir et lui permet d'être sexuellement épanouie. Elle sait aussi établir avec son mari, sa famille, ses amis, toutes sortes de gens, des relations empathiques, de compréhension mutuelle, qui lui permettent de comprendre les autres et, pour la plupart d'entre eux, de les apprécier.

Alors, pourquoi penser que du malheur est nécessaire à son bonheur ?

Pour comprendre d'où viennent de pareilles idées, il faut remonter les millénaires, car c'est une longue et vieille histoire.

Faisons-la débuter avec Manès le Babylonien, que nous avons déjà évoqué. Ce que disait Mani, c'est que la matière et la chair sont le Mal, et que seul l'esprit est Bien. Les rapports sexuels sont donc clairement du côté du mal, de même que la séduction qui y conduit, de même aussi que la passion charnelle qui en résulte. Il n'est de vrai amour que de Dieu ou, à la rigueur, des âmes entre elles.

La pensée manichéenne a imprimé sa marque au plus profond de la culture occidentale. Nombre de ses idées restent familières encore aujourd'hui : le combat sans fin du Bien contre le Mal, l'âme pure et innocente qui s'oppose à un corps pétri de désirs impurs, la recherche de l'élévation de l'âme dans la contemplation et la vanité des plaisirs matériels et charnels, tout cela nous parle encore un peu, sans doute parce que ces idées ont été remises en selle à plusieurs reprises, par les Cathares, par l'amour courtois, et surtout par le mouvement romantique dans lequel nous continuons à baigner.

Les Cathares, au XIIe siècle, propagent en Occident les idées manichéennes venues d'Orient. Ils croient eux aussi à la division entre deux principes égaux en importance, le Bien et le Mal, représentés par Dieu et Lucifer, à la pureté des âmes englués dans une matérialité diabolique. Le renoncement à la vanité des plaisirs matériels et charnels libère l'âme qui rejoint le Paradis de Dieu au moment de la mort. L'enfer est ici, nous y sommes, et c'est en abolissant tout désir qu'il est possible d'y échapper.

Tandis que les Cathares rejettent les diaboliques plaisirs de ce monde, à la même époque, les troubadours et les trouvères enchantent l'Europe en célébrant l'amour courtois. A priori, les deux choses paraissent antinomiques. Et pourtant...

Lorsque le troubadour chante la *fin'amor*, la quintessence de l'amour, il fait l'apologie d'amours toujours malheureuses, jamais concrétisées, impossibles à satisfaire. Le parfait amant se montre humble, loyal, respectueux et fidèle envers la « Dame des pensées ». Cette Dame idéalisée, qui le plus souvent n'est pas véritablement nommée afin de ne pas la compromettre, est chantée sans espoir de retour. La *joy d'amors*, qui représenterait l'assouvissement de cet amour, est exclue dès le départ. La Dame, habituellement mariée, se refuse. Lui demanderait-on, elle dirait non, non, non et non, comme dans la chanson[2], mais le plus souvent, on ne lui demande rien. Et si par malheur elle venait à céder, on changerait de registre et on déboucherait sur la tragédie.

La gent féminine ne sort pas gagnante de ce jeu-là : tandis que la Dame des pensées est idéalisée, la femme de chair et de sang est au contraire rabaissée. Le clivage masculin tant décrié aujourd'hui entre la maman et la putain, entre la maîtresse et la mère de ses enfants, la femme qu'on aime par passion et celle avec qui on pratique le devoir conjugal, se superpose avec la vision de la femme dans l'amour courtois.

En pays catholique, la *fin'amor* ne peut exister qu'en dehors du mariage, puisque, si les amants sont mariés, ils ont l'obligation de forniquer et de procréer. L'amour véritable est chaste et malheureux, et ce sont ces deux qualités qui en font la valeur. Les lois d'amour, au XIIe siècle, sont la Mesure, le Service de la Dame, la Prouesse, la Longue Attente, la Chasteté, le Secret et le Merci ; ces vertus conduisent à la joie, qui est signe et garantie du *Vray Amor*[3].

À la différence des Cathares qui condamnent le désir charnel et la procréation, des troubadours qu'ils inspirent, l'Église catholique fait dès cette époque du mariage un sacrement et de la procréation un devoir[4]. Le désir charnel, s'il reste soigneusement encadré, n'est pas diabolisé, et l'amour entre époux est même requis pour rendre le mariage valide[5]. Ce n'est cependant que plus tard, beaucoup plus tard, à partir du XIXe siècle, que l'amour passionnel deviendra la seule légitimation acceptable du mariage : les époux seront impérativement des amants passionnés[6]. Quelle acrobatie, en définitive ! Si bien que le mariage aura tendance à se dissoudre dès que l'amour ne sera plus au rendez-vous.

L'amour-passion est un beau roman

On n'a pas fini d'en raconter, des histoires d'amour, du Moyen Âge à nos jours, et celles-ci, sans que nous en soyons le moins du monde conscients, nous possèdent et modèlent nos comportements. L'une des plus exemplaires est sans doute le mythe de Tristan et Yseult[7]. Il était une fois un beau chevalier nommé Tristan, qui est le neveu du roi Marc de Cornouailles. Un beau jour, le roi le charge d'aller en Irlande demander en son nom la main d'une belle demoiselle, Iseult la Blonde. Iseult, au départ, ne porte pas Tristan dans son cœur, car dans un épisode précédent, il a occis le géant Morholt, dont elle est parente. Mais voilà que, sur le bateau qui les conduit en Cornouailles, Tristan et Yseult boivent par erreur le filtre magique d'amour destiné aux noces d'Iseult et de Marc.

La reine Yseult et le beau Tristan sont donc amoureux l'un de l'autre contre leur gré, sans que ni l'un ni l'autre n'en portent la responsabilité. Ils se voient en secret, mais leur amour est bientôt découvert. Condamnés à mort par le roi Marc, ils s'enfuient et se réfugient dans la forêt. Mais lorsque le roi Marc les découvre, ils dorment chastement côte à côte, une épée placée entre leurs deux corps. Que peut faire le roi Marc, sinon accorder son pardon à la reine Yseult ? Tristan retourne quant à lui en Bretagne, où sans doute définitivement imprégné du nom d'Yseult, il épouse une autre Iseult, Iseult-aux-blanches-mains.

Mais lorsque, blessé à mort au combat, Tristan se sent proche de mourir, il fait appeler Iseult la Blonde à son chevet. Iseult-aux-blanches-mains, jalouse, fait alors croire à Tristan que la reine ne viendra pas. Tristan expire désespéré et Iseult la Blonde, arrivée trop tard, tombe morte sur le corps de son bien-aimé.

Cette première version, du XIIe siècle[8], est souvent amalgamée aux aventures des chevaliers de la Table ronde, dans lesquelles on rencontre toutes sortes de chevaliers félons, où on retrouve le chevalier Gauvain, si séduisant. En voilà de belles histoires de cape et d'épée, avec de l'aventure et de l'amour, comme on n'a pas cessé de les aimer ! En voilà aussi une belle histoire d'amour malheureux, qui ne manquera pas d'être déclinée sous d'innombrables avatars au cours des siècles : les amants passionnés le sont à leur corps défendant. Ils n'ont rien fait pour cela, et n'ont aucunement cherché à séduire. Une force irrésistible les a poussés l'un vers l'autre malgré eux. C'est d'ailleurs à peine s'ils se connaissent : un regard aura suffi pour qu'ils soient envoûtés.

Car l'amour authentique ne doit rien à une séduction calculée. Bien au contraire, c'est l'absence de tout effort de séduction qui signe l'authenticité du véritable amour : la séduction relève du calcul, de l'effort, alors qu'on tombe amoureux comme dans un précipice. L'amour est magique : c'est un sortilège, un envoûtement inéluctable. Une puissance extérieure prend possession de la personne en dehors de toute rationalité. Il peut s'agir de la magie d'un filtre qui opère par erreur, comme pour Tristan et Yseult, ou bien du destin qui fait se rencontrer deux âmes faites l'une pour l'autre de toute éternité. Jusqu'au moment de leur rencontre, elles étaient comme en attente, vivaient une médiocre banalité, et rien de ce qu'elles avaient fait ne compte vraiment. Lorsque les amants se trouvent enfin, un feu pur consume leurs passés respectifs, qui sont balayés comme s'ils n'avaient jamais existé.

Car on ne choisit pas l'objet de son amour, il s'impose à nous, que cela plaise ou non. En fait, les amoureux se reconnaissent, mais ne font pas connaissance, puisque la magie de l'amour agit de façon instantanée. Ils sont bizarrement assez peu curieux l'un de l'autre, ne se préoccupent guère de savoir qui est cet autre, d'où il vient, quelle est son histoire, quels sont ses goûts, ses espoirs. Pourquoi s'en soucier, puisque rien de ce qui est survenu avant que le coup de foudre produise ses effets ne compte vraiment ? Ils se sont reconnus et cela suffit.

L'unique souci des amoureux est de savoir si leur amour est partagé : l'autre se meurt-il aussi d'amour ? Avec la même intensité que soi ? En fait, les amoureux sont amoureux de leur amour, plus que de l'objet de cet amour.

Ce qui préoccupe aussi les amoureux, ce sont les obstacles qu'il leur faut vaincre. Car il n'est de véritable amour que contrarié, impossible, interdit. Un bel amour est un roman plein de rebondissements dans lequel toutes sortes d'épreuves se dressent sur la route des amoureux.

Ces épreuves permettent de tester la réalité de l'amour. Yseult, promise au roi Marc, ne peut faire autrement que de l'épouser. Tristan, lui aussi, se marie, et avec une Yseult qui n'est pas la bonne. Et même lorsque plus rien de concret ne s'oppose à leurs ébats, les amoureux disposent une épée nue entre leurs deux corps afin que leur amour reste impossible à assouvir.

Car un amour pur doit aussi se situer en dehors de toute sexualité. Le passage à l'acte sexuel est vu comme le point culminant, mais aussi le point final du véritable amour. Le mieux est sans aucun doute que l'amour conserve sa pureté car, dès lors qu'il se fait charnel, il faut la mort des amants pour racheter cette faute.

En fait, c'est l'amour-passion dans son entier qui est une histoire mortifère, ne valant que par son intensité : tout d'abord, on se languit, on se consume, puis on se meurt d'amour et, à la fin, on finit par mourir vraiment, tant la satisfaction d'un amour véritable se révèle impossible. D'ailleurs, mieux vaut mourir, puisque ce qui suit ne peut être que médiocre et insipide au regard de l'amour qu'on a vécu.

Ce qu'il y a de bien, avec ces grandes amours malheureuses et compliquées, c'est qu'elles dispensent de vivre de petites amours simples et sans chichis. Daphné, une pétulante jeune femme de vingt-trois ans, qui travaille dans la presse informatique, a rencontré son Grand Amour sur Internet. Necmettin est turc, mais fait de très belles déclarations d'amour en anglais. Après quelques centaines de courriels, Daphné finit par prendre un avion pour Istanbul, où elle découvre un Necmettin conforme à ses rêves. Il est aussi beau que sur sa photo, viril et sympathique, et travaille dans une agence de voyages. Quatre jours de vacances se déroulent comme dans un rêve. Necmettin, aux petits soins pour elle, lui fait visiter les rives du Bosphore et vivre des moments inoubliables. Rentrer à Paris est un déchirement pour Daphné, mais les courriels et le téléphone permettent de poursuivre la relation. Chaque fois qu'elle le peut, Daphné part pour Istanbul, et revient enchantée.

Jusqu'à ce jour où, après dix-huit mois de relations à distance ponctuées de brèves rencontres, Necmettin lui avoue qu'il a un problème : sa famille veut le marier car, à vingt-huit ans, on le trouve déjà vieux garçon. Veut-elle l'épouser ? Bien entendu, il faudrait qu'elle vienne vivre en Turquie, car c'est là que Necmettin a un travail, une famille et des amis. Sans doute pourrait-elle trouver un emploi à Istanbul, ou peut-être pas, mais cela n'aurait pas d'importance, puisque Necmettin en a un, de travail.

Daphné, brutalement confrontée à l'impossibilité de son amour, passe d'un spleen languide à la tragédie : car comment quitter sa propre famille, un job épanouissant, son confort, pour partir en terre musulmane, dans un pays dont elle ne connaît pas la langue ? Les mois qui suivent sont merveilleusement désespérés pour les deux amoureux. Necmettin raconte ses combats avec sa famille, qui lui présente sans répit des filles à marier, dont il ne veut pas, puisqu'il rêve à sa Française. Daphné défend son Necmettin face à des parents affolés à l'idée que leur fille pourrait se transformer en une femme soumise aux lois en vigueur dans les pays musulmans.

Daphné, désespérée par ses amours impossibles, vient me présenter son malheur et ses angoisses. Comme les courriels et les coups de téléphone s'espacent, elle est prise par le doute : Necmettin l'aime-t-il encore ? Pourquoi n'accepte-t-il pas de venir en France ? A-t-il déjà cédé à sa famille, est-il déjà marié sans oser le lui dire ? Et sa famille à elle, pourquoi s'oppose-t-elle à son amour ? Est-ce du racisme ?

Le Grand Amour de Daphné l'accable délicieusement. Car ce malheur est un cache-misère : il lui permet d'oublier sa difficulté à nouer des relations amoureuses satisfaisantes avec des hommes plus accessibles. Daphné, depuis toujours, doute d'elle-même, de son pouvoir de séduction. Par le passé, elle a couru après des garçons qui couraient plus vite qu'elle, et elle en a rejeté d'autres qui lui déplaisaient parce qu'elle leur plaisait. Le beau et irréel Necmettin est arrivé à point nommé : les amours épistolaires et téléphoniques, dans une langue étrangère, sur le mode du Grand Amour, avec ses discours convenus, nécessitent somme toute peu de talent relationnel. Les sentiments, modelés sur ceux que propose la culture occidentale, fonctionnent sans grande implication personnelle. Les moments torrides peuvent être parfaits, puisqu'ils sont brefs.

En occupant son esprit, en immobilisant son cœur, cette belle romance dispense Daphné de se sentir esseulée, lui ôte toute disponibilité pour des relations amoureuses plus réalistes, qu'elle sait ne pas être à même de mener. Son cœur est déjà pris, et elle peut donc ne pas regarder les garçons, dire non aux avances éventuelles en toute sérénité. Merci, monsieur Tristan, madame Yseult, merci, monsieur Roméo, mademoiselle Juliette, merci, tous les autres qui, avec vos histoires d'amour, nous expliquez comment rêver sa vie plutôt que de la vivre.

Le Grand Amour aura, du Moyen Âge à nos jours, des hauts et des bas : il sera par exemple critiqué au XVIIe siècle, où s'épanouit la pensée classique, fondée sur la mesure et la raison. Le mouvement romantique apparaît à la fin du XVIIIe siècle comme une réaction à cette vision d'un monde trop ordonné, objectifié, qui sécréterait la pire chose qui soit : l'ennui.

Ah, les Romantiques ! C'est sans doute parce qu'ils ressentent une vacuité intérieure, le trou béant laissé par un Dieu agonisant, qu'ils cherchent désespérément à intensifier leur vécu. Le mouvement romantique privilégie une vision subjective du monde, dans laquelle il ne s'agit plus de comprendre, mais de ressentir. On met l'accent sur les qualités de cœur, la sensibilité individuelle, la spontanéité, la sincérité dans l'expression de sentiments qui se doivent d'être intenses. On s'oppose donc à l'esprit de libertinage des XVIIe et XVIIIe siècles, centré sur la séduction et le plaisir des sens, mais surtout, on rejette avec véhémence les petites amours mièvres et dégénérées qui, satisfaites d'avoir vaincu quelques obstacles, finissent par déboucher sur un bonheur insipide.

« Je suis trop heureuse, le bonheur m'ennuie. Malheur à qui n'a plus rien à désirer ! » s'écrie Julie, l'héroïne de *La Nouvelle Héloïse*[9]. Tout plutôt que l'ennui ! Et même, plutôt souffrir, plutôt mourir...

La vie ne vaut donc la peine d'être vécue que si on vit de manière passionnée, enthousiaste, si on ressent des émotions violentes. Éprouver des sentiments douloureux, c'est se sentir vivre avec davantage d'intensité. Et c'est ainsi que les Romantiques renouent avec les idées de l'amour courtois. Leur insatiable appétit d'intensité leur fait désirer des amours contrariées, ou mieux encore, impossibles. La recherche d'intensité fera aussi qu'on recherchera un amour pur, inhumain, impossible à satisfaire, donc follement désirable. Voilà qui permettra d'être tourmenté par le doute, l'angoisse, la nostalgie, le désespoir.

C'est donc en toute conscience que les Romantiques vont courir après le malheur et vouer le bonheur aux gémonies. Le bonheur, voilà bien l'ennemi de la passion amoureuse. Le bonheur est impur, puisqu'on est sexuellement satisfait. Le bonheur n'a pas d'histoire, alors que la passion est un roman. Le bonheur est tranquille, tandis que la passion est tumultueuse. Dès lors que les amants sombrent dans le bonheur, la rage d'aimer s'érode. Le passage du temps, les tracas de la vie quotidienne effectuent eux aussi leur travail de sape. Les amants béats se mettent à bâiller, l'ennui gagne.

Mais les Romantiques ne sont pas innocents : alors que Tristan et Yseult se désolaient de ne pas pouvoir vivre des amours paisibles, les héros romantiques s'en réjouissent, car ils savent que ce sont les obstacles qui suscitent l'amour-passion et les sauvent de l'ennui. « Contrariez-moi, pour que j'en fasse un malheur ! » demande le romantique avec insistance.

Vivre des amours follement malheureuses suffit-il à remplir une vie ? Pas celle de tout le monde : le héros romantique a aussi soif d'aventures et d'action. Il se pose alors en redresseur de torts, si possible seul contre les autorités constituées. Du malheur, des injustices, il y en a sur terre à profusion. Et c'est pain bénit pour nos héros ou nos héroïnes romantiques, friands de causes perdues comme d'amours désespérées.

Les aventures romantiques ne sont-elles pas un peu trop belles pour être honnêtes ? Le héros romantique est-il véritablement généreux, lorsqu'il va ici et là lutter contre les injustices, ou faire la révolution ? Ou bien est-il un vampire assoiffé de malheur, à la recherche de stimulations destinées à l'empêcher de périr d'ennui ? Le héros romantique ressemble à un toxicomane émotionnel : il lui faut sa dose d'émotions et, plus le temps passe, plus il lui faut augmenter les doses !

De l'amour romantique au happy end

Certes, s'ennuyer est bien embêtant, mais la plupart y voient un moindre mal. Ne pourrait-on donc pas envisager un système intermédiaire, avec du malheur et de la souffrance, puisqu'il en faut pour faire un bel amour riche en passions, mais pas tout le temps ? Pourquoi pas un système à deux temps, le premier dédié à la passion amoureuse, plein de folie furieuse, le second où on reviendrait à des réalités plus terre à terre, mais avec de beaux souvenirs ?

C'est assez vite qu'on a pensé à marier ainsi la carpe et le lapin et à alléger le Grand Amour d'une partie de son côté tragique. Honoré d'Urfé écrit ainsi au XVIIe siècle un grand roman fleuve, *L'Astrée* : l'histoire se passe dans une Gaule imaginaire, une sorte de petit Paradis paisible, au Ve siècle, dans la région du Forez. Céladon et Astrée, berger et bergère bien éduqués, qui, tels des soixante-huitards dégoûtés de la société de consommation, ont choisi le retour à la terre afin de « vivre plus doucement et sans contraintes », sont fiancés et amoureux l'un de l'autre.

Comment écrire douze livres, soit cinq mille pages là-dessus ? Facile : il suffit pour cela qu'Astrée, la belle bergère, doute de la fidélité de son chevalier servant. Elle le chasse et, dès lors, il devient le soupirant idéal, l'amant pur, qui doit accumuler, à la demande de sa Dame, les preuves de son innocence. Il lui faut pour cela faire la preuve de sa bravoure, vivre d'éprouvantes aventures durant des milliers de pages avant d'obtenir le pardon de sa belle. Mais à la fin des fins, après une infinité de rebondissements, Astrée juge enfin Céladon digne de son amour. Ils se marient et ont beaucoup d'enfants : et voilà le *happy end* inventé !

Tout cela ne vous rappelle-t-il rien ? Car de belles histoires du même tonneau, on ne finit pas d'en raconter : le Grand Amour, tout d'abord, est pur. Il ne naît pas d'une séduction diabolique : les amoureux le sont devenus par l'effet d'un coup de foudre qui survient en dehors de toute volonté, de tout calcul. Mais, pour leur malheur, l'amour aveugle qui les a saisis va à l'encontre des lois sociales. Ils aiment la mauvaise personne, celle qu'on n'a pas le droit d'aimer d'amour, ou bien celle avec qui rien n'est possible. Le Grand Amour, contrarié par nature, a besoin de ces obstacles pour s'en nourrir. Il faut donc un mari jaloux, ou bien une épouse légitime, ou bien les deux ; ou bien les amants sont de deux clans ennemis, de deux cultures ou de deux religions incompatibles, ou ils n'ont pas le même niveau d'instruction, ou l'un est riche quand l'autre est pauvre, ou bien ils ont une trop grande différence d'âge, ou ils sont du même sexe. Ou encore, histoire de pimenter, un peu de tout cela à la fois...

Le manque d'obstacle est aujourd'hui le plus grand obstacle au Grand Amour romantique. Qu'inventer, qui soit encore bon à se mettre en travers de l'amour ? Un scénariste de film semble avoir trouvé quelque chose, récemment : le jeune homme est réel, tandis que la femme est virtuelle[10]. Bien joué !

Mais dans l'ensemble, ces amours contrariées sont davantage bourgeoises que romantiques : après deux cents à trois cents pages ou quatre-vingt-dix minutes, il faut en finir avec le Grand Amour. Comme la seule façon de le rendre éternel est de mourir à la façon de Roméo et Juliette et qu'il n'y a plus guère d'amateurs, reste à quitter le roman pour rentrer dans le rang. Alors que, dans l'amour romantique, rien ne peut s'arranger, dans les amours bourgeoises, tout s'arrange à la fin.

Il ne reste plus qu'à vivre heureux, c'est-à-dire avoir des enfants mignons à croquer, un bon métier, et une petite maison dans la prairie ou dans une riante banlieue. Tout ça pour ça, est-on tenté de demander, comme dans le film de Claude Lelouch[11]. Toute cette peine, toutes ces aventures palpitantes, pour aboutir à quoi ? Une série de parties de jambes en l'air, un prêt hypothécaire, des séances d'orthodontie pour les enfants ?

Les romantiques en sont vite fatigués et ont une certaine propension à en déduire que, puisque le Grand Amour se termine ainsi, c'est donc qu'ils s'étaient trompés et qu'il ne s'agissait pas du *vrai* Grand Amour.

Telle est la situation de Petra, intoxiquée par le romantisme : elle n'a que trente-cinq ans, mais a déjà usé trois compagnons, avec lesquels elle a fait quatre enfants. Chaque fois, elle vit un Grand Amour, mais comme aussi à chaque fois ce Grand Amour tourne à la vie de famille, elle s'en fatigue, ce qui la met dans les dispositions idéales pour accueillir le suivant.

Comme elle ne sort pas avec des manchots, ses amants s'aperçoivent vite que se transformer en maris et en pères leur fait perdre leur aura. Mais qu'y faire ? Se démener pour faire palpiter le cœur de leur belle ? Ils s'y emploient : ils imaginent des obstacles, des voyages, des impossibilités pour se faire désirer. Guido, le dernier en date, s'est même inventé une fausse maîtresse afin de rendre Petra jalouse. Elle rompt le jour où elle s'aperçoit du mensonge...

Amoureux de l'Amour

Ayant baigné depuis leur plus tendre enfance dans les romans et les films d'amour, les oreilles pleines de chansonnettes célébrant sans cesse le même amour, le corps naturellement imprégné tout au long de l'année d'hormones sexuelles stimulant leur libido, les jeunes hommes et les jeunes femmes sont aux aguets, s'attendant que le Grand Amour les saisisse d'un instant à l'autre.

Le modèle d'amour qu'on a en tête, culturellement construit, sert de médiateur externe[12] à l'amour qu'on tente de vivre : on se fait certaines idées sur l'amour, puis on tente de calquer sa propre réalité sur ces idées. On est moins amoureux de quelqu'un que de l'idée de tomber amoureux, de vivre une grande passion.

N'est cependant pas Roméo qui veut. Et les filles qui s'imaginent en Juliette ne disposent pas toujours d'un balcon situé à la bonne hauteur, ni d'un Roméo talentueux. La réalité s'avère toujours en deçà du rêve filmé en technicolor ou du roman de gare. Roméo est boutonneux et ne sait ni chanter ni jouer de la guitare, Juliette a de mauvaises notes en maths et demande à son postulant de lui résoudre ses problèmes. Que de désillusions, dès le plus jeune âge !

Mais si l'amour n'est pas vivable, il n'en reste pas moins racontable à soi-même et aux autres. On gonfle alors son amourette, on l'agrémente de visions tirées de belles histoires. Des histoires qui, dans les livres, dans les films, dans les chansons, à défaut d'être véridiques, sont désirables, auxquelles on veut croire puisque tout le monde y croit. On est amoureux transi, on vit de folles passions, on se meurt d'amour pour ce beau jeune homme, cette fille merveilleuse, on est malheureux à l'extrême, on va se jeter à la rivière, on est fous l'un de l'autre, on vit des nuits d'amour interminables. Ah, c'est beau l'amour...

Mais cet amour ressemble aux vêtements du roi nu : comme tout le monde le dit habillé, personne n'ose en croire ses yeux. Et si tout le monde se montait le bourrichon ? Et si personne ne vivait d'authentique Grand Amour, si chacun n'avait droit qu'à un amour reflété ? On comprendrait qu'alors tout le monde soit jaloux : le Grand Amour, c'est toujours l'autre qui le vit.

Voilà aussi pourquoi les histoires d'amour ne marchent jamais aussi bien que lorsqu'on passe de deux à (au moins) trois. Le rival, la rivale sont d'abord les modèles d'un amour fondamentalement mimétique[13]. L'amour des uns engendre celui des autres : rien n'est plus facile que de tomber amoureux de quelqu'un qui l'est déjà d'un ou d'une autre, ou d'être dévoré de passion pour celui ou celle qu'aime notre meilleur ami, notre meilleure amie, notre double.

En définitive, pour que se produise quelque chose qui ressemble au Grand Amour, il faut tout d'abord être amoureux de l'idée de l'amour, puis amoureux de l'amour d'un ou d'une autre, avant d'être amoureux à son tour.

Quentin et Jenny sont magnifiques : lui tout en noir et gris, avec une chemise à col dur et une de ces cravates bizarres qu'on ne peut mettre que le jour de son mariage, et elle, tout en blanc, sans pour autant ressembler à une meringue. Sean, le meilleur ami des deux, est témoin et garçon d'honneur. Il ne s'est jamais consumé d'amour pour Jennifer jusque-là, mais le fait de la voir aussi belle, aussi rayonnante, l'enflamme. Il la contemple comme un malheureux, se disant qu'il a été bien sot de ne pas s'apercevoir avant le jour de son mariage à quel point elle est désirable, et en même temps se maudit de penser des choses pareilles au sujet de l'épousée de son meilleur ami.

Par quel miracle se retrouvent-ils tous deux au même moment dans les toilettes du second étage de la salle de bal louée pour la circonstance ? Ils n'en savent trop rien. Comment peuvent-ils faire l'amour dans un lieu si peu romantique, ou peut-être au contraire, tellement romantique ? Toujours est-il que c'est ainsi que les choses se passent.

« Je ne sais pas ce qui m'a pris », m'explique Jennifer plusieurs années après cet épisode. « La peur, sans doute. » La peur l'a saisie lorsqu'elle a compris que, avec Quentin, ce n'est pas l'amour tel qu'elle l'a rêvé. Elle aime Quentin, mais d'un amour trop ordinaire. Lorsqu'elle a vu cette flamme dans les yeux de Sean, elle n'a pas pu résister. Depuis lors, leur liaison se poursuit : SMS et mots tendres mailés, rendez-vous secrets dans des hôtels leur permettent à tous deux s'assouvir une passion délicieusement pimentée de culpabilité. Son mariage ? Il va bien, merci, et elle est enceinte, sans trop savoir de qui.

Jennifer a entrepris une psychothérapie, poussée par la culpabilité. Ou plutôt, Jennifer a commencé une psychothérapie pour entretenir une culpabilité parfois défaillante qui dramatise agréablement ses amours. C'est ce qui finit par apparaître : elle a besoin de tout cela, un mari, un amant, des remords, pour se sentir exister. « Je ne m'aime pas assez parce que mon père et ma mère ne m'ont pas assez aimée, et maintenant, il me faut deux hommes qui m'aiment pour que je puisse m'aimer un peu. »

Car c'est sûr, Jennifer ne peut renoncer ni à l'un ni à l'autre. « Sean voudrait que je quitte Quentin et que je l'épouse. Mais si j'acceptais, ce serait lui mon mari et nous sombrerions dans une platitude identique. J'aime les deux, j'ai besoin des deux, ils se valorisent mutuellement, et me valorisent, moi qui suis au centre de leurs désirs. »

C'est sans doute en cela que Jennifer est une femme moderne : elle n'a plus honte d'être coupable, elle y prend même du plaisir. Elle se joue la comédie sans même avoir besoin d'être dupe. Elle jette la névrose aux orties pour s'amuser de sa perversion.

Somme toute, Jennifer, qui finit par s'amuser tout autant de ses amours que de celles des autres, s'en sort bien. Ses amours la valorisent, alors que, pour beaucoup, le Grand Amour ne fait qu'aboutir à une profonde blessure narcissique. Qu'elles semblent belles, toutes ces amours que les autres vous donnent en spectacle ! Qu'elles sont minables, nos tentatives pour ressentir des sentiments identiques ! On s'efforce de tomber amoureux dans l'espoir que cet amour nous enrichira, qu'il donnera du sens à notre vie, un plus à notre morne existence. On aspire à vivre quelque chose de grand, de magnifique, pour s'apercevoir que ce sont les autres qui le vivent, tandis que soi-même ne parvenons qu'à faire semblant. L'amour des autres est pur, le nôtre est coupable et nous nous l'interdisons. L'amour des autres est grand et désirable, le nôtre n'en est qu'un pâle reflet, petit comme notre personne.

Le sentiment amoureux n'est pas le Grand Amour

Le Grand Amour n'est pas le sentiment amoureux. Il arrive parfois que, entre deux personnes, l'amour ne tourne pas au désastre. On s'aime et cela dure. Oh, bien sûr, ce n'est pas le Grand Amour. C'est même justement parce que ce n'est pas le Grand Amour que cela peut durer. Ce sentiment amoureux-là n'est pas pur : il est comme le mélange de l'huile et du vinaigre.

Lorsqu'on éprouve ce genre de sentiment amoureux, à certains moments, on se sent sur la même longueur d'onde que l'objet de son amour. On comprend ce qu'il ou elle éprouve, comment il voit les choses. Dans ces moments, on entretient une relation empathique avec lui ou elle. À d'autres moments, on se met à considérer l'autre sous un angle légèrement différent et on éprouve du désir, de la passion pour cet autre qui, nimbé de nos fantasmes, devient un leurre. On s'est laissé séduire.

À force de basculer de l'un à l'autre, on a le sentiment que tout cela ne fait qu'un. Et si ce n'est pas parfaitement exact, ce n'est pas tout à fait faux. La vinaigrette existe, elle est magique, et certains la rencontrent. Mais cette émulsion, qui mélange deux liquides non miscibles, est par nature instable et exige de l'entretien. Au bout de quelque temps, la phase aqueuse et la phase huileuse ont tendance à se séparer : il faut alors donner un nouveau coup de fourchette.

Lorsqu'on n'est pas intoxiqué par l'idée du Grand Amour, lorsqu'on ne craint pas de séduire, lorsqu'on n'est pas non plus pervers ou histrion, prisonniers de la séduction, lorsqu'on est capable de s'intéresser à des personnes autres que soi-même, d'établir avec elles des échanges sur des bases équitables, alors on en vient à évaluer ce sentiment amoureux à sa juste valeur.

J'avais déjà bien entamé la rédaction de ce livre lorsque je suis tombé sur Lucien et Suzon, un couple épanoui et étalant aux yeux de tous les signes du bonheur d'être ensemble, qui fêtent leurs noces de rubis. Lucien s'est marié à vingt-six ans et en a maintenant soixante-six, tandis que Suzon en a quatre de moins.

Se sont-ils mariés par amour, leur ai-je demandé impudemment, et sont-ils encore amoureux ?

Non, me dit Lucien. Ça n'a jamais été le Grand Amour et, selon lui, c'est aussi bien. « Ah pardon, intervient Suzon, parle pour toi, car moi je t'ai aimé et je t'aime encore, malgré ton manque de romantisme et ton mauvais caractère. — Tu m'aimes, et moi aussi, je t'aime, mais entre nous, ce n'est pas comme ce que tu as vécu à dix-neuf ans avec le bel Albert, rappelle-toi ! » Suzon doit convenir qu'avec le bel Albert, cela a été tout autre chose : elle en a été folle, ça a été une passion torride, en tout cas de son côté, parce que le bel Albert l'a bel et bien laissée choir. Elle a d'ailleurs épousé Lucien par dépit, ce qui ne les a pas empêchés d'être fidèles et de s'aimer durant toutes ses années.

Fidèles ? Oui, bon, presque... Enfin, passons là-dessus et disons qu'ils ont vécu des moments d'une grande intensité passionnelle, et que d'ailleurs c'est loin d'être terminé. Il ne se passe pas de journée sans que Lucien ne se transforme en objet de séduction pour Suzon, qui en a tout autant à son service. Mais si le désir et la sexualité ont leur importance, il ne faut pas négliger l'amitié que tous deux ont développée. Ils se connaissent, ils se comprennent, ils sont des complices.

Comment se fait-il que cela dure toujours ? Mais parce qu'ils font ce qu'il faut pour ça ! Par exemple, tous deux savent que, pour que l'autre lui conserve toute son attention, il faut l'inquiéter légèrement, ménager des moments de doute, du suspense dans la relation. De temps à autre, ils se quittent pour des vacances conjugales de quelques jours. Au retour, ils se racontent des histoires : Albert se complaît dans la description des personnes du sexe féminin qu'il aurait rencontrées, suggérant que, peut-être, il se serait passé quelque chose. Suzon aime bien, quant à elle, insister sur les nouvelles qu'elle reçoit de la part d'anciens amants, devenus, à ce qu'on dit, de simples amis. Aucun des deux n'est véritablement dupe de ces petits jeux, mais aime à se demander si, au fond, ces historiettes ne recèleraient pas un fond de vérité. La meilleure façon de cacher une relation extraconjugale n'est-elle pas de l'avouer sur le mode de la plaisanterie[14] ? Quoi qu'il en soit, ils s'amusent de ces fantasmes mis en histoire, qui prouvent que l'autre peut désirer ailleurs.

S'amuser à distiller, par-ci, par-là, quelques larmes de doute n'empêchent pas Suzon et Lucien d'être aux petits soins l'un pour l'autre. Ils veillent à obliger l'autre en lui donnant toujours davantage qu'ils n'ont reçu. Les attentions, les gestes tendres sont autant de dons qui véhiculent une intention, celle d'être agréable à l'autre. C'est l'assemblage de tout cela qui, sans doute, constitue le sentiment amoureux.

Revoyons les croyances irrationnelles à propos du Grand Amour

Des croyances irrationnelles à propos de l'amour-passion, ce n'est pas ce qui manque puisque, somme toute, ces croyances constituent la substance même de ce qu'on peut appeler le Grand Amour. Car ce Grand Amour n'est pas une réalité d'ordre psychophysiologique, comme le sont les processus de séduction et d'empathie, ou bien encore le désir et l'excitation sexuelle, mais une réalité transmise par notre culture.

Examinons notre nouvelle brassée d'idées reçues. Nous croyons tout d'abord au Prince charmant ou à la

Belle Princesse. *Il existe quelque part sur terre, une personne qui nous est destinée de toute éternité.* Lorsque nous la trouvons, nous le savons de façon instantanée. C'est le coup de foudre : de petites clochettes se mettent à sonner, le soleil se met à briller plus fort, tout paraît plus beau. Quoi de plus merveilleux, de plus authentique que l'Amour ?

À quoi bon vivre, sans amour ? *La rencontre avec l'âme sœur est le but de la vie, ce qui donne son sens à l'existence.* Hors le Grand Amour, point de salut. Les autres modes relationnels ? La séduction, les relations empathiques ? À l'aune de l'Amour, ils ne font pas le poids, ne sont rien d'autre que des passe-temps en attendant le Grand Amour.

Lorsqu'on rencontre l'âme sœur, la passion amoureuse nous submerge et s'empare de nous ; il ne sert à rien de lui résister. Lorsqu'il arrive, le Grand Amour balaie tout sur son passage. Si on est marié, on en est réduit à tromper son conjoint, ou à divorcer. Quant aux enfants qu'on aura faits sans véritable amour, que représentent-ils face à ceux qu'on aura dans l'amour véritable ?

Si nous ne sommes pas amoureux d'emblée, si nous devons faire des efforts pour nous intéresser à l'autre, c'est qu'il ne s'agit pas de la bonne personne. *Le coup de foudre ne nécessite pas d'effort de séduction, il est automatique.* Il suffit d'attendre que cela nous prenne. Tout au plus peut-on tenter de favoriser le sort en se montrant sociable, en sortant et en rencontrant des amis, mais c'est tout. Si on n'a pas ressenti de coup de foudre, mieux vaut alors ne pas trop s'engager dans ce petit amour de seconde catégorie, et se réserver pour le Grand Amour.

Ces croyances irrationnelles se marient bien à celles concernant la séduction : mieux vaut que le Grand Amour soit spontané quand on croit que *séduire est mal*. Bien sûr, tout le monde s'y essaie, mais tout le monde sait aussi à quel point c'est mal. Quoique ce soit sans doute moins excitant si c'était moins mal...

Séduire, on l'a vu, c'est mettre en place un leurre que l'on va dandiner. Mais si leurrer, c'est se montrer hypocrite, tromper l'autre, le manipuler, alors on ne voit pas comment il pourrait en sortir quelque chose de bon, encore moins un authentique Grand Amour.

Il arrive que ce Grand Amour ne soit pas partagé, ou bien que de nombreux obstacles en contrarient la réalisation. Il s'agit alors d'un Grand Amour Malheureux. Ce sont assurément les plus beaux, car les plus purs, les plus romantiques. Mais si on s'acharne, si on lutte vaillamment, un Grand Amour Malheureux peut se transformer en beau conte de fées. *En fait, il est souhaitable que le Grand Amour rencontre des obstacles sur sa route, qui sont autant d'épreuves à travers lesquelles les amoureux font la démonstration de la réalité et de la puissance de leur amour.*

Et si notre amour ne résiste pas à ces obstacles, il n'y a rien à regretter : il ne devait s'agir que d'un amour de circonstance, qui se sera dégonflé comme une baudruche.

Enfin, tout est bien qui finit bien et, à la fin des fins, *l'amour est récompensé*. Certes, cette croyance n'est pas dans le droit-fil de l'orthodoxie amoureuse, qui voudrait que le Grand Amour, pour rester pur, ne devienne jamais charnel. Mais aujourd'hui, c'est trop demander...

Les inconvénients de telles croyances sont nombreux : elles induisent tout d'abord la passivité. L'amour est une alouette qui doit tomber toute rôtie dans la bouche. Voir les choses ainsi, c'est se priver de toute possibilité de séduire. On ne peut pas dire qu'on se facilite la tâche...

Conduisant ensuite à un fonctionnement en tout ou en rien — le Grand Amour ou rien... — ces croyances

> **Quelques idées fausses à propos du Grand Amour**
>
> *1) Chacun d'entre nous a une âme sœur prédestinée. Si on ne l'a pas encore rencontrée, mieux vaut ne pas s'engager.*
> *2) La rencontre avec l'âme sœur est le but de la vie, ce qui donne son sens à l'existence.*
> *3) Lorsqu'on rencontre l'âme sœur, la passion amoureuse nous submerge et s'empare de nous ; il ne sert à rien de lui résister.*
> *4) Le coup de foudre ne nécessite pas d'effort de séduction, il est automatique. Être dans la nécessité de séduire l'autre signifie qu'il ne s'agit pas d'un véritable amour.*
> *5) Séduire est mal car cela revient à se montrer hypocrite, tromper et manipuler l'autre.*
> *6) Le Grand Amour rencontre des obstacles sur sa route, qui sont autant d'épreuves à travers lesquelles les amoureux font la démonstration de la réalité et de la puissance de leur amour.*
> *7) À la fin, l'amour est récompensé.*

empêchent de profiter des occasions qui se présentent, des amours à la petite semaine. Or, il n'est pas rare, dans la pratique, que ce soient les petites aventures qu'on croyait sans lendemain qui évoluent en relations durables, ou bien qu'une camaraderie se colore de désir. Un petit torrent de montagne aura alors fini en Mississippi.

Enfin, le Grand Amour romantique, qui se nourrit de son propre malheur, est difficilement compatible avec la recherche du bonheur. Comme nous sommes une époque où on ne veut renoncer à rien, on en vient à désirer tout à la fois le bonheur du malheur romantique, et un bonheur simple et sans histoire. Voilà qui oblige à quelques contorsions...

Beaucoup s'en sortent par cet habile compromis : les amours commenceront mal, on souffrira beaucoup, mais à la fin, tout s'arrangera et on trouvera enfin le bonheur dans l'amour. Ils vécurent heureux et eurent beaucoup d'enfants : façon pudique d'évoquer une vie sexuelle réussie... Pourquoi pas, si on aime les histoires ? Mieux vaut cela que croire que souffrir de maladie d'amour donne ensuite automatiquement droit à un bonheur garanti.

La recherche du Grand Amour : que de complications... C'est normal, c'est fait pour ça !

CHAPITRE 4

Couples et familles durables

> « C'est une chose d'être amoureux. C'en est une autre d'être amis. Et c'est une chose merveilleuse d'être follement amoureux de ma meilleure amie. »
>
> Arnold Schwartzenegger[1]

Désormais sans grande illusion sur les lois qui gouvernent les rapports sociaux en sous-main, craignant moins de séduire, sachant partager nos émotions et nos points de vue, nous défiant du Grand Amour, nous voilà mieux armés pour évoluer en société.

Certes, mais quels liens forger ? Se marier a-t-il encore un sens ? Et même, vivre en couple ? Mais si on préfère vivre en solo, qui va s'occuper des enfants ? Ou bien, peut-être vaut-il mieux ne pas en avoir, ce qui simplifie grandement la vie et permet de se consacrer à son travail et à son développement personnel. Mais justement, former un couple uni et avoir de beaux enfants ne sont-ils pas des ingrédients essentiels pour réussir une vie ?

Familles patriarcales et matriarcat sans père ni mari

Pour fournir quelques éléments de réponse à ces questions, je vous propose de revenir sur un élément que nous avons déjà effleuré dans le début de ce livre : la déliquescence du patriarcat.

Dans les familles patriarcales, ce qui compte, c'est le patrimoine. Les histoires et les légendes de famille, les savoirs, les savoir-faire amassés, ainsi que le patrimoine culturel et artistique constituent des richesses immatérielles dont on hérite tout autant que des biens matériels, certes plus visibles. Si on jouit de tous ces aspects du patrimoine, ils ne nous appartiennent pas pour autant : il faut les faire fructifier pour les léguer à la génération suivante.

Le mariage est un moyen parmi d'autres pour agrandir le patrimoine matériel, en concluant des alliances, en rassemblant des terres et des richesses. On marie les époux sans qu'ils aient grand-chose à dire. Dans beaucoup de systèmes sociaux patriarcaux, c'est le premier des garçons qui s'appartient le moins, car il est chargé de reprendre le flambeau. Dès lors qu'il devient père à son tour, il est roi dans sa famille, en tout cas jusqu'à la Révolution française : ensuite, la bourgeoisie l'ayant emporté, il doit se contenter de vivre en bon père de famille, sans abuser[2].

Les femmes commencent par être des filles bonnes à troquer, puis les mères des enfants de leur mari. L'homme doit prendre femme puisqu'il a besoin de ce réceptacle pour engendrer et se reproduire[3]. Et pour être certain que c'est bien lui qui se reproduit, il faut tenir la sexualité sous haute surveillance et prohiber les relations sexuelles hors du mariage.

Il existe cependant plusieurs demeures dans la maison du père : les règles qui définissent les liens de parenté, qui déterminent les interdits sexuels et ceux à qui incombe l'éducation de la progéniture, varient grandement dans l'espace et dans le temps.

Le patriarcat se fonde sur une dette patrimoniale à rembourser. Que ce soit à son père, à ses Pères, aux dieux, à Dieu ou à la société n'y change pas grand-chose. Pour honorer sa dette, l'homme doit prendre ses responsabilités. Il ne peut se contenter de se laisser vivre, il est contraint de sortir du cocon maternel, de s'autonomiser, de prendre des initiatives, de développer un point de vue personnel, subjectif. Son père est là pour le lui rappeler : il ne peut pas s'éterniser dans le sein maternel, il a des devoirs qui l'attendent, une vie à mener, un patrimoine à faire fructifier.

Les familles matriarcales tranchent sur cette organisation sociale par de nombreux points. Elles se passent tout d'abord du mariage : ce sont les femmes qui constituent les pôles de stabilité autour desquels s'organise la vie sociale et économique. Les enfants sont sous leur coupe et ne connaissent pas de père. Les hommes, quand ils ne sont pas occupés à se battre, se rendent utiles en travaillant, mais ils sont interchangeables. Un de perdu, dix de retrouvés ! Ces géniteurs sont des visiteurs du soir pour les femmes, et pour la progéniture, ils sont des « oncles », des sortes de grands frères sans vraie responsabilité[4].

Le matriarcat[5] est loin d'être déplaisant : il installe les enfants, et les hommes, qui ne sont pas autre chose alors que de grands enfants, dans le confort maternel. Il autorise pour les deux sexes une grande liberté sexuelle, une jouissance sans entrave, car elle ne prête pas à conséquence, puisqu'on sait bien à qui sont les enfants qui en résultent : à leur mère.

Il n'y a pas de devoir individuel, si ce n'est de maintenir le système en place, ce qui oblige à des devoirs collectifs. De fait, les sociétés matriarcales sont conformistes et ne demandent qu'à se reproduire à l'identique. La nécessité d'instaurer un contrôle étroit sur tous afin de prévenir tout manquement à la permanence des choses y est forte. Personne ne se sort de ce paradis perpétuel, dans lequel on vit sous la surveillance permanente des autres. Les femmes ont le pouvoir, mais ne sont pas plus autonomes que les hommes : elles sont sous la dépendance des autres femmes, qui leur demandent de se montrer conformes. Les lois sociales sont strictes, la surveillance est constante, les punitions tombent si on déroge.

Comme on voit, chaque système a ses avantages et ses inconvénients : le système patriarcal favorise l'éclosion d'un point de vue subjectif. On y est sujet, ce qui veut dire qu'on est assujetti à quelqu'un de différent de nous et qui se trouve au-dessus de nous, ou bien à côté de nous. Ce qui oblige à se poser toutes sortes de questions : qui suis-je ? d'où viens-je ? où vais-je ? et ainsi de suite. Être sujet donne à réfléchir.

Ces questions, dans un système matriarcal, apparaissent comme futiles. La célèbre réponse de Pierre Dac aux questions précédentes, « je suis moi, je viens de chez moi et j'y retourne », est une réponse de matriarche. Les choses sont très bien comme ça, pourquoi toutes ces questions ?

Tout cela nous semble bien lointain : le patriarcat pur et dur nous renvoie au XIXe siècle au moins, et les systèmes matriarcaux nous évoquent les bons sauvages, comme les Trobriandais de Bronislaw Malinowski[6] ou les Na chinois de Cai Hua[7].

Car, depuis la fin du XVIIIe siècle, sous l'influence des idées issues du mouvement romantique, mais aussi des effets conjugués de l'industrialisation forcenée de la fin du XIXe siècle et du XXe, de l'exode des campagnes et du développement de la vie citadine, de l'autonomisation progressive des femmes, la famille patriarcale a évolué en « famille moderne[8] ». Le mariage sanctionne alors essentiellement la réciprocité des sentiments et des désirs charnels entre deux personnes. C'est depuis le milieu du XIXe qu'on considère qu'il faut s'aimer d'amour romantique pour se marier, que les hommes et les femmes se choisissent essentiellement selon des critères qui leur sont propres, sans y être contraints par leur famille[9]. Peu à peu, le Père perd lentement mais sûrement son pouvoir : il n'est plus un roi chez lui, mais est encore parfois un Patron paternaliste. C'est la nation qui se charge de l'éducation des enfants, et l'autorité est âprement disputée entre pères et mères, entre État et parents.

Enfin, dans la « famille contemporaine », postmoderne, le mariage concerne deux individus en quête de relations intimes et d'épanouissement sexuel, qui s'unissent pour une durée relative. La dévolution de l'autorité devient de plus en plus problématique au fur et à mesure de l'augmentation des divorces, des séparations et des recompositions conjugales[10].

Le rétrécissement de la notion de famille, devenue famille conjugale[11], aboutit à confondre les rôles de mari et femme, d'amants et de parents. Un homme et une femme isolés, qui sont censés être tout l'un pour l'autre, doivent aussi être un papa et une maman pour leurs enfants. Ils ne peuvent guère compter sur les autres membres de la famille, qui sont soit absents, soit lointains, et ne jouent au mieux qu'un rôle de dépannage. Le couple ne tient que par les sentiments que l'un et l'autre se portent, et se dissout dès qu'ils faiblissent.

Le régime patriarcal, au moins dans son acception « moderne », n'a pas disparu, mais il est bien malade. Certains s'y accrochent comme un naufragé à son radeau, tandis que d'autres tirent sur l'ambulance. Nous ne sommes pas non plus dans un régime matriarcal, même si on peut constater qu'il ne demande qu'à émerger. Quant au système conjugal, postmoderne, il balance entre les deux précédents et a bien de la peine à se définir.

Nous nous retrouvons en quelque sorte assis inconfortablement entre trois chaises. Sans repère, chacun et chacune tente de réinventer la roue pour son propre compte, de définir des règles : couple ou pas couple, famille ou pas, autonomie, mais jusqu'à quel point ? Et qui donc fait la vaisselle ?

L'idéologie de l'indépendance rend solitaire

Garçons et filles, hommes et femmes veulent donc faire couple, puisque celui-ci témoignera qu'ils ont bel et bien rencontré l'amour. Ils veulent faire couple, pour se reproduire et élever leurs enfants dans de bonnes conditions. Ils veulent faire couple, parce que le corps social l'encourage par toutes sortes de moyens et réprouve les solitaires. Ils veulent faire couple, parce que cela permet de faire des économies sur les impôts et les frais de fonctionnement : un loyer, une voiture, une télé et une chaîne hi-fi pour deux, c'est toujours autant de gagné.

Mais en même temps, garçons et filles, garçons et garçons, filles et filles, se méfient : faire couple, c'est aliéner une partie de sa liberté, perdre en indépendance. Juste au moment où on cesse d'être dépendant de ses parents, pourquoi se mettre à dépendre d'un autre, d'une autre, qui va avoir son mot à dire sur ses choix, son mode de vie ? On ne pourra plus faire ce qu'on veut, comme on veut, quand on veut. Si cela se trouve, on n'en aura même plus l'envie.

En un mot, on sera devenu dépendant. Et la dépendance est vue aujourd'hui comme la pire des choses qui puisse arriver : elle est une maladie qui se soigne désormais dans des centres spécialisés, elle est l'objet des soins attentifs de l'État et donne lieu à des allocations.

Nous voilà sommés de faire des choix en toute indépendance, selon des critères personnels, des choix qui ne nous seraient plus dictés par on ne sait quel sens obsolète du devoir. Car nous ne voulons plus être assujettis à personne, comme c'est justement le cas dans ce patriarcat tant critiqué.

C'est par définition que le sujet du patriarcat est assujetti : il doit en référer à quelqu'un, quelque chose. Il ne s'appartient pas, ce qui ne l'empêche pas d'être autonome : son devoir est de réaliser la tâche qui lui est confiée quels que soient les aléas. Chargé de ce labeur, il est pleinement responsable de son exécution, de sa réussite. Il lui revient de surmonter les obstacles, et la culpabilité l'envahit quand il n'y parvient pas.

Mais justement, n'en avons-nous pas fini avec les appartenances aliénantes, qui engendrent devoirs et culpabilité ? Ne sommes-nous pas enfin libres de réaliser nos désirs et de jouir sans entrave ? Ah, tout de même, nous reconnaissons que les décisions personnelles que nous prenons doivent être en conformité avec les lois sociales. Nous n'avons pas le droit de choisir en toute indépendance de tuer, de voler, ou de rouler à plus qu'à 50 km à l'heure en ville. Nous n'avons plus trop le droit de fumer, ni de boire inconsidérément, mais c'est pour notre bien, parce que cela est mauvais pour nous. Être obèse est aussi devenu une faute envers la société : nous nous faisons du mal en étant gros, ce qui est égoïste, puisque nous allons coûter cher à la société du fait des maladies qui ne vont pas tarder à en découler. Il est donc légitime de la part de la société, non seulement de lutter contre l'alcoolisme, d'encourager l'arrêt du tabac et les conduites alimentaires adéquates, mais aussi de faire honte aux fumeurs et aux gros, voire de punir les récalcitrants. Pourquoi ne pas augmenter tout d'abord leurs cotisations sociales ? Pourquoi ne pas obliger les fumeurs à visiter des cancéreux du poumon dans les hôpitaux, les alcooliques au volant à changer les couches des tétraplégiques accidentés ? Le libre choix de prendre des risques inconsidérés en allant en haute montagne commence lui aussi à être discuté : est-il bien raisonnable d'autoriser des gens irresponsables à mettre leur vie en danger, ainsi que celle de leurs sauveteurs éventuels ? Ne devrait-on pas, c'est la moindre des choses, leur facturer leur sauvetage ? Ou mieux encore, ne devrait-on pas interdire tout simplement la haute montagne à tous ceux qui ne sont ni qualifiés ni chamois ?

Il y a quelques années, un ami, voulant illustrer à quel point la société américaine est infantilisante, me raconte cette anecdote : une société française ayant une succursale à New York, qui souhaite inviter ses correspondants à fêter dignement le 14 juillet, se propose d'organiser une petite cérémonie où seront servis du champagne français ainsi que d'autres productions gastronomiques de notre beau pays. Mais elle doit y renoncer quand son avocat-conseil local fait remarquer que cela implique que la société se préoccupe aussi de raccompagner chez eux les participants, en leur fournissant voitures et chauffeurs. En effet, si, après avoir bu le champagne offert, un invité a un accident, il se retournerait immédiatement contre la société qui l'aura fait boire et qui par là même sera à l'origine de l'accident... Dans la société américaine, me dit mon ami, chacun est un enfant irresponsable dont les autorités doivent prendre soin. Si un malheur arrive, c'est donc que la société, ou bien un autre, un responsable, n'ont pas pris suffisamment soin de lui et il est donc fondé à se plaindre. Dans la société française, conclut-il, chacun doit prendre ses responsabilités et ce n'est pas parce qu'on vous offre à boire que vous êtes tenu d'accepter si vous devez prendre le volant.

Comme elle a vieilli, cette histoire, et comme sa conclusion française est devenue obsolète ! C'est fou ce que nous nous sommes américanisés, ces dernières années, n'est-ce pas ? Ou plutôt, nous nous sommes matriarcalisés, comme le reste du monde occidental. Certes, le fait de nous être libérés de cette idée d'une dette à rembourser, d'un devoir, nous permet, hommes et femmes, de jouir sans complexe, sans culpabilité, du sexe comme des biens matériels. Ce qui nous fait vivre dans l'illusion de la liberté, une liberté qui se résume à celle de l'enfant irresponsable qui peut jouer aux jeux qu'il désire, à condition qu'il ne fasse pas de bêtises, qu'il ne dépasse pas les bornes, auquel cas on lui fera honte et il sera puni.

Mais, au fur et à mesure que la société devient sophistiquée, que les bornes mises aux libertés individuelles sont précisées par des lois et des règlements de plus en plus précis, le contrôle social qui se met en place pour notre bien se fait plus oppressant, et la marge d'autonomie rétrécit comme peau de chagrin. Les allées et venues de chacun, ses communications, ses activités à son travail ou ailleurs sont connaissables, car elles sont effectuées sous l'œil de caméras vidéo, enregistrées et mémorisées dans des ordinateurs. Ces systèmes qui veillent à notre sécurité, à nous autres, bons citoyens, nous contraignent à ne pas nous écarter du droit chemin. Qu'importe désormais que nous ayons perdu le sens du devoir, qui nous faisait nous comporter de façon honorable sur un mode autonome, puisque aujourd'hui nous nous comportons à l'identique ou presque, de façon légale, sous le joug d'une société attentive.

Je me définis par mes appartenances

Si bien que cette aspiration frénétique à l'indépendance qui semble nous saisir apparaît comme une lutte désespérée pour résister à l'étouffement d'une société de plus en plus maternante.

Mais le refus de toute dépendance, qui nous fait rejeter toute appartenance, aboutit à nous priver d'identité. Nous en venons à jeter le bébé avec l'eau du bain. Car c'est ainsi que se construit notre identité : nous avons tout d'abord appartenu à notre famille, et nous appartenons davantage à une culture, une religion, une philosophie, un pays ou un groupe social qu'ils ne nous appartiennent. À l'adolescence, nous tentons de nous émanciper de notre cercle familial et de faire preuve d'originalité en nous conformant aux modes qui saisissent notre classe d'âge. Puis nous continuons à construire notre identité en contractant toutes sortes d'allégeances : à des clubs, des groupes sociaux plus ou moins bien définis, des écoles de pensée.

Mes appartenances me définissent et me permettent de savoir qui je suis, ce qui fait mon bonheur : j'appartiens à ma femme et à mes enfants, à mes associés, à la société savante à laquelle je suis affilié, à la communauté des médecins, ainsi qu'à celle des psys qui écrivent des livres, ou encore à celle des Français de la vieille Europe. Je revendique aussi mon appartenance à différentes catégories de personnes : celles qui aiment leur tranquillité, qui ne croient ni en Dieu ni en ses saints, qui collectionnent les timbres-poste, qui font preuve de mauvais esprit, qui portent des chaussures de bateau sans jamais mettre les pieds sur un bateau, qui mangent des frites avec les doigts et le camembert avec la croûte, qui écoutent de la musique classique en voiture, qui lisent des bandes dessinées aux toilettes[12].

C'est parce que je connais mes appartenances, qui me qualifient et font mes qualités, que je suis heureusement autonome : sachant ce que je suis, je peux prendre des positions de mon propre chef, déterminer des conduites qui tiennent compte de mes différentes appartenances. Privé de mes appartenances, que serais-je, sinon un innocent « séductible » à merci ? Comme le fait remarquer Boris Cyrulnik, n'appartenir à personne, c'est ne devenir personne, et un enfant sans appartenance est un enfant à prendre[13].

Cette autonomie ne me rend pas indépendant pour autant : étant défini comme Français, je ne peux pas m'abstraire de ce qui se passe dans mon pays. Je dépends aussi du sort qu'on fait aux gens de ma profession, de ma culture, qui partagent mes idées ou mon mode de vie, ou encore des décisions prises par mon assemblée de copropriétaires.

Des sociologues britanniques travaillant sur le comportement alimentaire de leurs concitoyens ont pu définir deux catégories de mangeurs : ceux qui ont des traditions et ceux qui sont « innocents ». Les premiers savent comment manger : il convient de manger comme un Anglais, ou bien comme un Gallois, ou encore comme un Écossais, c'est-à-dire comme mangeaient ses parents et les parents de ses parents. Ils ne s'en laissent pas conter, ni par les nutritionnistes ni par les publicités alimentaires, ce qui n'est pas le cas des seconds[14]. Ces derniers, sans doute, n'ont pas reçu en héritage de savoir-faire alimentaire de la part de leur famille, ou bien ont dilapidé leur héritage. Allégés de ce poids, ils ont de ce fait un comportement versatile, étroitement dépendant de la publicité et du discours nutritionnel à la mode, ce qui les conduit en pratique, ces dernières années, à craindre les graisses de cuisson, à manger de l'allégé et à prendre du poids. Se débarrasser des pesanteurs de la tradition les a rendus dépendants de l'air du temps.

À force de se débarrasser de tout ce passé qui nous leste, de ces appartenances qui tissent notre identité, mais qui constituent autant de freins à notre indépendance, nous finissons par retrouver notre état d'innocence. C'est bien, puisque c'est ainsi que les sociétés matriarcales nous veulent. Les sujets qui savent ce qu'ils veulent, ce qu'ils aiment et ce qu'ils n'aiment pas, sont rétifs et dérangeants. Les innocents n'ont pas de préconceptions : ils sont faciles à séduire et ils aiment croire aux leurres qu'on leur propose. Pourquoi n'aimeraient-ils pas ce qu'on leur dit d'aimer, pourquoi ne croiraient-ils pas ce qu'on leur dit de croire, si c'est dit avec suffisamment de paillettes et d'amour ? Les innocents sont donc séduits par le yaourt aux fruits mixés quand on leur dit que c'est pour leur bien.

Et pourquoi pas ? La société matriarcale comporte bien des avantages : les innocents font ce qu'on leur dit de faire, ce qui leur évite de faire des bêtises. Ils se laissent séduire par ce qu'on leur propose, ce qui permet de rationaliser la production. Ils n'ont pas intempestivement d'idées nouvelles, ce qui évite que la permanence des choses en soit perturbée. Une société matriarcale est une société sans histoire, ce qui est bien reposant.

Enfin, cela marcherait si les innocents n'avaient pas les défauts de leurs qualités, s'ils n'étaient pas si aisément influençables. Car, somme toute, n'importe quelle personne qui se présente comme une autorité peut séduire les innocents. Ce qui explique sans doute pourquoi les seules sociétés matriarcales qu'on connaisse sont des isolats. Faute de se situer sur une île, ou bien dans une vallée reculée, les innocents de la société matriarcale finissent corrompus.

Évidemment, si la fin de l'histoire survenait vraiment, comme certains ont pu le croire un moment[15], si le monde était unifié, s'il n'était plus qu'une gigantesque société matriarcale, si nous oubliions nos héritages et nos dettes, si nous retournions tous à l'état d'innocence, alors nous retrouverions le Paradis perdu, celui d'avant la pomme, d'avant la faute à racheter, celui où nous jouissions du monde sans arrière-pensée. Irresponsables, nous laisserions les soucis à Dieu la Mère, sans même savoir qu'elle en a.

Mais voilà : il suffit d'un seul serpent pour séduire les innocents. Le matriarcat, pour survivre, doit être totalitaire. Faute de l'avoir été suffisamment, Dieu la Mère a dû se muer en Dieu le Père. Et c'est en nous lestant d'un devoir tout neuf qu'il nous rend capables de résister à d'autres séductions.

Les serpents discoureurs et fascinants, aujourd'hui, ne manquent pas, et les innocents non plus. Et comme l'état d'innocence ne fait pas le poids face à n'importe quelle proposition d'appartenance, on conçoit que notre société matriarcalisante soit devenue un paradis pour les agents de recrutement des sectes en tout genre.

Je ne suis pas indépendant, mais je suis autonome

Mais revenons à nos moutons, quoique ce petit détour ne nous ait guère éloigné de leur monde. Si je vous raconte tout ça, c'est pour vous amener à cette idée : la valse-hésitation des uns et des autres, entre la jouissance de son indépendance et le désir de faire couple, reproduit l'indétermination dans laquelle nous sommes, dans une société de moins en moins patriarcale, mais qui n'est pas encore matriarcale pour autant.

Faire couple, c'est se situer du côté d'un patriarcat dégradé, mais d'un patriarcat tout de même : c'est sacrifier une partie de son indépendance, devenir donc en partie dépendant de l'autre, ne plus s'appartenir autant qu'avant. Cette nouvelle appartenance, cette allégeance nous lestent de devoirs envers l'autre, d'une fidélité qui rend moins sensible aux séductions de passage. Délivrés de l'obligation de jouir qui caractérise les sociétés matriarcales, on gagne en autonomie.

Océane a été longtemps très heureuse de vivre en couple avec Luc. Ils se sont connus au lycée, ont fait des études différentes, mais en parallèle : biologie pour le garçon, langues appliquées pour la fille. Tous deux sont satisfaits d'avoir une relation stable qui, dans ces années sida, permet des relations sexuelles sécurisées, et libère aussi de la nécessité de séduire ou de se laisser séduire afin de pouvoir avoir une vie sexuelle. Leur relation est aussi une relation tendre, douce, faite de compréhension mutuelle. Mais voilà que, tout à coup, Océane veut rompre, ce qui laisse Luc désemparé.

Qu'est-ce qui ne va pas, pour Océane ? Nous explorons ensemble ses modèles parentaux et elle me présente ce tableau navrant : sa mère est une victime du machisme paternel. Le couple, certes, fait bonne figure, mais ce n'est qu'un semblant. Tandis que le père vaque à ses occupations professionnelles, la mère reporte son amour inemployé sur ses enfants. Mais cette mère ne travaille-t-elle pas ? Si bien sûr, mais ce travail n'est pas un épanouissement, il ne représente qu'une contrainte supplémentaire. Ces parents n'ont-ils pas une vie sexuelle satisfaisante ? Si fait, mais et alors ? Il n'y a pas de quoi en faire un plat. Cette mère, alors, de quoi se plaint-elle ? Mais de rien. Elle donne même l'impression d'être contente. Ce qui semble à Océane le comble de l'aliénation, comme un oncle Tom heureux de son sort.

Faut-il interpréter la position d'Océane comme une révolte contre la famille patriarcale, contre l'aliénation des femmes qui se poursuivrait de façon souterraine malgré des apparences d'émancipation ? Le problème d'Océane est sans doute plus fondamental : elle m'explique que, ce qui ne va pas, dans cette relation avec Luc, c'est qu'elle est « trop ». Trop intense, trop sérieuse, trop impliquante, trop satisfaisante. Si satisfaisante et si parfaite qu'Océane s'y noie, ne sait plus quelle est son identité. Elle a connu Luc trop vite, n'a pas eu d'expérience préalable. Supposons un instant qu'on l'ampute de Luc, que resterait-il ? qui serait-elle alors ? Voilà pourquoi elle veut quitter Luc : pour savoir qui elle est vraiment. Existe-t-elle indépendamment, c'est cela qu'elle veut savoir.

Luc est trop gentil, trop attentionné, trop bien pour elle : il lui apporte tant qu'elle ne parvient pas à lui rendre autant qu'il lui donne. Il est d'un niveau social supérieur au sien, l'a encouragée à découvrir le tennis et l'équitation afin qu'ils puissent pratiquer ces sports ensemble. Et elle, que lui a-t-elle apporté ? Rien que n'importe quelle autre femelle d'*Homo sapiens* n'aurait pu faire aussi.

Durant un moment, Océane a pensé avoir trouvé la solution : elle a conçu leur relation comme un Grand Amour. Toi et moi, nous ne faisons qu'un, si bien que ce que tu me donnes, c'est à toi que tu le donnes, et ce que je te donne, c'est à moi que je le donne, et vice versa. Dans ce Grand Amour-là, on ne tient pas de comptabilité puisque ni l'un ni l'autre ne s'appartiennent, qu'ils appartiennent tous deux au Couple.

Les choses ont commencé à dérailler lorsque, en public, Luc ne s'est pas montré solidaire dans une discussion entre amis à propos de l'éducation des enfants qu'ils n'ont pas, mais qu'ils auront peut-être un jour. Elle s'est aperçue que Luc a des idées sur la question, qui ne sont pas les siennes. Ou du moins, qui ne sont pas les idées qu'elle a défendues ce jour-là. Car en réalité, a-t-elle vraiment des idées sur la question ? Des idées personnelles, en toute indépendance ? Elle n'en sait rien.

Si Luc a des idées indépendamment de celles du Couple, et si elle n'en a pas vraiment, alors elle est perdue. C'est donc qu'elle et Luc ne s'assemblent pas en un seul être dans la fusion parfaite. Et s'ils ne sont que deux individus tenant ensemble un agréable commerce, comment pourrait-elle remplir sa part de contrat si elle n'a même pas d'idées qui lui soient personnelles sur un sujet aussi important que l'éducation des enfants ?

Il lui faut donc rompre avec Luc, trouver qui elle est, seule et en toute indépendance, et quand elle aura trouvé cette sorte de chose qu'on appelle son « moi profond », sa « vraie personnalité » nichée tout au fond d'elle-même, ou quoi que ce soit du même tonneau, alors, peut-être, pourra-t-elle, qui sait, renouer avec Luc, ou avec un autre, mais sur des bases saines.

La commercialisation des sentiments

Océane croit que davantage d'indépendance, en supprimant les influences, lui permettra d'asseoir son identité et que, une fois celle-ci bien assise, elle sera en mesure de négocier sa relation de couple. Elle utilise ce mythe qu'on appelle le Grand Amour comme paravent pour masquer ce qu'elle estime être son insuffisance. Mais le Grand Amour peut être mis à d'autres sauces : on peut aussi tenter de l'utiliser comme une marchandise, développer un business des sentiments, un *merchandising* de l'amour.

Dans cette optique, l'amour ressenti est une denrée. On peut en mesurer la quantité, on peut tenter de troquer une certaine quantité d'amour contre une autre, voire dans certains cas, monnayer ses sentiments.

Mais, on l'a vu, ce qui répond aux lois de l'échange, c'est ce qui est d'ordre matériel et comportemental. Faire un cadeau oblige, de même que rendre un service, dire des amabilités ou confier des secrets sur un mode empathique. Aimer n'oblige à rien. Pas plus que séduire, qui ne se négocie pas.

Delphine, quant à elle, est pourtant partie sur une idée d'amour quantifiable : je suis une personne épatante et, vraiment, je ne vois pas pourquoi je n'aurais pas droit à un bel amour romantique, le Grand Amour. Elle vient me voir après l'échec de son troisième Grand Amour, et comme elle a beaucoup lu de littérature psychologisante, cette répétition de l'échec lui donne à penser qu'elle est atteinte de névrose.

En examinant en détail ses amours successives, Delphine se rend compte qu'elle passe son temps à guetter la faute, quand elle ne cherche pas à la provoquer. Jean-Paul a chuté parce qu'il a fait preuve de lassitude devant ses « est-ce que tu m'aimes ? Dis-le-moi ! ». Bertrand a raté son examen quand il a oublié la date anniversaire de leur première rencontre. Quant à Ludo, il ne pense pas qu'à elle, il est un peu trop obnubilé par son travail. Mais enfin, me dit-elle, c'est normal, tout de même, de vérifier que l'amour est là, de le tester. Un vrai Grand Amour doit être waterproof, résister à tout, y compris à ma mauvaise humeur. Et s'il s'avère qu'il faiblit, que ce n'est plus « amour, toujours », c'est donc que c'est « amour, jamais ». On tient alors la preuve qu'on s'est trompée, que celui-là n'est pas le Grand Amour ; il faut lui montrer la porte afin de laisser sa chance au suivant, qui sera, n'en doutons pas, le vrai Grand Amour, zéro défaut.

Ludivine, quant à elle, est plutôt adepte du chantage aux sentiments : si je te donne de l'amour tant et plus, alors je t'oblige à m'en rendre tant et plus, tel est le coup qu'elle fait à Maxence. Ce style d'idée n'est pas vraiment neuf : les psychiatres connaissent ces personnes qui sont convaincues qu'un autre les aime en secret, sans oser l'avouer, et qui finissent parfois par vouloir l'y aider. Comme l'autre fait mine de résister, elles en viennent à le harceler, le poursuivre de leurs assiduités, parfois jusqu'à la violence. On les appelle des érotomanes et cela relève de la paranoïa. Mais ce n'est pas le problème de Ludivine, qui ne s'illusionne pas sur les sentiments de l'autre. Elle déverse son amour sur Maxence, et parce qu'elle le matérialise, elle pense que ce dernier lui en doit une quantité équivalente. Mais comme l'amour ne se marchande pas, Maxence ne se sent pas lui devoir quoi que ce soit, si ce n'est l'expression de sa lassitude. Ludivine, qui a de la suite dans les idées, en déduit alors qu'elle n'a pas assez donné et harcèle le pauvre Maxence un peu plus.

Si ni le sentiment amoureux, ni la séduction, ni l'empathie ne peuvent être réifiés, les comportements relationnels sont, eux, objectifiables. Ce n'est pas pour autant qu'il faut les marchander.

Certains couples, remplis de bonnes intentions, tentent ainsi de se redéfinir en permanence : j'ai fait cela, c'est donc à toi de faire ceci. Plutôt que de s'user dans cette négociation, au risque d'en venir aux mains, je leur conseille d'en charger des avocats, dont c'est après tout le métier. Les avocats des deux parties adverses pourraient négocier bien plus âprement les différentes clauses en essayant d'avantager leur client. Puis on signerait devant notaire un contrat qui déterminerait les droits et les devoirs de chacun, les pénalités en cas de défaillance. La question de savoir qui met la table ou qui fait la vaisselle, qui se lève la nuit pour donner le biberon au petit, et jusqu'à quel âge, serait clairement établie, tout comme la fréquence des rapports sexuels et le degré de satisfaction qu'ils apportent (noté sur une échelle de 0 à 10). Quel confort !

Le problème est une vision du couple sur le modèle de la prestation de service : le conjoint est là pour fournir une bonne prestation amoureuse, tant sur le plan sexuel qu'en ce qui concerne la passion qu'il y met. Il doit assurer, se montrer à la hauteur. Même cela n'est pas assez : le conjoint doit aussi être admirable, de telle sorte que les autres nous l'envient. Il devient alors ce que les psychanalystes appellent un objet narcissique : avoir un beau conjoint permet de se valoriser soi-même. Quel type fantastique, quelle femme merveilleuse je suis, avec mon corps bien entretenu, ma superbe femme ou mon beau mari, mes brillants enfants, mon enviable situation professionnelle, ma belle maison, ma voiture rutilante !

On conçoit que le conjoint l'ait saumâtre, lorsqu'il se trouve ainsi réduit au rang d'objet à posséder et à exhiber. Il se venge : s'il est sûr de lui, il se sauve, tout simplement, et c'est incontestablement ce qu'il a de mieux à faire. Car, l'alternative, s'il est moins assuré, consiste souvent à refuser de tenir son rôle d'objet splendide en s'autodétruisant.

Quant aux contributions de chacun à la vie du couple, dans le cadre de relations en forme de prestations de service, elles sont vues soit comme un dû, soit au mieux comme monnayables dans un strict donnant-donnant. Mais c'est méconnaître la dynamique du don : les dons obligent sur le long terme, ils ne se négocient pas, car alors ils deviennent un troc. Dans les couples, alors que les dons font appel à la générosité, les trocs tournent vite à la mesquinerie. C'est parce qu'on donne avec largesse que l'autre se sent tenu de faire de même, afin de faire bonne figure.

Comment faire la paire

L'appariement, c'est parvenir à faire une paire d'humains qui s'accommodent l'un de l'autre. Dans les sociétés strictement patriarcales, où cet appariement n'est pas le problème des futurs conjoints, mais celui des familles, on a tôt fait de se trouver marié à des inconnus selon des critères où l'ordre matériel est prédominant. Ce qui ne veut pas dire que le reste ne soit pas pris en compte, mais qu'il se monnaie : dans le cas d'un laideron, une dot plus importante devra compenser le déficit en beauté. Une femme qui n'est plus vierge, plus de première jeunesse, et avec des enfants, ne pourra pas se montrer bien exigeante. Inversement, un homme âgé qui a des titres et du bien pourra marier une jeunesse, belle mais désargentée, à qui on fera miroiter que d'ici peu, en tant que riche veuve, elle sera en posture de mieux choisir.

C'est le travail des marieurs que d'apparier les couples au mieux. Cela se fait à la demande des familles, ou bien comme aujourd'hui à la demande des intéressés. Le marieur, qui est le plus souvent une marieuse, pratique à l'ancienne, en se servant de son réseau de connaissances, ou bien par voie informatique, en croisant des critères pertinents comme l'âge, l'aspect physique, les niveaux social, économique et culturel, le QI et le QE, la religion et l'origine ethnique. Quoique les sociologues aient démontré que plus la similitude entre partenaires est grande, et plus la relation a des chances de durer, il n'est pas nécessaire que tout concorde, mais que les choses se compensent. Moins de jeunesse s'échange contre plus d'argent, et la beauté, valeur montante, se paie au prix fort.

Quelles sont les denrées le plus prisées sur le marché en ce qui concerne les femmes ? À l'évidence, ce sont la jeunesse et la beauté. Trop de jeunesse ne convient pas forcément. On se méfie aujourd'hui des lolitas qui, même si elles n'ont plus l'âge d'envoyer en prison, ne permettent pas de construire quelque chose de durable. La beauté est bonne, mais une beauté trop parfaite déshumanise et transforme en objet d'admiration. Sans compter que lorsque la beauté est présente en trop grande abondance, elle paraît au-dessus de ses moyens. Il y aura, c'est certain, un prix à payer, et est-on bien sûr de pouvoir le faire ?

Le niveau d'études, le niveau culturel et le niveau économique sont, pour les femmes, à classer plutôt parmi les handicaps : les hommes, qui sont sociologiquement encore terriblement machistes, même s'ils prétendent le contraire, aiment choisir des partenaires qui, si elles ne leur sont pas forcément inférieures sur ces critères, ne leur sont pas non plus supérieures.

Comme le degré socio-économique et culturel se répartissent grossièrement dans la population selon une forme de pyramide, avec beaucoup de pauvres incultes et peu de riches cultivés, plus on est haut perché, et moins il y a de monde de disponible à son étage et au-dessus de soi.

Une femme, pour trouver aisément chaussure à son pied, a donc tout intérêt à être belle, mais sans exagération, à ne pas être trop cultivée ou trop diplômée, ou en tout cas à ne pas s'en vanter. Celles qui sont laides, pauvres et idiotes, ont davantage de chance de trouver une personne légèrement moins laide, moins pauvre et aussi idiote, qui voudra bien d'elles, que celles qui sont jeunes, belles, intelligentes, cultivées et riches. À ces altitudes-là, si on élimine les pervers profiteurs, il ne reste à vrai dire plus grand monde...

Et les femmes, que recherchent-elles chez les hommes ? Il ne faut pas croire ce qu'elles racontent : dans les questionnaires, si on les en croyait, elles n'en auraient qu'après les hommes gentils et attentionnés, fiables, bons pères prêts à sacrifier leur carrière pour avoir le temps de s'occuper des enfants. Elles ne se soucieraient guère du physique, pas plus que du degré de fortune. Mais elles se racontent des histoires car, en réalité, elles choisissent les hommes en fonction de leur statut social et professionnel, et pour celles qui sont indépendantes financièrement et qui peuvent se permettre de faire les difficiles, en fonction de leur belle gueule. Quoiqu'il y ait, de ce point de vue, belle gueule et belle gueule : pour faire un amant, des traits virils conviennent parfaitement, mais pour faire un mari, un compagnon durable, un père du même acabit, un visage et un corps aux traits moins affirmés, plus doux, plus féminins, évoquent la pérennité et peuvent faire pencher favorablement la balance[16].

La recherche d'une personne convenable se bricole le plus souvent en amateur, sans passer par le professionnel. On fait alors appel, plus ou moins consciemment, à son réseau d'amis, aux connaissances susceptibles de nous mettre en relation avec des personnes adéquates. Ou bien on tente de les rencontrer dans un lieu qui permet une présélection : deux personnes qui fréquentent un club d'équitation auront davantage de chances de s'accorder, car elles n'auront sans doute pas que la passion des chevaux en commun. Et lorsqu'on est altermondialiste, c'est dans les manifs anti-OMC qu'il faut aller pour trouver son bonheur.

Ayant jeté son dévolu sur une personne qui semble convenable, il reste à se faire connaître d'elle. On vérifie qu'on s'accorde bien avec elle sur tous les points importants, et si on est résolument moderne, on envisage une période d'essai avec possibilité de rétractation sans frais. Ensuite, il ne reste plus qu'à se marier, se pacser ou vivre en concubinage notoire.

En tout cas, c'est ainsi que les personnes qui pratiquent le *merchandising* des sentiments croient pouvoir sélectionner le bon candidat. Grâce à leur *check-list*, elles pointent les qualités désirées au fur et à mesure. S'il s'agit d'obtenir le meilleur rapport qualité-prix, le mieux qu'on puisse avoir sur le marché en fonction de ce qu'on est soi-même en mesure d'offrir, alors c'est un moindre mal... à condition de ne pas perdre de vue la façon dont se nouent les relations humaines : il convient de faire les choses dans l'ordre, de se séduire mutuellement, de développer des relations empathiques, et alors seulement de songer au contrat de mariage.

Mais si on charge trop la barque, si on se dit que, tout de même, de par le monde, il doit bien y en avoir un ou une qui ait zéro-défaut, on a toutes les chances d'éliminer tous les prétendants. Que faire alors ? Organiser un concours, prendre son bâton de pèlerin et aller examiner de près tous les candidats potentiels un par un ?

Enfin, si l'amour romantique et le coup de foudre font partie des qualités à cocher, alors on se retrouve à cumuler les inconvénients de l'amour romantique et de la commercialisation des sentiments.

Car quel genre d'appariement construit-on ainsi ? Pas un romantique mariage d'amour ! Ce qui n'est pas forcément plus mal... J'ai déjà dit tout le mal qu'il convenait de penser du Grand Amour et du coup de foudre. Mais en ai-je dit suffisamment ? Croire au Grand Amour, c'est prendre le risque de rester coincé dans des stéréotypes qui vous engluent, qui vous empêchent de voir comment s'organise vraiment la relation qu'on établit avec ses partenaires.

Olga connaît bien le Grand Amour et estime qu'elle en a eu son content. Elle a aimé Sacha avec passion et lui aussi. Il était beau et bien bâti, et elle s'était pâmée dans ses bras. Mais il était un truand en délicatesse avec la loi et il la battait quand il avait trop bu. Lorsqu'il était allé en prison, elle l'avait quitté pour Boris, dont elle était tombée follement amoureuse, bien qu'il fût moins beau, moins fort, et plus malin. Il ne buvait pas, ne faisait pas partie de la mafia russe et était informaticien, mais il la battait tout de même, et bien plus fort que Sacha. Lorsqu'elle était sortie de l'hôpital, elle n'avait pas voulu le revoir, malgré son repentir, et était partie pour la France épouser un Français que lui avait trouvé une agence matrimoniale spécialisée dans l'import-export de beautés slaves.

Je vois Olga parce qu'elle est ennuyée de s'ennuyer autant avec René. Il est pourtant bien de sa personne, a un bon métier, est spirituel et doux comme un Français. Elle est honnête, Olga, et un marché est un marché : René l'a prise avec ses deux enfants, lui a donné son nom et la nationalité française, elle ne comprend pas pourquoi elle ne parvient pas à l'aimer d'amour. Elle n'en finit pas d'être désagréable avec lui, et lui, au lieu de s'énerver comme il en aurait le droit, redouble de patience et de gentillesse. René est une perle et Olga culpabilise, ce qui a tendance à la mettre de mauvaise humeur.

La question devient vite : pourquoi a-t-elle aimé Boris et Sacha ? Parce qu'ils la battaient, à l'évidence. Ils la battaient comme son père a battu sa mère, comme il l'a battue, elle. Et comme, d'ailleurs, elle a commencé à le faire avec ses enfants sans père.

Cette histoire peut s'interpréter comme le résultat d'une problématique œdipienne. Ainsi que le fait remarquer Boris Cyrulnik, quand c'est l'amour qui préside au choix du partenaire, il facilite la rencontre des névroses[17]. Olga s'en sortirait alors par une psychothérapie psychanalytique, où seraient explorés dans le détail ses relations avec ses parents, ou les autres substituts parentaux qu'elle aura connus.

Au lieu de cela, je lui propose de se pencher un peu plus sur le type de relation qu'elle a noué avec les uns et les autres, Sacha, Boris, René. Sacha et Boris ont fait ce qu'il fallait faire pour la séduire, c'est-à-dire l'ont battue. Séduite, elle l'a alors été, c'est sûr, mais amoureuse ? Et d'ailleurs, en quoi cela consiste-t-il, d'être amoureuse ? Quant à René, elle le comprend bien, l'aime bien, mais il ne la séduit pas. Le problème, une fois renouvelé par cette nouvelle formulation, n'est plus intrapsychique de nature, mais devient relationnel. Je demande donc à René de se joindre à nous. Que René peut-il faire pour séduire Olga ? Comme il n'est pas d'accord pour la battre, nous convenons qu'il ne s'agira que d'un simulacre. Drôle de simulacre, où tous deux ont beaucoup ri, ce qui n'empêche pas René d'apprivoiser sa mégère.

Cette nécessité de prendre en considération l'appariement des névroses, ou bien des perversions, existe depuis que ce ne sont plus les autres qui vous marient. Se marier avec un ou une inconnue conduisait le plus souvent à des relations utilitaires. Choisir les personnes avec qui on va vivre en faisant confiance à son cœur, c'est-à-dire en fait en étant déterminé par son inconscient, conduit à d'autres sortes de problèmes : pour que cela marche, il devient nécessaire de savoir négocier ses fantasmes.

Les couples sans histoire ont une histoire

Voilà qui me permet de faire élégamment retour sur le rôle de la séduction dans l'appariement. Trouver une personne convenable pour faire couple, c'est sans doute bien, mais la séduire et se laisser séduire par elle est mieux. De la séduction naît le désir et du désir on passe aux rapports sexuels. Et si séduire cette personne convenable et faire avec elle toutes ces sortes de choses qui en découlent est bien, la comprendre empathiquement est mieux encore. On devient alors une paire d'amis, ce qui est bien, mais qui ne doit pas empêcher de redevenir amants chaque fois qu'on le voudra, en se séduisant à nouveau mutuellement. Les partenaires habiles arrivent ainsi à alterner séduction et empathie à leur rythme, et les plus performants vivent parfois des moments rares et inoubliables où séduction et empathie se conjuguent.

Tout cela finit par faire une histoire. Il faut bien cela pour faire durer le couple, car vivre dans un éternel présent, tissé de séduction et d'empathie, est bien trop fatigant. On a besoin de se reposer sur des mythes, des histoires que le couple a vécues, qui sont plus ou moins racontables. Le mythe qui se voit attribuer un rôle fondateur, la façon dont on s'est rencontrés et comment on a fait connaissance, ce qu'on s'est dit et ce qu'on a fait, en somme la première séduction, est celui qu'on aime souvent mettre en avant[18]. Rien n'empêche de l'enjoliver au fil du temps : c'est à cela que servent les mythes.

Avec mon épouse, nous nous sommes rencontrés lors d'une soirée professionnelle durant laquelle nous avons partagé notre ennui. Puis nous avons dansé sur une musique de Serge Gainsbourg et nous sommes aperçus que nous dansions fort mal l'un et l'autre, ce qui nous a fait encore un point commun. Nous en avons ri et j'ai alors proposé de faire ensemble des choses inavouables, ce qui nous a obligés à quitter la soirée à peine commencée.

Des mythes du même tonneau, nous en avons à la pelle. Nous aimons par exemple nous raconter pourquoi nous sommes ensemble et pourquoi nous sommes autant en correspondance : nous sommes, chacun séparément, très différents des autres, mais comme nous sommes différents de la même façon, nous formons un couple de semblables.

Que notre couple se sépare et il nous faudrait faire passer à la trappe tous ces mythes. Ce ne serait pas de gaieté de cœur, et même cela constituerait un arrachement, une amputation de chacun. Il nous faudrait donc beaucoup de courage pour en venir là.

Quoique les belles histoires plus ou moins mythiques ne soient pas tout : le couple persiste aussi en raison d'un réseau de routines, qu'on peut appeler des rituels quand on leur attribue une valeur symbolique[19]. Ces routines ou ces rituels, surtout que le couple a en commun rythment sa vie, et pour ceux qu'il donne à voir aux autres, le définissent à leurs yeux.

Mon épouse et moi avons notre façon bien à nous de nous tenir en public. Nous nous séparons tout en restant ensemble, en nous surveillant mutuellement. Quelques gestes, quelques regards nous font nous retrouver et signalent aux uns et aux autres que nous formons un couple plutôt uni, quoique caustique. Si d'occasion, je constate du coin de l'œil qu'un homme fait un peu trop le fier-à-bras devant ma compagne, je glisse mine de rien une plaisanterie que nous sommes les seuls à pouvoir comprendre, elle et moi, de telle sorte que notre couple reprenne du relief. Je n'abuse cependant pas de cette stratégie, car ce serait refermer le couple exagérément sur lui-même, et empêcher que d'autres fiers-à-bras tentent leur chance, ce qui conduirait à des soirées ennuyeuses. Sans compter qu'alors, je ne pourrais pas moi non plus jouer les fiers-à-bras.

Toutes les histoires plus ou moins belles que nous nous racontons sur notre couple, les routines et les rituels que nous avons mis en place constituent une intimité qui nous sépare du reste du monde. Cela fonde ce que Robert Neuburger appelle la « maison-couple[20] », une construction fournissant une identité à chacun de ses membres.

Cette appartenance à la maison-couple constitue un lest bien utile qui évite d'être soumis à toutes les jouissances qui se présentent. Ces jouissances hypothétiques, il se peut qu'on ne les perçoive même plus : nous en voilà délivrés ! La jouissance du couple suffit alors à son bonheur.

Quand le couple devient totalitaire

Bon, des fois, cela ne marche pas comme ça. Certains ne se résignent pas à cette perte de jouissance. Je ne parle pas ici de ceux dont le couple ne donne pas satisfaction et qui ont besoin d'expliquer pourquoi ils ne vont pas tenter leur chance ailleurs. Ce cas de figure si classiquement banal donne lieu à des explications du genre : « je reste pour les enfants », ce qui ne fait pas forcément le bonheur des enfants, confrontés à deux malheurs au lieu d'un. « Je reste pour l'argent, le confort, la maison avec son délicieux jardin, les apparences et la tranquillité » me paraissent bien moins problématiques. « Je reste pour Loula et Louly, mes deux fidèles bergers allemands, qui aiment tant le jardin » m'apparaît aussi comme une position parfaitement défendable.

Non, je parle de ceux qui s'entendent bien, qui se séduisent bien, mais dont l'un des deux au moins veut davantage.

Adeline et Hugo forment un mignon petit couple, et se sont aménagés un petit bonheur sous les toits de Paris. Mais, alors que Hugo est tout prêt à accrocher un panonceau « Sam Suffit » devant la porte, Adeline vit le couple comme un enfermement. Il y a d'autres hommes dont Hugo la prive, il y a des aventures qu'elle ne connaît pas, il y a des expériences sexuelles qu'elle ne vit pas. Il n'y aurait guère de problème si Adeline n'était pas aussi la proie de cet appétit de transparence dont nous avons déjà parlé dans la première partie de ce livre. Mentir à Hugo, le tromper, faire preuve d'hypocrisie, ce serait détruire la beauté de leur couple, son authenticité, sa vérité, et ce couple, elle y tient plus qu'à tout, même si elle veut davantage.

La seule solution serait qu'Hugo accepte de la laisser libre de vivre ses autres vies parallèlement à la leur. Hugo est certes de bonne composition, mais comme il se méfie malgré tout, il demande à jouer les voyeurs, ce qui s'inscrit parfaitement dans le cadre de la transparence.

Les voilà donc tous les deux partis à la recherche d'expériences. Les premières, les plus évidentes, sont sexuelles. Adeline remporte son petit succès dans les clubs échangistes, et le couple ramène parfois à la maison un homme, une femme, un homme et une femme dont ils profitent tous les deux. Le problème vient sans doute de ce que Hugo conserve encore l'empreinte du patriarcat et ne peut s'empêcher d'éprouver de la jalousie. Sans compter qu'aussi, et bien qu'il essaie de faire bonne figure, tout ce surplus de jouissance l'ennuie. Malheureusement, Adeline se montre quant à elle fort satisfaite de séduire tant et plus, et de jouir sans limites. Et pourquoi ne jouirait-elle pas aussi de son couple ? demande-t-elle.

Je découvre Hugo et Adeline à l'occasion d'une demande d'amaigrissement : c'est Adeline qui amène le gros Hugo sur le ton du réparez-moi ça. Les kilos de Hugo sont un frein à la jouissance, la sienne et celle de Hugo, et c'est sans doute à cause d'eux que le pauvre Hugo fait piètre figure dans les parties de jambes en l'air. Hugo ne dit pas non, mais persiste à ne pas maigrir. Cette forme de protestation est la seule limite qu'il s'autorise à mettre à la jouissance d'Adeline.

Il est d'autres couples, d'un modèle sans doute plus courant, où les partenaires font plus ou moins leur deuil des aventures extraconjugales, qu'elles soient cachées ou étalées en pleine lumière, mais qui considèrent que ce sacrifice leur donne droit à un couple parfait. Ce qui allait autrefois de soi, cette notion d'un sacrifice fondateur du couple, ne va tellement plus de soi que cela exige réparation à l'intérieur même du couple.

Un couple parfait, c'est un couple dans lequel on trouve tout son boire et son manger, si bien qu'il n'y a pas à aller chercher ailleurs. Un couple parfait, c'est un couple transparent, sans hypocrisie, sans jardin secret. Un couple parfait doit être toujours parfait, à toute heure et à tout moment. Si bien qu'un couple parfait correspond assez bien à l'idée que je me fais de l'Enfer.

Les perversions qu'Adeline et Hugo auraient pratiquées dans l'air du large, les couples parfaits les font dorénavant entre eux, à la maison. Ce n'est tout de même pas parce qu'on vit en couple qu'on doit être privé de jouissances voyeuristes ou exhibitionnistes, ou bien sadomasochistes. La fellation et la sodomie sont ordinaires depuis longtemps, mais l'urolagnie et la coprophilie[21] restent à découvrir. Si pour le psychiatre, toutes ces pratiques continuent à se nommer perversions, parce qu'on y jouit de l'autre comme d'un objet qu'on fétichise, personne ne songe plus à les appeler ainsi, tellement la plupart d'entre elles se sont démocratisées.

Les films pornographiques servant de mode d'emploi, reste à se procurer les strings et les cache-sexe, les guêpières et les bas à couture, les martinets et les menottes, à la boutique du coin ou dans un catalogue de vente par correspondance. Les moins doués peuvent prendre des cours de strip-tease, considérés comme une forme de gymnastique[22].

Tout cela est délicieusement rigolo quand on se contente d'y jouer innocemment, d'être pervers un petit moment. Cela devient pitoyable lorsqu'on tente de marier la carpe et le lapin, la perversion à la petite semaine et la transparence l'un envers l'autre. Car il existe une incompatibilité de nature entre tout se dire et traiter l'autre en objet fétichisé.

Kenzo et Nouméa s'aiment d'amour tendre, les yeux dans les yeux, ce qui, au bout d'un moment, les conduit aux portes de l'ennui. Rien de bien surprenant, car ils pensent que, puisqu'ils s'aiment, il n'y a pas lieu de se séduire mutuellement. D'ailleurs, devoir séduire et se laisser séduire seraient la preuve qu'ils ne vivent pas un vrai Grand Amour, donc mieux vaut ne pas y penser.

C'est donc pour pimenter une sexualité de couple rendue poussive par les bons sentiments que Kenzo attache Nouméa avec des menottes, puis lui applique le martinet, comme il l'a vu faire à la télévision, sur une chaîne câblée. Nouméa pousse de petits cris réalistes, ce en quoi elle a du mérite, car Kenzo, tout occupé à ne pas lui faire de mal, ne fait que l'effleurer.

Puis Kenzo s'inquiète : « Qu'as-tu ressenti, ma chérie ? Je ne t'ai pas fait mal, au moins ? » Autant dire que le jeu ne marche pas fort, puisque ce n'est un jeu ni pour l'un ni pour l'autre.

Résumons les qualités du couple parfait, totalitaire : désirs réciproques et sexe à gogo, transparence l'un pour l'autre grâce à une communication sans trêve, tendresse, compréhension mutuelle et soutien sans faille à tous les étages. Quoi encore ? J'oublie sûrement quelque chose.

Si le couple n'est pas parfait, c'est donc qu'il est imparfait : il ne mérite alors pas de survivre. En voilà une idée, novatrice comme on les aime, destructrice afin de combattre un ennui insidieux ! Elle n'est pas celle qui prévaut dans les couples de type patriarcal, à l'ancienne, dans lesquels on sait encore se contenter d'arrangements bricolés à la petite semaine. Comme ce qui fonde alors le couple est largement déterminé par les intérêts patrimoniaux, par le destin de la progéniture ou par le qu'en-dira-t-on, on s'arrange de bien des choses pour préserver l'essentiel. Il en faut vraiment beaucoup pour qu'on juge la vie conjugale impossible et qu'on en vienne à briser un foyer, comme on disait. La passion amoureuse ? Elle peut être menée de front avec le mariage sans lui nuire, et elle ne lui nuit que dans la mesure où ce mariage est déjà un fruit gâté. En somme, dans un couple de type patriarcal, un homme ne quitte pas sa femme et ses enfants pour sa maîtresse, mais il vit avec sa maîtresse parce qu'il ne parvient plus à vivre avec sa femme et ses enfants. Une femme ne quitte pas son mari pour un amant, elle prend un amant et part avec lui parce que son mari est invivable.

Mais dans le système du couple parfait, on demande bien plus que de se supporter, dans l'acception purement française de ce terme. Ce perfectionnisme, cette intolérance à la moindre faille, ce désir d'en avoir tant et plus sont sans aucun doute ce qui explique la montée du nombre des divorces. Alors qu'en France, en 1970, 9 à 10 % des mariés divorçaient, on passe à 38-39 % dans les années 1990, et 41 % en 1998[23]. Ces statistiques, qui ne prennent en considération que les mariés et laissent de côté les couples concubins plus ou moins informels, sont sans doute bien au-dessous de la vérité et les chiffres habituellement avancés, selon lesquels 50 % des couples parisiens se séparent aujourd'hui avant la mort de l'un des deux, contre un couple sur trois en province, sont sans doute une estimation basse.

Quand un homme et une femme ne sont plus la seule recette familiale

Un homme ne quitte pas forcément son épouse pour une autre femme, mais parfois pour un autre homme. Les femmes homosexuelles font elles aussi couple, et ceux-ci ne semblent pas moins durables que les couples classiques. Combien sont-ils, ces couples homosexuels ? On ne le sait pas et, à vrai dire, on ne sait même pas chiffrer le nombre de personnes homosexuelles, tant le sujet fait débat.

Certains avancent des chiffres allant de 6 à 7 % d'homosexuels dans la population française[24], tandis que d'autres parlent de 2 à 3 % de gays au Royaume-Uni[25]. Selon d'autres statistiques, en Grande-Bretagne, 1 % des hommes et 0,5 % des femmes auraient eu au moins une expérience homosexuelle, et seulement 0,4 % des hommes et 0,1 % des femmes revendiqueraient des pratiques homosexuelles exclusives[26].

On ne sait pas mieux évaluer les homosexuels formant des couples stables : pour certains, il y aurait seulement en France 30 000 couples homosexuels masculins[27], alors que d'autres en trouvent 100 000 (contre 2,4 millions de couples hétérosexuels non mariés) et jusqu'à 600 000 aux États-Unis.

Ces couples élèvent fréquemment des enfants[28], qui sont pour la plupart issus des vies antérieures d'un des membres du couple homosexuel ou des deux, mais aussi conçus grâce à des bricolages amicaux[29] ou avec l'aide de la médecine[30]. De plus en plus, aussi, ces familles homoparentales demandent le droit d'adopter des enfants, et les législations des pays occidentaux s'adaptent progressivement à cette demande, non sans quelques grincements de dents[31].

Certes, l'homosexualité n'est plus cataloguée parmi les perversions sexuelles par les psychiatres[32]. Certes, certains psychanalystes[33] se montrent très critiques envers ces familles dans lesquelles les rôles traditionnels de la mère et du père ont disparu, ce qui selon eux mettrait en danger l'ordre symbolique et la structuration mentale des individus.

À vrai dire, qu'en sait-on ? Pas grand-chose. Afin d'éviter tout catastrophisme, rappelons qu'un couple n'est pas propriétaire de ses enfants, que ceux-ci évoluent dans une société où les deux sexes sont présents, qu'on ne se construit pas uniquement dans le strict cadre familial. On peut cependant présumer que ces garçons élevés par des couples d'hommes, ces filles élevées par des couples de femmes, ces enfants élevés par une association des deux seront différents d'enfants élevés par des couples traditionnels. Mais à quel point et comment, voilà qui reste à découvrir. Qui vivra verra, n'est-ce pas ?

Les familles décomposées se recomposent

Les hommes et les femmes homosexuels n'ont pas l'apanage de l'innovation familiale. Les hétérosexuels eux aussi sont créatifs : tout d'abord, certes la majorité des couples partent à vau-l'eau et finissent par sombrer, mais ils se recomposent en d'autres couples. Quatre ans après la séparation, 44 % des pères ont constitué un nouveau couple, contre 28 % des mères.

Les pères qui ont la garde de leurs enfants sont plus pressés que les autres de former un nouveau couple : ils sont 54 % à offrir une belle-mère à leurs enfants, alors qu'ils ne sont que 39 % à se remarier s'ils n'ont leur progéniture qu'épisodiquement. Les mères ayant la garde de leurs enfants sont 66 % qui préfèrent rester seules pour se consacrer à leur éducation (c'est l'hypothèse optimiste) ou bien qui ont de la difficulté à trouver un homme qui veut faire le beau-père (hypothèse moins optimiste). 73 % des mères qui ne s'occupent pas à plein temps de leurs enfants ne restent pas seules[34].

Ils sont donc la majorité, ceux qui parviennent à recomposer autrement ce qui s'est décomposé. Cependant, ce qui est remarquable, c'est que cette décomposition-recomposition n'aboutit pas à former de nouvelles familles conjugales, mais des « familles en réseau », des « tribus », qui n'en sont pas vraiment, et qui s'apparentent plutôt à des bandes. Les principaux responsables sont les enfants dont il faut s'occuper. Les ex-maris, les anciennes femmes, les amants, les maîtresses, les beaux-frères et les belles sœurs finissent parfois par former une sarabande sympathique. C'est-à-dire qu'on sympathise, ce qui ne veut pas dire qu'on soit amis. Mais après tout, on ne l'était pas davantage dans les familles à l'ancienne, et même dans bien des cas, non seulement on ne sympathisait pas, mais on était ennemis.

Ces bandes familiales sont bien utiles pour réparer les dégâts causés par le déchirement des couples, donner la preuve qu'il ne faut pas forcément désespérer des relations humaines, et fournir aussi une nouvelle zone de stabilité émotionnelle et économique. Certains vont même jusqu'à faire remarquer que ces familles en réseau, qui regroupent généralement des enfants issus de lits différents, leur épargnent les affres de la solitude de l'enfant unique ou de celui de famille peu nombreuse.

Quoi qu'on dise, les enfants souffrent des haines qui se déchaînent lors des séparations parentales : les résultats scolaires sont à la baisse, et trouver une position entre géniteurs et beaux-parents ne se fait pas sans mal[35]. Le plus nuisible semble être l'instabilité des relations. Les couples qui se font et se défont au gré du vent semblent bien être ceux qui désespèrent le plus leurs enfants.

Ces familles en réseau, dès lors qu'elles se mettent en place, peuvent-elles fonctionner à la satisfaction générale ?

Cela se dit, et même on vante ces nouvelles modalités relationnelles, qui constitueraient un progrès par rapport aux familles patriarcales, génératrices de tant de névroses.

Je ne peux m'empêcher de penser qu'il s'agit là de *wishful thinking*, une façon de prendre ses désirs pour la réalité. Personne ne sait où mèneront ces nouvelles organisations sociales, ces réseaux relationnels plus ou moins stables, plus ou moins diffus et à la trame plus ou moins complexe. Leurs membres y trouveront-ils avantage dans la durée, ces systèmes leur apporteront-ils davantage de satisfaction qu'un fonctionnement en famille patriarcale, en famille nucléaire ou en couple isolé, la progéniture parviendra-t-elle mieux ou moins bien à se construire que dans les familles à l'ancienne ? Ma foi, l'avenir le dira. Comme en ce qui concerne les familles homoparentales, je l'attends avec curiosité.

Ce qu'on peut dire, tout de même, en tant que psychiatre, c'est que le déclin des familles patriarcales conduit à un renouvellement des pathologies mentales observables. Quand on va mal, ce n'est plus tout à fait de la même manière.

Muriel aime l'amour, mais n'aime pas s'attacher. C'est sans doute comme cela qu'elle a eu quatre enfants, deux filles et deux jumeaux, garçon et fille, de trois pères différents, qu'elle n'a pas vraiment élevés, mais qu'elle a confiés à sa mère. Somme toute, c'est déjà ainsi que cela s'est passé quand elle était petite : sa mère non plus ne s'est guère occupée d'elle, et l'a à l'époque laissée aux bons soins de nurses et de précepteurs. Le système en vaut bien un autre : je suis en âge de m'amuser, tandis que ma mère, qui s'est déjà amusée comme une folle quand elle était jeune, est en âge d'élever des enfants, a confié un jour Muriel, un brin provocante, à Nour, sa seconde fille.

Les trois pères ainsi que les quatre enfants sont de bonne composition. Ils se voient durant les périodes réglementaires, et les pères restent aussi pour Muriel de bons amants, quoiqu'il y ait toujours eu de la place pour de petits nouveaux. Ils se connaissent et s'entendent d'ailleurs plutôt bien, sans trop se jalouser, puisque eux aussi ont de leur côté des maîtresses et des épouses, ainsi que d'autres enfants, qui se fréquentent entre eux.

En somme, on pourrait dire que Muriel a l'âme d'une parfaite matriarche, ce que sa mère était elle-même déjà : dans leur système, les hommes et les femmes jouissent d'une pleine et entière liberté sexuelle, la communauté des femmes est en charge des enfants, sans que les mâles s'en désintéressent, même s'ils n'en ont pas la responsabilité.

Enfin, je vous raconte tout ça de seconde main : ma patiente, c'est Nour, qui, à vingt-quatre ans, est boulimique-vomisseuse. Est-ce pire que sa sœur aînée qui va, ma foi, fort bien dans la secte dans laquelle elle s'est enfermée depuis maintenant huit ans ? Est-ce pire que les jumeaux, qui ont vingt-deux ans, et dont l'un est toxico tandis que l'autre se livre à des actes de violence suicidaires et psychopathiques ?

Je ne raconte pas cette histoire dans l'idée de la généraliser, mais de pointer le type de pathologie qui découle de telles structures sociales. Il n'est pas de société humaine qui ne rende pas fous certains de ses membres. Ce qui change, ce sont les modalités de ces folies. Les sociétés patriarcales, en développant les notions de devoir et de faute, en développant la notion de responsabilité individuelle, tendent à encourager les névroses chez certains de leurs membres, qui peuvent se comprendre comme des conflits intrapsychiques, des luttes internes entre désirs et interdits intériorisés[36].

Les sociétés matriarcales, ou bien les sociétés aux structures à la carte qui nous pendent au nez, nous soulagent de bien des névroses : réaliser ses désirs n'est plus interdit, et c'est même tellement conseillé que cela vire à la tyrannie. Les impérieuses nécessités de se trouver, de se réaliser, de ne pas gâcher ses potentialités, d'aller jusqu'au bout de ses possibilités, de trouver le bonheur et de ne pas en gaspiller une miette, se convertissent en moteurs de nouveaux troubles psychiques. On déprime alors parce qu'on n'est pas à la hauteur de ses ambitions, on développe des addictions parce qu'il faut compenser des insuffisances d'être, et qu'il est obligatoire de jouir. En somme, ce n'est plus la névrose qui occupe le devant de la scène, mais la perversion[37], dans le sens où jouir est devenu la condition de l'existence, et où les objets, personnes et biens matériels, dont nous jouissons nous sont indispensables pour nous faire exister.

Regretter le bon temps des névroses à la papa parce qu'on trouve que tout est perverti n'est pas ma tasse de thé. De ce fait, c'est vrai, certaines formes de psychothérapie deviennent désuètes ; mais c'est au psychiatre de s'adapter à ses nouveaux patients, ce qui lui conserve sa jeunesse d'esprit.

Revoyons les croyances irrationnelles concernant les couples durables

Notre périple devrait avoir permis de dégager un certain nombre d'idées irrationnelles, des schémas mentaux qui nous influencent sans que nous le sachions, et qui amoindrissent notre capacité à forger des relations durables et satisfaisantes.

La première de ces idées a déjà été détaillée dans le chapitre précédent. Rappelons-la malgré tout, cela ne peut pas faire de mal : *un couple solide nécessite qu'on ait rencontré l'âme sœur, et qu'on vive le Grand Amour.* Mais courir après le Grand Amour est sans fin et épuisant. Il existe, là, autour de nous, pas très loin, des personnes qui, sans être parfaites, peuvent convenir. Sans doute pourraient-elles être mieux, plus ceci, moins cela. Mais elles ont l'immense avantage d'exister telles qu'elles sont. Et même, sans doute y en a-t-il en fait plusieurs qui peuvent s'avérer satisfaisantes. La vie qu'on aura avec l'une d'entre elles sera différente de la vie qu'on aurait eue avec une autre. Mais nous n'avons qu'une vie... L'un et l'autre, nous pouvons nous séduire mutuellement, développer des relations empathiques, tisser une histoire, construire des habitudes et des rituels originaux. Faire couple demande qu'on s'implique activement dans le processus de construction, qu'on n'attende pas que l'amour passe et vous saisisse.

La deuxième croyance irrationnelle, qui inquiète, est que *vivre en couple aboutit à une perte de son indépendance*. Cette croyance n'est somme toute pas vraiment irrationnelle : ce sont les conclusions qu'on en tire qui le sont. Nous chérissons notre indépendance au point de faire toutes sortes de déclarations à ce sujet. Mais aliéner en partie son indépendance au profit du couple permet de se créer une appartenance qui sert à définir son identité. Appartenir l'un à l'autre précise les personnes que nous devenons. Cette appartenance n'empêche pas de conserver son autonomie, de pouvoir agir de son propre chef sans être sous l'emprise de l'autre. Mais on doit des comptes à son conjoint, comme d'ailleurs, il ou elle nous en doit aussi.

Une troisième croyance est celle de l'égalité : *un couple doit fonctionner selon des bases égalitaires, et les rôles doivent être interchangeables*. Il y a à boire et à manger dans cette idée. La croyance en une égalité de tous et de toutes est un de ces lieux communs qu'il ne fait pas bon contester. Il y a pourtant de quoi. Les hommes ne sont pas des femmes, et vice versa, et ils construisent normalement leurs relations sur une base d'altérité. Les hommes, par exemple, sont incapables d'enfanter. Le fait que leur épouse se dévoue à le faire oblige les hommes à effectuer des tâches compensatoires.

Non, ce qui est essentiel, dans la vie à deux, ce n'est pas tant l'égalité que l'équité : il est juste que chacun fasse sa part, qu'il ne soit pas en dette vis-à-vis de l'autre. Il est juste aussi qu'il n'en fasse pas trop, ce qui obligerait l'autre inconsidérément. Voir les choses ainsi, c'est s'autoriser des échanges de services bien pratiques. Mais attention : la loi qui gouverne les échanges obéit à des règles précises. Tout d'abord, mieux vaut commencer par donner : ce qu'on a fait pour l'autre l'oblige et on peut alors espérer qu'il saura donner à son tour, car à n'en pas douter, il ou elle aime être considéré. Ensuite, il faut se rappeler que seuls les dons matériels, les services qu'on rend, les gentillesses, les gestes de tendresse ou d'amour obligent l'autre. Les sentiments, par eux-mêmes, n'obligent à rien. Enfin mieux vaut éviter les comptabilités pointilleuses. Le système du don qui oblige est fondé sur la gratuité et la générosité : on donne aimablement, et l'autre nous rend tout aussi aimablement, comme il y est obligé. Ce n'est qu'après qu'on vérifie s'il y a bien le compte, si l'autre a droit à notre considération.

Notre quatrième croyance lourde à porter concerne la transparence dans le couple : *dans la vie à deux, on doit tout partager, tout se dire, ne pas avoir de secret l'un pour l'autre*. C'est une vision terrorisante du couple, qui découle en grande partie de la croyance en un Grand Amour. Un couple, c'est la construction d'une entité distincte, et chacun apporte des pierres à cette construction. Mais chacun n'a pas à investir dans le couple la totalité de son être. Il conserve des activités en propre, des pensées qu'il ne partage pas, une intimité. Cette capacité à garder des secrets, voire à les défendre par des mensonges par omission, est nécessaire à la préservation de sa propre personne, de sa *persona*, comme on l'a appelée. Certains squelettes resteront donc avantageusement dans les placards, de même que certains désirs, certains fantasmes, certaines idées, qu'on ne partage pas, qu'on conserve dans son jardin secret.

Ce qui ne signifie pas, bien entendu, qu'on puisse fonder son couple sur des mensonges. Ce qu'on donne en partage doit être authentique, mais on ne donne pas tout en partage.

La cinquième croyance irrationnelle découle en grande partie de la précédente : *dès lors qu'on est en couple, il n'y a plus que le couple qui compte.* Dans cette acception du couple, non seulement on doit tout se dire, mais il faut aussi privilégier les activités communes, voire supprimer celles qu'on ne peut pas mettre en commun. Un homme a-t-il vraiment le droit de détourner indûment un temps qu'on pourrait passer en couple en surfant sur Internet, ou en allant traîner avec ses amis ? Une femme doit-elle vraiment passer autant de temps à faire du shopping, ou rendre visite à sa mère, sa sœur ou ses amies ? Ce qui est remis en question est souvent moins le temps volé au couple que le fait que l'autre pourrait avoir des plaisirs, des satisfactions qui ne seraient pas partagées. Une telle vision du couple rend l'air irrespirable. Redisons-le : un couple se fonde sur des histoires qu'on se raconte sur le couple, ainsi que sur des rituels qu'on pratique ensemble. Ce qui devrait laisser la place à des plaisirs de nature différente.

Enfin, la sixième croyance irrationnelle consiste à proclamer que *la seule vie qui vaille est la vie en couple hétérosexuel, avec deux ou trois enfants*. On a vu à quel point il s'agit là d'une vision historiquement et géographiquement déterminée. La famille conjugale n'a qu'un peu plus d'un siècle d'existence. On connaît des familles patriarcales, des systèmes sociaux fondés sur le matriarcat, et on sait que la façon dont se définissent les liens de parenté est des plus variables selon les cultures. Aujourd'hui, les couples homosexuels s'officialisent, des familles en réseau s'expérimentent depuis quelque temps déjà, sans qu'on puisse prédire ce qu'il en sortira. La famille conjugale reste le modèle le plus classique, mais si elle ne fait pas son bonheur, rien n'empêche désormais d'explorer d'autres voies.

Quelques idées fausses concernant les couples durables

1) Un couple solide nécessite qu'on ait rencontré l'âme sœur, et qu'on vive le Grand Amour.
2) Vivre en couple, c'est perdre son indépendance.
3) Un couple doit fonctionner selon des bases égalitaires, et les rôles doivent être interchangeables.
4) Dans un couple, on doit tout partager, tout se dire, ne pas avoir de secret l'un pour l'autre.
5) Dès lors qu'on est en couple, il n'y a plus que le couple qui compte.
6) La seule vie qui vaille est la vie en couple hétérosexuel, avec des enfants.

Conclusion

> « Fi des chantres bêlants qui taquinent la muse érotique
> Des poètes galants qui lèchent le cul d'Aphrodite
> Des auteurs courtois qui vont en se frappant le cœur
> Parlez-moi d'amour et j'vous fous mon poing sur la gueule
> Sauf le respect que je vous dois »
>
> Georges Brassens,
> *Sauf le respect que je vous dois*, 1972.

Quel monde bizarre que le nôtre ! Donner, rendre service, se montrer prévenant, généreux obligent les autres à faire de même envers soi. Mais, au nom d'une indépendance sans partage, qui nécessite qu'on ne doive rien à personne, et qui veut qu'on se refuse à contraindre qui que ce soit à nous devoir quelque chose, on aboutit à une addition de solitudes.

Quel dommage ! Être en dette est un plaisir lorsqu'on se sait capable de la payer. D'autant plus que le règlement de cette dette sera l'occasion d'obliger l'autre, qui nous devra à son tour quelque chose, ce qui le mettra dans l'obligation de poursuivre la relation avec nous. Ce monde d'obligés n'est pas un monde vénal : les dons, cadeaux, services et autres amabilités sont gratuits et donnés de bon cœur. Sur le moment, on n'en attend rien, et même on serait vexé que l'autre paie sa dette un peu trop vite. Cela pourrait se comprendre comme un refus de rester en relation avec nous. Je te paie ce que je te dois, et basta ! Il ne s'agirait alors que de troc, qui ne pourrait suffire à instaurer des relations durables.

Quel dommage aussi d'être prisonniers d'un monde sentimentaliste, c'est-à-dire d'un monde dans lequel les sentiments suffisent à justifier les actes. Cette exacerbation du moindre sentiment aboutit paradoxalement à un monde égoïste et velléitaire. À force d'exalter ses sentiments, on finit par ne considérer que son propre point de vue sans tenir compte de celui de l'autre. À force de sentimentaliser, on se croit dispensé de ses devoirs. Il en est pourtant d'incontournables. Par exemple, on doit la vie à ses parents, et on leur en est donc redevable. Ce don de la vie se paie tout d'abord en la donnant à son tour. Ensuite, dans notre société comme dans bien d'autres, on honore ses parents en les entourant, en les soutenant lorsque vient le temps où le besoin s'en fait sentir. On leur doit bien cela, mais pas davantage. Car il peut arriver que ces parents ne soient pas aimables. Ou bien, ils le sont par certains côtés, mais pas par d'autres. Vis-à-vis de ces parents peu aimables, on a des obligations filiales, mais pas l'obligation de les aimer. Ce n'est que vis-à-vis de parents qui ont fait plus que vous donner simplement la vie qu'il y a d'autres dettes à honorer. Fort heureusement, c'est le cas le plus fréquent...

Savoir donner et recevoir caractérise les relations civilisées. Mais alors, est-on encore civilisés ? N'a-t-on pas versé dans la barbarie ? Une barbarie dont la principale caractéristique serait l'affirmation de soi à tout prix, non pas dans le cadre d'une relation, mais comme expression de l'individu envers et contre tous. Il ne s'agit même pas de subjuguer l'autre : on se moque de la façon dont il prendra notre acte d'affirmation. L'important est qu'on dise ce qu'on a à dire, qu'on fasse ce qu'on a à faire, qu'on obtienne ce qu'on a à obtenir. On s'affirme face à l'autre pour conforter son estime de soi, pour le plaisir d'exprimer ce qu'on ressent, ce qu'on pense. Que l'autre se débrouille donc avec ça !

Il s'en débrouille mal, le pauvre, car lui aussi est occupé à s'affirmer. Et d'ailleurs, quelles sont ses options face à cette affirmation de soi non négociable ? Elles sont au nombre de trois : la fuite, la paralysie ou l'agression en retour.

Lorsqu'une personne se sent agressée par d'autres, elle peut tenter de fuir la situation, éviter d'entrer à nouveau en contact avec les personnes qui l'agressent. C'est ma foi une excellente solution : laissons les affirmateurs de leur moi seuls dans leur désert s'affirmer face aux cactus et aux serpents à sonnette ! Fuyons comme la peste ceux qui ne veulent pas faire preuve de civilité, établir avec soi des relations sur un mode civilisé.

Mieux vaut fuir que rester paralysé face à ces barbares agressifs, car cette passivité induit un état de stress. Les vendeurs obligés de par leur métier de supporter des clients irascibles, voire ayant sombré dans l'hystérie revendicative, les chauffeurs de bus, les contrôleurs, les guichetiers, les serveurs de restaurant, les enseignants, les médecins, les policiers, à qui il est recommandé de ne pas répondre aux insultes et aux quolibets, voire aux crachats et aux coups, de rester stoïques face à ce qu'on appelle aujourd'hui des « incivilités », et qui sont en réalité des violences avérées, finissent par développer des pathologies de stress. Leur système immunitaire est agressé et ils deviennent plus sensibles aux maladies. Leurs angoisses se manifestent par des palpitations, des attaques de panique, des tics et des toc[1], de l'agoraphobie ou de la dépression.

Ou bien, ils font comme les autres et répondent à l'agression par l'agression : il semble que, ces derniers temps, ce soit la tendance. Ce qui frappe, dans ces faits divers qui prolifèrent, c'est la pauvreté des motifs. Certains agressent pour soulager leur tension, somme toute pour se faire du bien. D'autres, pris de peur, ont le sentiment de ne faire que se défendre. Ce sont 74 % des salariés français qui estiment être exposés à des risques physiques à leur travail[2], et 20 % qui déclarent avoir été victimes de harcèlement sexuel. Tous ceux qui sont la proie de petits chefs sadiques, de collègues malveillants, de subordonnés malintentionnés ne sont pas décomptés.

L'exemple vient de haut : les syndicats font chaque jour la preuve que c'est par la violence qu'on défend le mieux les intérêts catégoriels, les nations utilisent la violence militaire, le chantage du plus fort sur le plus faible, pour gagner des territoires, l'accès à des matières premières, ou des guerres économiques. Pourquoi les citoyens ne feraient-ils pas de même ?

Quel beau néocortex nous avons ! Quel dommage de l'ignorer ! C'est malheureusement ce qu'on fait lorsqu'on répond à l'agression par l'agression. Telle est la logique des parties les plus archaïques du cerveau, fondées sur le mimétisme émotionnel : l'autre a été violent à son égard, on l'imite en rendant la pareille.

Ce problème est vieux comme le monde : c'est justement parce qu'il n'est pas si facile de faire en sorte que la raison l'emporte sur les émotions immédiates, que les sociétés ont mis en place des garde-fous. Les rituels de politesse, les amabilités convenues sont faits pour obliger à se représenter les autres. Faire tourner ces rituels montre qu'on n'est pas agresseur, ni même agressif, qu'on a des comportements policés, mais aussi qu'on n'est pas inerte, passif, qu'au contraire on s'affirme dans la relation. Ces petites offrandes obligent l'interlocuteur, et le mettent en situation de se montrer poli.

Au moment où on dit : « quel plaisir de vous voir », ou bien « après vous, je vous prie », on n'en pense pas un mot et l'autre non plus. Mais le résultat est là : l'autre, devenu votre obligé, vous remercie en souriant. Ce qui n'était que pure convenance devient alors véridique : on l'aime bien, cet autre qui accepte de faire semblant de croire à nos amabilités.

Mais la politesse n'est qu'une entrée en matière. C'est lorsqu'on n'est pas entendu, que la parole subit une dévaluation, que la violence survient. Un moyen de mettre fin à cette violence consiste à rétablir une communication en ne parlant pas pour ne rien dire. Il n'est pas inutile, de ce point de vue, de montrer à l'autre qu'on comprend ses émotions et ses points de vue, sans pour autant les partager ou les admettre. Puis, il faut lui faire comprendre qu'on est prêt à négocier, qu'on désire aboutir à un arrangement qui sera fructueux pour les deux parties. Et aussi, une bonne négociation commence, chez les gens civilisés, par un cadeau, réel ou symbolique, une promesse, une assurance, que l'on fait à l'autre en guise d'entrée en matière, histoire de l'obliger.

Lorsque les rituels de politesse ne suffisent pas à empêcher la violence, lorsque la négociation a échoué, force reste à la loi, qui définit les limites que chacun est tenu de ne pas dépasser.

Dans une société civilisée, le rôle de la police et de la justice est de faire respecter des lois préalablement définies, qui ne sont pas de circonstance, qui ont une conclusion prévisible. Le rôle de ces institutions n'est pas de comprendre les contrevenants, car c'est là le rôle des familles, des amis, des curés, des rabbins, des imams et des psys. Lorsque se produit un mélange des genres, que les lois ne font plus office de bornes, alors les citoyens prennent peur, deviennent violents, se font barbares et cherchent à se faire justice eux-mêmes.

En éradiquant les convenances, les politesses, au nom de l'authenticité des sentiments, en n'appliquant pas les lois au nom de la compréhension et de l'empathie, on veut faire l'ange et on devient bête. La voilà, la barbarie ! Et même, c'est insulter les barbares que de dire cela[3].

Parfois, le mieux est sans doute de considérer les personnes hors la loi comme des aliens, à la logique inconnaissable, avec lesquels une grande prudence est conseillée puisqu'elles sont imprévisibles de nature. La meilleure des stratégies est alors celle du dompteur. Celui-ci n'est pas obligé de se faire aimer par ses lions, ni même d'être capable de se mettre à leur place. Il lui suffit de ne pas montrer sa peur, de veiller à se faire respecter, et de ne jamais tourner le dos à l'animal.

Yaelle est aux prises avec un chef de service qui lui en fait voir de toutes les couleurs. Ce ne sont que vexations et mesquineries. « Mais pourquoi est-il si méchant, et comment faire en sorte qu'il m'aime ? » me demande-t-elle. Elle a épuisé les stratégies : la compréhension, la négociation, les petits cadeaux, les services gratuits, rien n'a permis d'établir un contact empathique avec ce chef imperturbable. Nous en arrivons donc à cette conclusion : pour des raisons qui lui sont propres, qui tiennent sans doute à son histoire personnelle, ce petit chef le restera. Yaelle change alors de stratégie : il s'agit de limiter les contacts au maximum, de veiller à se faire respecter en imposant à l'autre des relations équitables, de cesser de s'impliquer affectivement dans cette relation qui n'en est pas une. Yaelle, maintenant, ne cherche plus à se faire aimer. Elle ne souhaite que des relations équitables, fonctionnelles, fondées sur le règlement. À sa grande surprise, son chef lui aussi préfère de telles relations. Les fauves ou les aliens, somme toute, ne sont pas si dangereux si on sait les tenir en respect !

Les enfants sont-ils de petits fauves ? Ils ne le devraient pas, mais certains sont en passe de le devenir. Il y a de nombreuses raisons à cela, mais peut-être les psys portent-ils une part de responsabilité : voilà maintenant deux générations qu'on préconise de ne pas brider l'expression des enfants, qui seraient naturellement bien intentionnés, curieux et désireux d'apprendre, si la société n'étouffait pas leur créativité spontanée. Les empêcher de donner libre cours à l'expression de leurs émotions, de leurs désirs, de leurs pulsions, ce serait en faire des névrosés sur le modèle de leurs parents.

Une telle politique aboutit à un manque de socialisation, des carences affectives, de la violence. « Affirme ton ego, mon petit, exprime-toi, et tout ce que tu feras dans ce sens sera bien », disent les parents terrorisés à l'idée de névroser leurs rejetons, les enseignants terrorisés à l'idée de se voir accusés de brimades et d'autoritarisme.

Mais un enfant à qui on n'énonce aucune loi, aucun interdit, le vit comme un manque d'intérêt de la part de ses parents ou des éducateurs : « Je peux tout faire, mais comme je peux tout faire et qu'on m'approuve en tout, cela veut dire que rien de ce que je fais n'a de valeur aux yeux de mes parents ou de mes professeurs. »

Quand l'enfant a le sentiment qu'on se moque de lui, de ce qu'il fait, il ne lui reste plus que la violence pour susciter une réaction, sortir de l'inexistence. Cette violence peut s'exercer contre les autres enfants, contre ses parents, ou bien contre lui-même. Et c'est bien là où nous en sommes, parfois : à une violence généralisée.

Toute cette violence suscitée par l'abandon des rituels sociaux, par la négligence de l'équité dans les relations, par le manque de générosité dans ce qu'on donne gratuitement à autrui, par l'oubli des lois censées mettre des bornes à ladite violence, on refuse curieusement de la prendre en considération là où elle serait utile et profitable : dans les relations de séduction.

La relation de séduction est fondée sur une violence qui, on l'espère, est douce. Le séducteur, en leurrant le séduit, le captive. Quand tout va bien, le séduit, rendu séduisant par son état de séduit, n'a guère de peine à séduire son séducteur. À moins que le jeu ne se joue à plusieurs : le séduit séduit non pas son séducteur, mais un troisième larron, qui, lui-même...

Les relations de séduction sont des jeux, à la fois très amusants et sources de plaisir, et en même temps graves, voire funestes. Vraiment, on ne voit pas comment on pourrait s'en passer. Et ce d'autant plus que la séduction conduit au désir, qui conduit aux rapports sexuels.

Ce qu'il y a de bien, avec la séduction, c'est qu'elle n'est pas faite pour durer, qu'elle n'existe que dans l'instant présent. Cette captation, cette possession n'engagent à rien, ne créent aucune obligation. On séduit ou on est séduit, mais demain ce sera à refaire.

Finalement, ce que je critiquais quelques lignes plus haut lorsqu'il s'agissait de relations durables, qui pour fonctionner doivent nécessairement faire appel à l'empathie, je le vante lorsqu'il s'agit de séduction : la violence constitutive de l'acte de leurrer, le côté éphémère, le fait que cela n'implique pas d'obligation deviennent des avantages.

C'est qu'on ne joue pas au même jeu. À un moment donné, c'est l'un ou l'autre, et on a bien du mal à jouer aux deux à la fois. Dans la majorité des relations humaines, on alterne donc l'un et l'autre : à certains moments, je séduis, je charme, j'assure mon emprise sur l'autre, ce qui ne m'engage à rien, et lui non plus, tandis qu'à d'autres moments, je discute sérieusement, et ce que j'échange avec l'autre m'engage, et réciproquement.

Quel monde bizarre que le nôtre ! On a le sentiment que les choses s'y déroulent à contretemps : là où j'attendais un échange équitable, on m'offre de la violence qui, parfois, me subjugue, mais surtout me laisse le sentiment que mon point de vue n'est pas pris en considération. Voilà l'autre en position d'ennemi, et même en position d'alien ! Si je me laisse aller, je réponds à cette violence par une autre violence, qui m'apparaît comme parfaitement légitime : « M'sieur, c'est pas ma faute, c'est lui qui a commencé ! »

Des violences, pourtant, je ne vois pas d'inconvénient à en être la victime, ou à en être moi aussi l'auteur, mais j'aimerais bien que cela se passe autrement. Je veux bien me faire bourreau, mais des cœurs. Je veux bien succomber, mais au charme de l'autre.

Mais voilà : il paraît que c'est mal de se donner de la peine pour captiver l'autre, le capturer à son corps défendant. Cette violence-là, justement parce qu'elle est une violence, n'a plus droit de cité. Il faudrait que l'autre s'intéresse à moi par une démarche volontaire, rationnelle, spontanée, naturelle, sans que je fasse quoi que ce soit pour cela. Si j'use de mon charme, alors la relation n'est plus authentique. Le problème, avec cette vision des choses, c'est que je peux toujours attendre...

Mais bien sûr qu'elle n'est pas « authentique », la relation de séduction ! Ce n'est pas ce qu'on lui demande. Tout au contraire, je désire être leurré, je désire que les parties les plus archaïques de mon cerveau prennent les commandes et fassent de moi un être de désir. Mais dans le même temps ou presque, d'autres zones de mon cerveau ne sont pas dupes : je me leurre, je le sais, et cela me ravit. Quelle merveille d'avoir deux étages et plus à son cerveau !

Quel monde bizarre que le nôtre ! Parce que, tout de même, la séduction est vouée aux gémonies alors que, dans nos sociétés occidentales, elle est partout. Le monde industriel ne sait plus quoi inventer pour séduire les consommateurs que nous sommes. Les leurres défilent, brillent, clignotent, chantent, hurlent, émettent des odeurs, nous assaillent de toutes parts. Les acteurs en font trop, les chanteurs et les groupes musicaux produisent à la chaîne des sons envoûtants. Les hommes et les femmes politiques, les syndicalistes charment en racontant de belles histoires. Les entreprises vantent leurs mérites auprès des salariés et les salariés vantent leurs mérites auprès des entreprises. Et même, des gens comme vous et moi font leur autopromotion tous azimuts comme des lessives afin de séduire qui le voudra bien.

Je l'avoue : cela fait belle lurette qu'en ce qui me concerne, la séduction produite sur un mode industriel ne me séduit plus guère. Mon néocortex ne m'autorise pas souvent à me laisser abuser de la sorte. Qu'est-ce que je le regrette ! Parce que tout au fond de moi, je ne demande que cela : abuser et être abusé.

Ce que je veux, en fait, c'est séduire et être séduit dans le cadre d'une relation interpersonnelle : j'adore charmer mon épouse et que mon épouse me charme, mais j'adore aussi que mes amis me fassent la conversation, qu'ils m'étonnent, me subjuguent avec des histoires à dormir debout, qu'ils me racontent des mensonges éhontés, histoire de m'épater, tandis que j'essaie tant bien que mal de leur rendre la pareille. J'aime bien aussi que mon charcutier se donne de la peine pour m'embobiner, que mon marchand de vins me raconte des histoires incroyables sur les bouteilles que je vais lui acheter bien trop cher. Merci à tous de vous donner cette peine pour moi, et ne vous inquiétez pas, j'en ai tout autant à votre service !

Tout cela est bien loin du monde sentimentaliste dans lequel nous baignons. Veiller à mettre en place des échanges équitables, faire œuvre de politesse, respecter les lois sociales, à quoi bon, si on aime l'autre d'un amour sincère, nous serine-t-on. Nous voilà en demeure d'aimer son prochain ! Vraiment, je trouve que c'est trop demander.

Comment aimer tous ses prochains ? Cela fait bien trop de monde à aimer ! Certains, d'ailleurs, ne sont même pas aimables. Et puis, les sentiments ne se commandent pas. Autant il est possible, la plupart du temps, de commander à ses actions, autant il est impossible de se forcer à ressentir ce qu'on ne ressent pas, voire à ressentir le contraire de ce qu'on ressent. Je peux me montrer poli, respectueux de l'autre, établir avec lui des échanges équitables, je peux le fasciner et me laisser fasciner par lui, mais s'il vous plaît, laissez-moi découvrir tout seul mes sentiments à son égard sans me forcer à ressentir autre chose que ce que je ressens !

Car ce que je ressens pour l'autre est une découverte pour moi. Je ne le sais que si je fais œuvre d'introspection, ou bien si je suis impulsif, en découvrant comment je me comporte avec lui.

Il m'arrive parfois de me rendre compte que je déteste certaines personnes, et même que je les hais. J'ai parfois de bonnes raisons, et d'autres fois, des raisons moins avouables. Je suis jaloux, envieux, ou tout simplement d'une méchanceté injustifiable. Rien de tout cela ne m'empêche d'entretenir avec ces personnes des relations équitables, car mes sentiments ne regardent que moi. Et même, il m'arrive d'être séduit par mes ennemis, ou bien de tenter d'influer sur eux en les séduisant. Ce n'est pas pour ça que je les aime davantage.

Les problèmes, avec les sentiments, surviennent lorsqu'on tente de s'en rendre maître. Ou bien, les problèmes, avec les sentiments, surviennent lorsqu'on veut absolument que ses conduites en dépendent.

À propos de sentiments, quelle bien mauvaise idée que de vouloir faire dépendre ses relations de couple de la présence ou non d'un Grand Amour ! Ce Grand Amour est une construction culturelle et c'est de cette construction culturelle qu'on tombe amoureux avec passion : on est avant tout amoureux de l'idée d'amour, qu'on projette sur une personne qu'on élit au passage.

Disons-le tout net : l'amour romantique et son cortège de scénarios obligés sont le fléau des couples. La flamme passionnelle est une assise bien fragile, et ce d'autant plus qu'on croit qu'elle est de nature spontanée et involontaire. Dès qu'elle vacille un tant soit peu, il ne reste plus qu'à se séparer. Bonjour chez vous, et partageons les enfants à défaut d'autre chose.

L'obligation du Grand Amour ravage les célibataires qui n'osent pas faire couple sans ce passeport, elle ravage les couples, et les enfants de ces couples. Vouloir le Grand

Amour, c'est risquer d'attendre en vain, ou pis encore, risquer de le trouver et de s'apercevoir qu'il n'est pas aussi éternel que prévu. Reste alors à recommencer la même erreur. On finit parfois par se consoler en bande, mais à quel prix ?

Il y a autre chose à faire : la vinaigrette du sentiment amoureux se cuisine sans attendre une recette miracle. Elle est comme un mélange instable de séduction et de relation empathique. Les amis sont amants, et les amants amis. Pour que cela dure, il faut certes avoir un peu de chance, mais aussi avoir de la ressource, y mettre de l'intelligence, de l'esprit de finesse.

Pour ma part, je vois ce sentiment amoureux comme un jardin à l'anglaise, avec ses arbres disséminés avec art, ses pelouses vallonnées et faussement négligées, ses massifs floraux explosifs, ses beaux rosiers pleins d'épines, ses ruines gothiques, vrais ou faux souvenirs d'aventures passées, qui voisinent avec des pagodes chinoises, évoquant d'autres horizons. La liberté d'apparence camoufle une attention de tous les instants. Rien n'est fixe, tout est mouvant. De saison en saison, d'année en année, le jardin se renouvelle. **Quel bonheur !**

Remerciements

Je suis particulièrement redevable aux personnes qui se sont donné la peine de lire mes manuscrits successifs lorsqu'ils n'étaient pas encore bien présentables, qui m'ont fait bénéficier de leur amical soutien et de leurs critiques constructives.

Par ordre d'apparition : Colette Apfeldorfer, Coralie Apfeldorfer, Marie-Noëlle Tardy, Jean-Philippe Zermati, Pascale Loisel, Michel Guy, Séverine Branecki, et les lectrices de psychologies.com qui se sont portées volontaires : Stéphanie Vandenelsken, Rachel Osowiecki, Elisabeth Gassama, Christelle Roman, Laurence Monnet, Marie Daries, Céline Flament, Carmelina Cantore, Isabelle Alcalde, Marie-Pierre Martinet, Christine Laborie.

Je remercie tout particulièrement mon éditrice, Catherine Meyer, qui m'a, très tôt, encouragé à faire émerger ce livre des limbes, puis qui m'a conseillé et soutenu lors de sa rédaction.

Merci de m'obliger ainsi.

Notes

Introduction

1. Sauf lorsque je le dis expressément, j'envisage dans ce livre le cas de personnes qui ne souffrent pas de troubles psychiques graves, et qui s'adressent à des personnes dans le même cas.

CHAPITRE PREMIER

Donner et recevoir : les fondements du lien social

1. Cervantes, *Don Quichotte*, Paris, Gallimard, coll. « La Pléiade », 1949.
2. Claude Lévi-Strauss, *Les Structures élémentaires de la parenté*, Paris, École des Hautes Études en Sciences sociales, 1967, 2002.
3. Les médecins, les avocats, les experts perçoivent encore des honoraires bien archaïques. Cette référence à un « don honorable » peut se comprendre comme signifiant que les services rendus ne font pas l'objet d'une transaction mercantile. Dans cette acception, les honoraires ne sont pas une rétribution assimilable à un salaire, mais un don désintéressé destiné à honorer des hommes de l'art, qui ont eux-mêmes donné leurs soins ou leurs conseils. Mais il ne s'agit désormais plus que d'une survivance langagière : la mise en place de tarifs à l'acte ou au temps passé aboutit à faire rentrer ces professions dans le rang en les assimilant à des prestataires de services.

4. Jacques Godbout et Alain Caillé, *L'Esprit du don*, Montréal, Éditions du Boréal, 1992, et Paris, La Découverte, 2000, p. 194. On trouvera dans cet ouvrage d'excellentes analyses des mécanismes du don, et leur comparaison avec ceux de l'économie de marché.

5. *Persona*, en latin, vient d'un mot étrusque qui signifie « masque de théâtre ». Pour Carl Jung, la *persona* correspond à une posture qu'un individu adopte dans sa vie en société et qui n'est pas le reflet exact de son moi. Les deux définitions conviennent à mon propos, si on veut bien considérer que cette posture est une nécessité de la vie sociale, pas une imposture.

6. Alan Smart, Expressions of interest : friendship and guanxi in Chinese Societies in *The Anthropology of friendship*, Sandra Bell and Simon Coleman Eds., Oxford UK, NY, Berg, 1999.

7. Thomas W. Dunfee, Danielle E. Warren, *Journal of Business Ethics*, vol. 32, n° 3, août 2001.

8. Marcel Mauss, « Essai sur le don. Forme et raison de l'échange dans les sociétés archaïques », in *Sociologie et Anthropologie*, Paris, PUF, 1950.

9. William Shakespeare, *Le Marchand de Venise*, Paris, Flammarion, 1996.

10. Gabrielle Rubin, *Le Sadomasochisme ordinaire*, Paris, L'Harmattan, 1999.

11. J.-C. Goddard, *Hegel et l'Hégélianisme*, Paris, Armand Colin, 1998.

12. Yann Moulier Boutang, « Le combat du maître et de l'esclave revisité », *Revue Multitudes*, 6, septembre 2001.

13. Marcel Mauss, *op. cit.*

14. Beaujean Julie, 1854-1928, Dame patronnesse, Membre de la Société Royale d'Horticulture de Liège, veuve F. Despa, Cimetière de Robermont, Belgique.

15. On peut aussi faire une lecture politique de l'opprobre jeté sur les dames patronnesses, ainsi que les autres organisations charitables de l'époque : ce sont surtout les partis communistes et les milieux de gauche qui les ont combattues car elles risquaient de démobiliser la classe ouvrière.

16. Ce sont les « sept œuvres de miséricorde corporelle » et les « sept œuvres de miséricorde spirituelle » préconisées par l'Église.

17. Jacques Brel, *La Dame patronnesse*, Éditions musicales Tutti, 1959.

18. Jacques B. Gélinas, *La Globalisation du monde. Laisser faire ou faire ?*, chap. 6 : « L'ONU, la dame patronnesse du tiers-monde », Éditions Écosociété, 2001.

19. Dans ce cas de figure, il ne peut s'agir que de troc et non pas de don.

20. Toutes les voitures de tourisme se ressemblent, quand on y réfléchit : elles sont toutes à quatre roues, avec un moteur à explosion utilisant des produits pétroliers comme carburant, ont de quatre à sept places et leur vitesse maximale est celle fixée par la législation. Comment se fait-il, dans ces conditions, que nous soyons tous intimement persuadés qu'il existe entre les différents modèles de voitures des diffé-

rences fondamentales qui justifient une large gamme de prix ? Il faut sans doute pour cela un gros travail de marketing afin de différencier les produits et les rendre désirables, c'est-à-dire, en termes économiques, pour augmenter leur utilité marginale.

21. Peut-être le serait-il moins si les pays du tiers-monde jouaient le jeu du marché en développant un marketing digne de ce nom, qui saurait mieux mettre en scène leurs productions. Les cafés, les fèves de cacao ou les produits pétroliers seraient alors différenciés et valorisés grâce à cette part de rêve qui fait le prix des choses.

22. Jacques Godbout., *op. cit.*, p. 95 et suivantes.

23. On se doute que cette relation personnalisée entre donateurs et récipiendaires nécessite, pour qu'elle soit possible, un gros travail d'organisation. La charité s'est donc professionnalisée et donne alors lieu à un business. Mais le fait que, dans le *charity business*, la logique du don soit ainsi instrumentalisée par le système marchand n'est pas sans créer un sentiment de malaise.

24. Jacques Godbout, *op. cit.*, p. 66.

25. Gouldner A. W., « La classe moyenne et l'esprit utilitaire », *Revue du MAUSS*, n° 5, 1989, p. 14-39.

26. La pratique d'échographies de plus en plus réalistes, bientôt en trois dimensions, où on voit parfois les mimiques du fœtus, change l'imaginaire des mères... et des pères.

27. Boris Cyrulnik, *Les Nourritures affectives*, Paris, Odile Jacob, 1998.

28. Donald W. Winnicott, « Le père », in *L'Enfant et sa famille*, Paris, Payot, 1989.

29. L'instance paternelle est traditionnellement incarnée par le géniteur. Mais tout dépend de la culture, et aussi des circonstances. Le père peut aussi n'être présent que dans l'esprit de la mère.

30. Voir, pour plus d'explications sur la notion de dette dans la pensée brahmanique : 1) Mircea Eliade, *Histoire des croyances et des idées religieuses*, 2, Paris, Payot, 1981 ; 2) *The Sacrificial Ritual in the Satapatha Brahmana*, by Naama Drury, Hardcover Edition, Motilal Banarsidas Publishers Pvt. Ltd. 1981 ; 3) *Encyclopaedia of Vedic Philosophy : The Age, Religion, Literature, Pantheon, Philosophy, Traditions, and Teachers of the Vedas*, edited by Subodh Kapoor, New Delhi, Cosmo Pub., 2002 ; 4) Satapatha-Brahmana, I, VII, 2, 1-6, trad. de S. Lévi, Doctrine, p. 131.

31. C'est essentiellement à partir du XIXe siècle qu'on a commencé à placer l'enfant au centre de la famille et à considérer que l'enfant vient au monde pour être aimé et éduqué. Voir à ce sujet : Jean-Louis Flandrin, *Le Sexe et l'Occident*, évolution des attitudes et des comportements, Paris, Seuil, 1981.

32. Gisèle George, *Ces enfants malades du stress*, Paris, Anne Carrière, 2002.

33. Marcel Mauss, *op. cit*.

34. Axel Cleeremans, « Ces zombies qui nous gouvernent », *La Recherche*, 366, juil.-août 2003, p 35-40.

35. Daniel C. Denett, *La Conscience expliquée*, Paris, Odile Jacob, 1993.

36. Hubert J. M. Hermans, Els Hermans-Jansen, *Self-Narratives, the construction of meaning in psychotherapy*, New York, Guilford Press, 1995.

37. Marie de Solemne, *La Sincérité du mensonge*, dialogue avec B. Cyrulnik, Éditions Dervy, 1999.

CHAPITRE 2

Séduction et empathie

1. Boris Cyrulnik, *L'Ensorcellement du monde*, Paris, Odile Jacob, 1997.

2. Boris Cyrulnik, *op. cit*.

3. Cette incapacité à déterminer ce qu'on pense et ce qu'on ressent a été baptisée alexithymie par les Américains Nemiah et Sifneos dans les années 1970. Ce concept est voisin de celui de « pensée opératoire » décrit par les Français Marty, M'Uzan et David en 1963. Pour ces auteurs, l'alexithymie ou la pensée opératoire prédisposent aux maladies psychosomatiques, ou à des conduites addictives comme les toxicomanies ou certains troubles du comportement alimentaire. Mais notons qu'alors que l'alexithymie est plutôt vue comme quelque chose de structurel, l'hyperempathie ne procède pas d'une incapacité, mais est une position adoptée par la personne. On peut l'espérer plus aisément réversible. Tel est le point de vue que je défends dans *Je mange, donc je suis. Surpoids et troubles du comportement alimentaire*, Paris, Payot, 1991.

4. *Zelig*, auteur et réalisateur Woody Allen, avec Woody Allen et Mia Farrow, MGM, 1983.

5. Certaines haines sont fondées sur des bases inconscientes, si bien qu'on ne sait pas toujours pourquoi on est ennemis. Et comme la haine s'entretient d'elle-même, on a tendance à rester ennemis tant qu'on ne fait rien de concret pour en sortir.

6. Ce n'est pas moi qui le prétends, mais Aristote. Cité par René Girard, *Shakespeare, les feux de l'envie*, Paris, Grasset, 1990, p. 28.

7. Homosexualité latente, masochisme primaire, diront les psychanalystes. Mais je préfère la thèse de René Girard, qui explique l'envie et la jalousie par le mimétisme : chacun désire ce que l'autre désire. Fort logiquement, on désire donc ce que désirent ceux qui nous ressemblent le plus. Et, dès lors que ces désirs s'avèrent incompatibles, nos proches constituent alors nos meilleurs ennemis. Voir à ce sujet René Girard, *Shakespeare, les feux de l'envie*, Paris, Grasset, 1990.

8. Crocq L., « Pour une nouvelle définition du syndrome de Stockholm », *Études épidémiologiques*, 1989, 1, 165-179.

9. Skurnik N., « Le syndrome de Stockholm », « essai et étude de ses critères. Société médico-psychologique », *Ann. Méd. Psy.*, octobre 1987, vol. 146, n°s 1 et 2, p. 174-181.

10. Tite-Live, *Ab Urbe Condita*, livre I, chapitre IX, « L'Enlèvement des Sabines », traduction Liez et Corpet, 1860.

11. William Shakespeare, *La Mégère apprivoisée*, Paris, Garnier Flammarion, « Bilingue », 1993.

12. *Attache-moi*, film réalisé par Pedro Almodovar, avec Victoria Abril, Antonio Banderas, Francisco Rabal, 2002.

13. Uy J. A. C., Patricelli G. L., Borgia G., « Complex Mate Searching in the Satin Bowerbird, Ptilonorhynchus violaceus », *American Naturalist*, nov. 2001, 158, 5.

14. André Conte-Sponville, chronique, *Psychologies magazine*, sept. 2001.

15. Paul MacLean, *Emotions, their parameters and measurement*, Raven Press, 1975 ; Caine, Renate Nummela and Geoffrey Caine, *Making Connections: Teaching and the Human Brain. Nashville*, Incentive Publications, 1990.

16. Jean-Didier Vincent, *Biologie des passions*, Paris, Odile Jacob, 1986.

17. Jean-Claude Hagège, *Le Pouvoir de séduire*, Paris, Odile Jacob, 2003.

18. Jean-Didier Vincent, *op. cit.*

19. Boris Cyrulnik, *L'Ensorcellement du monde*, Paris, Odile Jacob, 1997.

20. Albert Demaret, « De l'hypnose animale à l'hypnose humaine », in *Résurgence de l'hypnose, une bataille de deux cents ans*, Léon Chertok, Paris, Desclée de Brouwer, 1984, p. 39.

21. *Bimboland*, réalisateur Ariel Zeïtoun, avec Judith Godrèche, Aure Atika, Gérard Depardieu, Danyboon, 1998.

22. Alain Rey, *Le Robert, dictionnaire historique de la langue française*, 1998. Voir aussi Félix Gaffiot, *Dictionnaire latin-français*, Paris, Hachette, 1937.

23. Antoine Vergote, « Charmes divins et déguisements diaboliques », in *La Séduction*, Maurice Olender, Jacques Sojcher, Aubier, Colloques de Bruxelles, 1980, p. 77-84.

24. Tout le monde n'est pas d'accord sur la façon d'assembler les différents commandements bibliques de telle sorte qu'il y en ait dix. Il arrive même qu'on escamote le deuxième, apparemment bien dérangeant pour certains : « Tu ne te feras point d'image taillée, ni de représentation quelconque des choses qui sont en haut dans les cieux, qui sont en bas sur la terre, et qui sont dans les eaux plus bas que la terre. » (Exode, 20, 4.)

25. Les termes de névrose et de perversion se prêtent à bien des acceptions. Définissons le névrosé comme une personne qui est la proie de conflits intrapsychiques qui opposent des désirs et des interdits intériorisés. On conçoit que, comme de moins en moins de choses sont interdites, la névrose perde du terrain.

Les pathologies du narcissisme, dans lesquelles se rangent par exemple certaines formes de dépression, de toxicomanie, de psychopathie, les troubles du comportement alimentaire, sont à l'inverse en progression. Elles peuvent être vues comme correspondant à un sentiment d'incapacité à réaliser pleinement des désirs en quelque sorte trop grands pour soi. On n'est pas à la hauteur de ses aspirations, qui deviennent tyranniques. On s'en console comme on peut.

Quant aux pervers, je définirai leur problématique ainsi : les autres sont pour les pervers des objets dont ils ont besoin pour en jouir. Mais ceci les rend dépendants de la présence impérative, vitale pour eux, des objets de leur jouissance, qu'il faut alors acquérir et conserver à tout prix.

26. Telle est en tout cas l'histoire contée par l'inventeur du mythe, Tirso de Molina, en 1630. Le Don Juan de Molière fait bien davantage le fier à bras, en tout cas devant son valet Sganarelle. Qui plus est, il est aux prises avec la belle Elvire, qu'il a enlevée du couvent pour l'épouser et l'abandonner aussitôt, et qui tente par tous les moyens de sauver son athée de mari des feux de l'Enfer, de permettre sa rédemption par l'authenticité de son amour. Molière met en quelque sorte en scène le combat du romantisme contre le libertinage pervers, de l'amour véritable s'opposant aux jeux de séduction. Mais sa pièce, jugée immorale, fait scandale, et c'est *Le Festin de pierre*, la pièce en vers de Corneille, écrite en 1673, très édulcorée, qui sera jouée durant deux siècles. Quant au Don Giovanni de Mozart, fondé sur le livret de Lorenzo Da Ponte, il est sans doute moins ouvertement pervers que celui de Molière.

27. Wolfram von Eschenbach, *Parzival*, Paris, 10/18, « Bibliothèque médiévale », 1989.

28. Chrétien de Troyes, *Les Romans de la Table Ronde*, Paris, Hatier, 2002.

29. La lamentation funèbre d'Arthur sur Gauvain est réputée être un des sommets de la poésie médiévale anglaise.

30. *9 semaines 1/2*, réalisateur Adrian Lyne, avec Kim Basinger et Mickey Rourke, 1986.

31. Alphonse Allais, *La logique mène à tout*, Horay, 1992.

32. Le terme d'hystérie vient du grec *hustera*, utérus, pour signifier qu'il s'agissait là d'un comportement spécifiquement féminin.

33. André Comte-Sponville, cité par Yolaine de la Bigne, *L'Homme désir*, enquête au pays des séducteurs, Paris, Anne Carrière, 2002, p. 14.

34. Jean Baudrillard, *De la séduction*, Paris, Galilée, 1980.

35. Eugénie Peyrat, *À travers le Moyen Âge*, Num. BNF de l'édition de Paris : Grassart, 1865.

36. *Femme Fatale*, écrit et réalisé par Brian de Palma, avec Antonio Banderas et Rebecca Romijn-Stamos, 2002.

37. Bruchon-Schweitzer M., « Ce qui est beau est bon : l'efficacité d'un stéréotype social », *Ethnologie française*, XIX, 2, 1989, 111-117.

38. Frères Grimm, *Contes*, Paris, Gallimard, « Folio bilingue », 1990.

39. Frères Grimm, *op. cit*.

40. *La Belle et la Bête*, conte de Jeanne-Marie Leprince de Beaumont, et film de Jean Cocteau, avec Jean Marais et Josette Day, 1945.

41. Jean-François Amadieu, *Le Poids des apparences, beauté, amour et gloire*, Paris, Odile Jacob, 2002.

42. Hans-Christian Andersen, *Contes*, Paris, Gallimard, « Folio », 1994.

43. Boris Cyrulnik, *Les Vilains Petits Canards*, Paris, Odile Jacob, 2001.

44. Gérard Apfeldorfer, *Maigrir, c'est dans la tête*, Paris, Odile Jacob, 1997.

45. Sobal J., Stunkard A. J., « Socioeconomic Status and Obesity : A Review of the Literature », *Psychol. Bulletin*, 1989, 105, 2, 260-75.

46. Le Botox est composé de la toxine d'une bactérie, Clostridium botulinum, qui provoque le botulisme, une intoxication alimentaire souvent mortelle, devenue rare dans nos pays avec la disparition des conserves familiales. Cette toxine provoque une paralysie des muscles. Injectée au niveau des pattes-d'oie et des rides du front, elle les gomme et donne un apparence de sérénité. Un effet gênant est qu'on paraît serein même si on ne le veut pas. Mais qui ne le veut pas ? L'effet s'estompe en quelques mois et il faut donc recommencer les injections.

47. Telles sont du moins les idées reçues : on sait que dans la réalité, les légumes verts et les nutritionnistes ne font pas maigrir durablement. La chirurgie amaigrissante, réservée aux superobèses, s'avère périlleuse et moins efficace sur le long terme qu'on ne le dit. Quant à l'effort physique, s'il aide à stabiliser le poids, il ne permet pas véritablement d'en perdre. On conçoit donc le désespoir qui saisit les classes aisées lorsqu'elles s'aperçoivent que, lorsqu'elles tentent d'acheter de la minceur, elles se font rouler dans la farine. J'ai développé ces idées dans des ouvrages précédents, en particulier *Maigrir, c'est fou*, Paris, Odile Jacob, 2000.

48. Michel Houellebecq, *Extension du domaine de la lutte*, Paris, Nadeau, 1994.

49. Gérard Apfeldorfer, « Je suis ce dont j'ai l'air », *Revue des deux mondes*, 7, juillet 2001, 88-95.

50. Selon Pythagore et Platon, il existe une harmonie cachée dans tout ce qui est, qui s'avère mathématisable. On peut donc définir les canons de la beauté, qui respectent le Nombre d'Or : $\alpha = \frac{1}{2}(\sqrt{5}-1)$.

Galien relate par exemple les opinions de Chrysippe pour qui « la beauté consiste [...] dans l'harmonieuse proportion des parties, celle d'un doigt à l'autre, de tous les doigts au reste de la main, de celle-ci au poignet, de celui-ci à l'avant-bras, de cet avant-bras à tout le bras, enfin de toutes les parties à toutes les autres, comme c'est écrit dans le canon de Polyclète ». L'art de l'Antiquité, mais aussi l'art médiéval et de la Renaissance, tentent de reproduire ces beautés idéales, parfaitement proportionnées.

51. Bernstein N. R., « Objective Bodily Damage: Disfigurement and Dignity », in *Body Images, Development, Deviance and Change*, Cash T.F. & Pruzinsky T. Editors, New York, Guilford Press, 1990.

52. Jean-François Amadieu, *op. cit.*

53. Sander L. Gilman, *Making the Body Beautiful, A Cultural History of Aesthetic Surgery*, Princeton University Press, 2001.

54. Jean-François Amadieu, *op. cit.*

55. Jean-François Amadieu, *op. cit.*

56. Denis de Rougemont, *L'Amour et l'Occident*, Paris, Plon, 1972.

57. *Harcèlement*, titre original *Disclosure*, 1994, de Barry Levinson, avec Michael Douglas et Demi Moore.
58. Voir : Allegro Fortissimo (www.allegrofortissimo.com); Pulpe Club (www.pulpeclub.com); Ronde et Jolie (www.rondeetjolie.com); Vive les rondes (www.vivelesrondes.com).
59. Claude Aron, *La Sexualité, Phéromones et désir*, Odile Jacob, 2000.
60. Kirk-Smith M.D., Van Toller C., Dodd G.H., « Unconscious odour conditioning in human subjects », *Biol. Psychol.*, 1983, sep.-nov. 17:221-31 ; Kirk-Smith M.D., Booth D.A., « Effects of androstenone on choice of location in other's presence », *in* H. Van der Strarre, *Olfaction and taste*, 7, 397-400, 1980, Londres, IRL Press.
61. Mardrus Joseph Charles, *Les Mille et une Nuits*, Paris, Robert Laffont, collection « Bouquins », 1990.
62. Naim Kattan, « Du récit du désir dans les Mille et une Nuits », in *La Séduction*, Maurice Olender, Jacques Sojcher, Paris, Aubier, « Colloques de Bruxelles », p. 173-179, 1980.

CHAPITRE 3

Pour en finir avec le Grand Amour

1. Platon, *Le Banquet*, 189d-193d.
2. « C'est une poupée qui dit non, non, non, non », paroles et musique de Michel Polnareff, SEMI, 1966.
3. Eugénie Peyrat, *À travers le Moyen Âge*, n° BNF de l'édition de Paris : Grassart, 1865.
4. Le mariage devient l'un des sept sacrements lors du deuxième concile de Lyon en 1274.
5. Ces choix ne sont d'ailleurs pas tout à fait désintéressés : ils permettent à l'Église de contrôler et d'administrer les mariages princiers, qui sont l'occasion d'alliances qui peuvent mettre en péril son influence.
6. Edward Shorter, *Naissance de la famille moderne*, Paris, Seuil, 1981.
7. Denis de Rougemont, *op. cit.*
8. *Tristan en vers, Tristan de Béroul, Tristan de Thomas*, Paris, Classiques Garnier, 1999.
9. Jean-Jacques Rousseau, *La Nouvelle Héloïse*, Garnier-Flammarion, Paris, 2002.
10. *S1mØne*, film de Andrew Niccol, avec Al Pacino, août 2002.
11. *Tout ça... pour ça !*, réalisateur Claude Lelouch, avec Fabrice Luchini, Marie-Sophie L., Francis Huster, Alessandra Martines, Vincent Lindon, 1993.
12. René Girard, *Mensonge romantique et vérité romanesque*, Paris, Grasset, 1961.
13. René Girard, *op. cit.*
14. On se rappelle le texte de Poe, *La Lettre volée* (Edgar-Allan Poe, *Double assassinat dans la rue Morgue*, suivi de *La Lettre volée*, Paris, Gallimard-Jeunesse, 1991) : une lettre compromettante échappe à

toutes les fouilles parce que, au lieu d'être cachée, elle est placée au vu et au su de tous, légèrement maquillée.

CHAPITRE 4
Couples et familles durables

1. Cité par *Paris-Match*, 2830, 14-20 août 2003, p. 50-51.
2. Élisabeth Roudinesco, *La Famille en désordre*, Paris, Fayard, 2002.
3. On a longtemps pensé, avec Aristote, que c'est le mâle qui engendre, que l'enfant se fait à son image, alors que la femelle n'est qu'un réceptacle où se développe le fœtus.
4. Cai Hua, *Une société sans père ni mari : les Na de Chine*, Paris, PUF « ethnologies », 1997.
5. Évidemment, on ne sait pas comment les choses se passaient vraiment il y a plus de trois mille ans. C'est vers 900 à 1000 av. J.-C. qu'on fait habituellement remonter la bascule en faveur du patriarcat et l'abandon du matriarcat, en tout cas dans certaines régions du pourtour méditerranéen. On peut sans doute se faire une idée de ce que pouvaient être les sociétés matriarcales en observant les populations comme celles Na de Chine, qui sont restées matrilinéaires, polygames et polyandriques, Cai Hua, *op. cit*.
6. Bronislaw Malinowski, *Les Argonautes du Pacifique occidental*, Paris, Gallimard, 1989.
7. Cai Hua, *op. cit*.
8. Élisabeth Roudinesco, *op. cit*.
9. Edward Shorter, *Naissance de la famille moderne*, Paris, Seuil, 1981.
10. Élisabeth Roudinesco, *op. cit*.
11. C'est Émile Durkheim qui invente en 1892 cette dénomination de famille conjugale pour décrire les familles faites du couple, de leurs enfants mineurs ou célibataires. Des frères et sœurs célibataires peuvent aussi s'accrocher.
12. Ne croyez pas pour autant me connaître : j'appartiens aussi à cette catégorie de personnes qui adorent raconter des mensonges. La preuve en est que, par exemple, je ne collectionne pas les timbres-poste.
13. Boris Cyrulnik, *Les Nourritures affectives*, Paris, Odile Jacob, 1993.
14. Beardworth A., Communication à la journée de l'OCHA, 25 septembre 2002, Paris.
15. Francis Fukuyama, *La Fin de l'histoire et le dernier homme*, Paris, Flammarion, 1993.
16. Jean-François Amadieu, *op. cit*.
17. Boris Cyrulnik, *op. cit*.
18. Robert Neuburger, *Nouveaux Couples*, Paris, Odile Jacob, 1997.
19. Robert Neuburger, *op. cit*.
20. Robert Neuburger, *op. cit*.
21. Les urolagniques érotisent l'urine et les coprophiles les féces.

22. *Le Point*, n° 1614, 22 août 2003, p. 12.

23. Selon les données de l'état-civil, il y a eu en France en 1990 105 500 divorces pour 269 419 mariages, et en 1998, 116 408 divorces pour 280 100 mariages

24. J. Corraze, *L'Homosexualité*, Paris, PUF, « Que sais-je ? », 1996.

25. S. LeVay, E. Nonas, *City of Friends : A Portrait of the Gay and Lesbian Community in America*, Cambridge, The MIT Press, p. 102.

26. Kaye Wellings, Field J., Johnson A.M., Wadsworth J., *Sexual Behaviour in Britain*, Londres, Penguin, 1994. Et aussi : Wellings K., Nanchahal K., Macdowall W., McManus S., Erens B., Mercer C. H., Johnson A. M., Copas A. J., Korovessis C., Fenton K. A., Field J., « Sexual behaviour in Britain : early heterosexual experience », *Lancet*, 2001, 358 (9296), 1843-1850.

27. INED, *Population et Sociétés*, n° 355, mars 2000.

28. Aux États-Unis, selon les données du recensement 2000, et selon les statistiques du Bureau du recensement américain, 34,3 % des couples de femmes et 22,3 % des couples d'hommes élèvent des enfants.

29. Des couples gays et lesbiens s'associent par exemple pour faire des enfants à quatre.

30. Ce sont pour le moment l'insémination avec donneur, ou le système des mères porteuses qui suppléent en partie aux impossibilités naturelles.

31. Une résolution du 8 février 1994 du Parlement européen avance des propositions concernant l'égalité des droits des homosexuels et des lesbiennes, en particulier la levée de la restriction concernant leur droit d'être parents, d'adopter ou d'élever des enfants. En Grande-Bretagne, les couples homosexuels peuvent adopter légalement depuis novembre 2002. C'est aussi le cas dans divers pays européens. En France, la question d'autoriser les couples pacsés à faire de même est en voie de discussion au Parlement.

32. C'est en 1974 que l'*American Psychiatric Association*, APA, décida de retirer l'homosexualité de la liste des maladies mentales du futur DSM-III, le *Manuel diagnostique et statistique des troubles mentaux*, publié en 1980, qui constitue une nosographie mondialement reconnue.

33. Pierre Legendre, « L'inestimable objet de la transmission », *Leçons IV. Étude sur les principes généalogiques en Occident*, Paris, Fayard, 1985, 1996.

34. Étude Insee, réalisée à partir des données du recensement de 1999. www.ifrance.com/afmr06/Etude.html.

35. Michel Baron, « Si ce n'est toi c'est donc ton frère ou l'alchimie de la famille recomposée », *Avenir-Médiation*, n° 4, juillet-août-septembre 2000.

36. Alain Ehrenberg, *L'Individu incertain*, Paris, Calman-Lévy, 1995.

37. Charles Melman, *L'homme sans gravité, jouir à tout prix*, Paris, Denoël, 2002.

Conclusion

1. Les tics sont des mouvements anormaux, souvent aggravés par l'état de stress. Les TOC, ou troubles obsessifs-compulsifs, sont des troubles anxieux caractérisés par des idées obsédantes, des comportements répétitifs comme des lavages de main, des vérifications, des rangements, des comptages.
2. Florentin Collomp, Pascale-Marie Deschamps, *op. cit.*, Statistiques du ministère du Travail.
3. Le terme de barbare vient du latin *barbarus*, et du grec *barbaros*, qui signifient « étranger ». À la Renaissance, les barbares sont les « non-chrétiens », rustres et peu civilisés, *Dictionnaire historique de la langue française*, Paris, Le Robert, 1998.

Table

Introduction 9

CHAPITRE PREMIER
Donner et recevoir :
les fondements du lien social

Donner oblige celui qui reçoit	17
Ce qui ne s'achète pas se donne	21
Les sentiments n'ont pas de prix et n'obligent à rien	25
En Occident, le système de la dette fonctionne de manière dissimulée	28
Attention aux cadeaux empoisonnés	33
Il est difficile de rendre à celui qui donne trop	36
Les esclaves doivent tout et on ne leur doit rien	39
Comment instituer des échanges équitables	44
La charité : Dieu vous le rendra	46
La mère donne tout, le père y met bon ordre	53
Les parents qui dépendent affectivement de leurs enfants chargent la barque	56
La circulation des échanges sociaux permet à chacun de se sentir exister	60
S'exprimer n'est pas communiquer	65

Quand on interrompt la circulation des dons,
on perd l'honneur, on dégrade sa *persona* 69
J'exhibe ma persona, je me raconte mon moi 73
Éloges du mensonge et de l'hypocrisie 75
Revoyons les croyances irrationnelles
à propos des relations humaines 82

CHAPITRE 2
Séduction et empathie

Je suis empathique : je comprends les sentiments
et les points de vue des autres 89
Aliénés, extraterrestres et hyperempathiques 92
Je fais des cadeaux à mes ennemis 95
La séduction commence par une violence 99
Séduction et empathie sont deux modes
de communication irréductibles 105
La séduction est une capture 109
La séduction est une tromperie diabolique 113
On séduit en mettant en place un leurre 118
Les pervers séduisent, mais sont à plaindre 121
Les séducteurs ne font pas que séduire
et c'est pour ça qu'on les aime 124
Les histrions ne séduisent pas tant que ça 130
Dictateurs, gourous et publicitaires 134
Je me fais ma pub 140
Beauté diabolique, beauté angélique 144
La beauté est une marchandise 151
La beauté est donnée 155
Il est facile de séduire grâce à ses défauts 160
On peut séduire en faisant flèche de tout bois 162
Revoyons les croyances irrationnelles
concernant la séduction 169

CHAPITRE 3
Pour en finir avec le Grand Amour

Quand on est pris par l'amour 174
L'amour véritable doit être malheureux 179
L'amour-passion est un beau roman 182

De l'amour romantique au *happy end*.................................. 190
Amoureux de l'Amour.. 193
Le sentiment amoureux n'est pas le Grand Amour............. 196
Revoyons les croyances irrationnelles
 à propos du Grand Amour... 199

CHAPITRE 4
Couples et familles durables

Familles patriarcales et matriarcat sans père ni mari 206
L'idéologie de l'indépendance rend solitaire 210
Je me définis par mes appartenances................................... 214
Je ne suis pas indépendant, mais je suis autonome 218
La commercialisation des sentiments.................................... 221
Comment faire la paire 224
Les couples sans histoire ont une histoire 230
Quand le couple devient totalitaire....................................... 233
Quand un homme et une femme ne sont plus
 la seule recette familiale.. 237
Les familles décomposées se recomposent.......................... 239
Revoyons les croyances irrationnelles concernant
 les couples durables.. 243

Conclusion 249

Remerciements 263

Notes 265

Vous pouvez consulter aussi le site Internet
relationsdurables.com

DANS LA COLLECTION « POCHES ODILE JACOB »

- N° 1 : Aldo Naouri, *Les Filles et leurs mères*
- N° 2 : Boris Cyrulnik, *Les Nourritures affectives*
- N° 3 : Jean-Didier Vincent, *La Chair et le Diable*
- N° 4 : Jean François Deniau, *Le Bureau des secrets perdus*
- N° 5 : Stephen Hawking, *Trous noirs et bébés univers*
- N° 6 : Claude Hagège, *Le Souffle de la langue*
- N° 7 : Claude Olievenstein, *Naissance de la vieillesse*
- N° 8 : Édouard Zarifian, *Les Jardiniers de la folie*
- N° 9 : Caroline Eliacheff, *À corps et à cris*
- N° 10 : François Lelord, Christophe André, *Comment gérer les personnalités difficiles*
- N° 11 : Jean-Pierre Changeux, Alain Connes, *Matière à pensée*
- N° 12 : Yves Coppens, *Le Genou de Lucy*
- N° 13 : Jacques Ruffié, *Le Sexe et la Mort*
- N° 14 : François Roustang, *Comment faire rire un paranoïaque ?*
- N° 15 : Jean-Claude Duplessy, Pierre Morel, *Gros Temps sur la planète*
- N° 16 : François Jacob, *La Souris, la Mouche et l'Homme*
- N° 17 : Marie-Frédérique Bacqué, *Le Deuil à vivre*
- N° 18 : Gerald M. Edelman, *Biologie de la conscience*
- N° 19 : Samuel P. Huntington, *Le Choc des civilisations*
- N° 20 : Dan Kiley, *Le Syndrome de Peter Pan*
- N° 21 : Willy Pasini, *À quoi sert le couple ?*
- N° 22 : Françoise Héritier, Boris Cyrulnik, Aldo Naouri, *De l'inceste*
- N° 23 : Tobie Nathan, *Psychanalyse païenne*
- N° 24 : Raymond Aubrac, *Où la mémoire s'attarde*
- N° 25 : Georges Charpak, Richard L. Garwin, *Feux follets et champignons nucléaires*
- N° 26 : Henry de Lumley, *L'Homme premier*
- N° 27 : Alain Ehrenberg, *La Fatigue d'être soi*
- N° 28 : Jean-Pierre Changeux, Paul Ricœur, *Ce qui nous fait penser*
- N° 29 : André Brahic, *Enfants du Soleil*
- N° 30 : David Ruelle, *Hasard et Chaos*
- N° 31 : Claude Olievenstein, *Le Non-dit des émotions*
- N° 32 : Édouard Zarifian, *Des paradis plein la tête*
- N° 33 : Michel Jouvet, *Le Sommeil et le Rêve*
- N° 34 : Jean-Baptiste de Foucauld, Denis Piveteau, *Une société en quête de sens*
- N° 35 : Jean-Marie Bourre, *La Diététique du cerveau*
- N° 36 : François Lelord, *Les Contes d'un psychiatre ordinaire*

- N° 37 : Alain Braconnier, *Le Sexe des émotions*
- N° 38 : Temple Grandin, *Ma vie d'autiste*
- N° 39 : Philippe Taquet, *L'Empreinte des dinosaures*
- N° 40 : Antonio R. Damasio, *L'Erreur de Descartes*
- N° 41 : Édouard Zarifian, *La Force de guérir*
- N° 42 : Yves Coppens, *Pré-ambules*
- N° 43 : Claude Fischler, *L'Homnivore*
- N° 44 : Brigitte Thévenot, Aldo Naouri, *Questions d'enfants*
- N° 45 : Geneviève Delaisi de Parseval, Suzanne Lallemand, *L'Art d'accommoder les bébés*
- N° 46 : François Mitterrand, Elie Wiesel, *Mémoire à deux voix*
- N° 47 : François Mitterrand, *Mémoires interrompus*
- N° 48 : François Mitterrand, *De l'Allemagne, de la France*
- N° 49 : Caroline Eliacheff, *Vies privées*
- N° 50 : Tobie Nathan, *L'Influence qui guérit*
- N° 51 : Éric Albert, Alain Braconnier, *Tout est dans la tête*
- N° 52 : Judith Rapoport, *Le Garçon qui n'arrêtait pas de se laver*
- N° 53 : Michel Cassé, *Du vide et de la création*
- N° 54 : Ilya Prigogine, *La Fin des certitudes*
- N° 55 : Ginette Raimbault, Caroline Eliacheff, *Les Indomptables*
- N° 56 : Marc Abélès, *Un ethnologue à l'Assemblée*
- N° 57 : Alicia Lieberman, *La Vie émotionnelle du tout-petit*
- N° 58 : Robert Dantzer, *L'Illusion psychosomatique*
- N° 59 : Marie-Jo Bonnet, *Les Relations amoureuses entre les femmes*
- N° 60 : Irène Théry, *Le Démariage*
- N° 61 : Claude Lévi-Strauss, Didier Éribon, *De près et de loin*
- N° 62 : François Roustang, *La Fin de la plainte*
- N° 63 : Luc Ferry, Jean-Didier Vincent, *Qu'est-ce que l'homme ?*
- N° 64 : Aldo Naouri, *Parier sur l'enfant*
- N° 65 : Robert Rochefort, *La Société des consommateurs*
- N° 66 : John Cleese, Robin Skynner, *Comment être un névrosé heureux*
- N° 67 : Boris Cyrulnik, *L'Ensorcellement du monde*
- N° 68 : Darian Leader, *À quoi penses-tu ?*
- N° 69 : Georges Duby, *L'Histoire continue*
- N° 70 : David Lepoutre, *Cœur de banlieue*
- N° 71 : Université de tous les savoirs 1, *La Géographie et la Démographie*
- N° 72 : Université de tous les savoirs 2, *L'Histoire, la Sociologie et l'Anthropologie*
- N° 73 : Université de tous les savoirs 3, *L'Économie, le Travail, l'Entreprise*

N° 74 : Christophe André, François Lelord, *L'Estime de soi*
N° 75 : Université de tous les savoirs 4, *La Vie*
N° 76 : Université de tous les savoirs 5, *Le Cerveau, le Langage, le Sens*
N° 77 : Université de tous les savoirs 6, *La Nature et les Risques*
N° 78 : Boris Cyrulnik, *Un merveilleux malheur*
N° 79 : Université de tous les savoirs 7, *Les Technologies*
N° 80 : Université de tous les savoirs 8, *L'Individu dans la société d'aujourd'hui*
N° 81 : Université de tous les savoirs 9, *Le Pouvoir, L'État, la Politique*
N° 82 : Jean-Didier Vincent, *Biologie des passions*
N° 83 : Université de tous les savoirs 10, *Les Maladies et la Médecine*
N° 84 : Université de tous les savoirs 11, *La Philosophie et l'Éthique*
N° 85 : Université de tous les savoirs 12, *La Société et les relations sociales*
N° 86 : Roger-Pol Droit, *La Compagnie des philosophes*
N° 87 : Université de tous les savoirs 13, *Les Mathématiques*
N° 88 : Université de tous les savoirs 14, *L'Univers*
N° 89 : Université de tous les savoirs 15, *Le Globe*
N° 90 : Jean-Pierre Changeux, *Raison et Plaisir*
N° 91 : Antonio R. Damasio, *Le Sentiment même de soi*
N° 92 : Université de tous les savoirs 16, *La Physique et les Éléments*
N° 93 : Université de tous les savoirs 17, *Les États de la matière*
N° 94 : Université de tous les savoirs 18, *La Chimie*
N° 95 : Claude Olievenstein, *L'Homme parano*
N° 96 : Université de tous les savoirs 19, *Géopolitique et Mondialisation*
N° 97 : Université de tous les savoirs 20, *L'Art et la Culture*
N° 98 : Claude Hagège, *Halte à la mort des langues*
N° 99 : Jean-Denis Bredin, Thierry Lévy, *Convaincre*
N° 100 : Willy Pasini, *La Force du désir*
N° 101 : Jacques Fricker, *Maigrir en grande forme*
N° 102 : Nicolas Offenstadt, *Les Fusillés de la Grande Guerre*
N° 103 : Catherine Reverzy, *Femmes d'aventure*
N° 104 : Willy Pasini, *Les Casse-pieds*
N° 105 : Roger-Pol Droit, *101 Expériences de philosophie quotidienne*
N° 106 : Jean-Marie Bourre, *La Diététique de la performance*
N° 107 : Jean Cottraux, *La Répétition des scénarios de vie*
N° 108 : Christophe André, Patrice Légeron, *La Peur des autres*
N° 109 : Amartya Sen, *Un nouveau modèle économique*
N° 110 : John D. Barrow, *Pourquoi le monde est-il mathématique ?*

- N° 111 : Richard Dawkins, *Le Gène égoïste*
- N° 112 : Pierre Fédida, *Des bienfaits de la dépression*
- N° 113 : Patrick Légeron, *Le Stress au travail*
- N° 114 : François Lelord, Christophe André, *La Force des émotions*
- N° 115 : Marc Ferro, *Histoire de France*
- N° 116 : Stanislas Dehaene, *La Bosse des maths*
- N° 117 : Willy Pasini, Donato Francescato, *Le Courage de changer*
- N° 118 : François Heisbourg, *Hyperterrorisme : la nouvelle guerre*
- N° 119 : Marc Ferro, *Le Choc de l'Islam*
- N° 120 : Régis Debray, *Dieu, un itinéraire*
- N° 121 : Georges Charpak, Henri Broch, *Devenez sorciers, devenez savants*
- N° 122 : René Frydman, *Dieu, la Médecine et l'Embryon*
- N° 123 : Philippe Brenot, *Inventer le couple*
- N° 124 : Jean Le Camus, *Le Vrai Rôle du père*
- N° 125 : Elisabeth Badinter, *XY*
- N° 126 : Elisabeth Badinter, *L'Un est l'Autre*
- N° 127 : Laurent Cohen-Tanugi, *L'Europe et l'Amérique au seuil du XXIe sièccle*
- N° 128 : Aldo Naouri, *Réponses de pédiatre*
- N° 129 : Jean-Pierre Changeux, *L'Homme de vérité*
- N° 130 : Nicole Jeammet, *Les Violences morales*
- N° 131 : Robert Neuburger, *Nouveaux Couples*
- N° 132 : Boris Cyrulnik, *Les Vilains Petits Canards*
- N° 133 : Christophe André, *Vivre heureux*
- N° 134 : François Lelord, *Le Voyage d'Hector*
- N° 135 : Alain Braconnier, *Petit ou grand anxieux ?*
- N° 136 : Juan Luis Arsuaga, *Le Collier de Néandertal*
- N° 137 : Daniel Sibony, *Don de soi ou partage de soi*
- N° 138 : Claude Hagège, *L'Enfant aux deux langues*
- N° 139 : Roger-Pol Droit, *Dernières nouvelles des choses*
- N° 140 : Willy Pasini, *Être sûr de soi*
- N° 141 : Massimo Piattelli Palmarini, *Le Goût des études ou comment l'acquérir*
- N° 142 : Michel Godet, Le Choc de 2006
- N° 143 : Gérard Chaliand, Sophie Mousset, *2 000 ans de chrétientés*
- N° 145 : Christian De Duve, *À l'écoute du vivant*
- N° 146 : Didier Pleux, *De l'enfant roi à l'enfant tyran*

N° 147 : Robert Rochefort, *Vive le papy-boom*
N° 148 : Dominique Desanti, Jean-Toussaint Desanti, *La liberté nous aime encore*
N° 149 : François Roustang, *Il suffit d'un geste*
N° 150 : Howard Buten, *Il y a quelqu'un là-dedans*
N° 151 : Catherine Clément, Tobie Nathan, *Le Divan et le Grigri*
N° 152 : Antonio R. Damasio, *Spinoza avait raison*
N° 153 : Bénédicte de Boysson-Bardies, *Comment la parole vient aux enfants*
N° 154 : Michel Schneider, *Big Mother*
N° 155 : Willy Pasini, *Le Temps d'aimer*
N° 156 : Jean-François Amadieu, *Le Poids des apparences*
N° 157 : Jean Cottraux, *Les Ennemis intérieurs*
N° 158 : Bill Clinton, *Ma Vie*
N° 159 : Marc Jeannerod, *Le Cerveau intime*
N° 160 : David Khayat, *Les Chemins de l'espoir*
N° 161 : Jean Daniel, *La Prison juive*
N° 162 : Marie-Christine Hardy-Baylé, Patrick Hardy, *Maniaco-dépressif*
N° 163 : Boris Cyrulnik, *Le Murmure des fantômes*
N° 164 : Georges Charpak, Roland Omnès, *Soyez savants, devenez prophètes*
N° 165 : Aldo Naouri, *Les Pères et les Mères*
N° 166 : Christophe André, *Psychologie de la peur*
N° 167 : Alain Peyrefitte, *La Société de confiance*
N° 168 : François Ladame, *Les Éternels Adolescents*
N° 169 : Didier Pleux, *De l'enfant roi à l'enfant tyran*
N° 170 : Robert Axelrod, *Comment réussir dans un monde d'égoïstes*
N° 171 : François Millet-Bartoli, *La Crise du milieu de la vie*
N° 172 : Hubert Montagner, *L'Attachement*
N° 173 : Jean-Marie Bourre, *La Nouvelle Diététique du cerveau*
N° 174 : Willy Pasini, *La Jalousie*
N° 175 : Frédéric Fanget, *Oser*
N° 176 : Lucy Vincent, *Comment devient-on amoureux ?*
N° 177 : Jacques Melher, Emmanuel Dupoux, *Naître humain*
N° 178 : Gérard Apfeldorfer, *Les Relations durables*
N° 179 : Bernard Lechevalier, *Le Cerveau de Mozart*
N° 180 : Stella Baruk, *Quelles mathématiques pour l'école ?*

N° 181 : Patrick Lemoine, *Le Mystère du placebo*
N° 182 : Marie-Frédérique Bacqué, *Apprivoiser la mort*
N° 183 : Ginette Raimbault, *Lorsque l'enfant disparaît*
N° 184 : Jean Cottraux, *Les Visiteurs du soi*
N° 185 : Jean Hochmann, *Pour soigner l'enfant autiste*

Ouvrage publié sous la responsabilité éditoriale
de Catherine Meyer

Cet ouvrage a été transcodé et mis en pages
chez Nord Compo (Villeneuve d'Ascq)

Impression réalisée sur Presse Offset par

BRODARD & TAUPIN

GROUPE CPI

La Flèche (Sarthe), le 23-05-2006
N° d'impression : 34695
N° d'édition : 7381-1758-X
Dépôt légal : juin 2006

Imprimé en France